Cloud Computing

Kornel Terplan, Christian Voigt

Cloud Computing

1. Auflage

Bibliografische Information der Deutschen Nationalbibliothek
Die Deutsche Nationalbibliothek verzeichnet diese Publikation in der
Deutschen Nationalbibliografie; detaillierte bibliografische
Daten sind im Internet über <http://dnb.d-nb.de> abrufbar.

Bei der Herstellung des Werkes haben wir uns zukunftsbewusst für
umweltverträgliche und wiederverwertbare Materialien entschieden.
Der Inhalt ist auf elementar chlorfreiem Papier gedruckt.

ISBN 978-3-8266-9098-3
1. Auflage 2011

E-Mail: kundenbetreuung@hjr-verlag.de

Telefon: +49 89/2183-7928
Telefax: +49 89/2183-7620

www.mitp.de

Lektorat: Ernst-Heinrich Pröfener
Sprachkorrektorat: Jürgen Dubau
Satz: III-satz, Husby, www.drei-satz.de
Druck: Beltz Druckpartner GmbH und Co. KG, Hemsbach

Inhaltsverzeichnis

Die Autoren

Dr. Kornel Terplan hat die meisten Berufsjahre als Unternehmensberater verbracht. Er hat in 17 Ländern für über 20 Großunternehmen gearbeitet. Seine Fachgebiete schließen ein: System- und Netzwerkmanagement, Business und Operations Support Systems für Telecommunications Service Provider, Intercept-Systeme, Information Lifecycle Management, Benchmarking, Einsetzbarkeit von Open Source und Business Intelligence and Analytics.

Christian Voigt hat die meisten Berufsjahre bei der Siemens AG verbracht. Seine Schwerpunktthemen schließen ein: Verkabelungsstrategie, Corporate-IP Netzdesign und Netzbetrieb, Next Generation Network Architecture, Shared Services für Corporate Benutzer, Partner Ready Information Infrastructure zur Ermöglichung einer hochklassigen Collaboration, Umstrukturierung der Rechenzentren in Service Areas sowie Entwurf und Durchführung von Business-Partner-Management-Prozessen.

Die Autoren haben in den letzten 25 Jahren viele Industrieprojekte zusammen abgewickelt, Fachartikel, Fachvorträge und Fachbücher gemeinsam verfasst und Seminare entwickelt und präsentiert.

Einführung

Clouds repräsentieren unterschiedliche Ressourcen zur Erbringung von Rechenleistungen und zur Vernetzung, die von mehreren Kunden benutzt werden können. Die Cloud-Modelle sind unterschiedlich und weisen unterschiedliche Reifegrade auf; bekannt sind private, öffentliche und hybride Clouds. In den meisten Fällen fängt man mit der Konsolidierung und Virtualisierung an und geht schrittweise zu unterschiedlichen Dienstleistungen, die als Software, Plattform, Speicher, Infrastruktur oder Monitoring bekannt sind. Dienstanbieter können nach unterschiedlichen Merkmalen voneinander unterschieden werden. Dabei handelt es sich um Betriebssystem, Plattform, Servicegüte, Vertragstiefe und Preise. Cloud-Computing bedeutet heutzutage mehrere Herausforderungen für die IT-Organisation. Vor allem Kompatibilität, Sicherheit, Verfügbarkeit, Skalierbarkeit und Performance sorgen bei den IT-Leitern für Kopfschmerzen. Um sicher zu gehen, können nicht alle Anwendungen in die Cloud geschickt werden; gute Möglichkeiten hat man mit der Softwareentwicklung und Tests, weniger gute mit sog. Altlasten (Legacy-Systeme).

Einer detaillierten Behandlung muss hier vorausgeschickt werden, dass Cloud-Computing keine neue Technologie bedeutet, sondert eine neue Geschäftsphilosophie repräsentiert. Es bedeutet die bedarfsgerechte und flexible Nutzung von IT-Diensten. Sie werden in Echtzeit als Serviceeinheiten über Hochleistungsnetze angeboten und nutzungsabhängig abgerechnet. Im neuen Geschäftsmodell handelt es sich um die Umschichtung von Investitions- zu Betriebskosten.

Cloud-Dienste werden langsam die IT-Welt des Unternehmens und das Leben der Behörden weltweit ändern. Es handelt sich um einen Evolutionsprozess, der in mehreren Phasen abläuft.

Es gibt mehrere Ideen in Richtung Cloud, die unterschiedliche Ursprünge haben. Hier fließen verschiedene technische Lösungen zusammen, die innovative Geschäftsmodelle ermöglichen. Es fängt an mit Mieten und Leasen von Ressourcen und wird fortgesetzt mit der Inanspruchnahme von zentral betriebenen Ressourcen durch Dritte, wobei nach aktuellem Verbrauch abgerechnet wird. Oder der Kunde ruft Ressourcen und Dienste ab und zahlt wiederum nach Verbrauch – auch als Utility Computing bezeichnet. Auch managed Dienste wurden und werden für die IT-Abteilungen angeboten wie ASP und MSP oder Grid-Computing für anspruchsvollere Rechenaufgaben. Auch Communication-as-a-Service kann hier erwähnt werden, wobei konkret abgegrenzte Aufgaben von Telekommunikations-Providern vollendet werden. Wichtig ist, dass in allen bisher erwähnten Fällen nach verbrauchter Leistung abgerechnet wird. Die bekannteste Cloud-Lösung ist heute Software-as-a-Service (SaaS), wo Anwendungen unmittelbar den Benutzern angeboten werden.

Abbildung E.1: Cloud-Services aus der (Steck-)Dose

Hauptmerkmale von Cloud-Computing sind die folgenden:

▶ Re-Zentralisierung von Infrastrukturen

▶ Erweiterbare und skalierbare Ressourcenkapazität, z.B. für die Spitzenlast

▶ Verbesserung der Effizienz von niedrig ausgelasteten Ressourcen

▶ Dynamische Zuordnung von CPUs, Speicher und Bandbreite

▶ Stabile Performance der Anwendungen dank Monitoring durch die Provider

Managed Service Providers und Application Service Providers (MSP und ASP) spielen immer noch eine wichtige Rolle für Unternehmen. SaaS ist an individuellen Benutzern der Kunden orientiert. Eine managed Dienstleistung ist eine Anwendung, die als ihre Zielrichtung mehr die IT-Infrastruktur der Unternehmen und weniger die einzelnen Benutzer betrachtet. Zu den typischen Diensten gehören:

- Virus Scanning

- Antispam-Filterung

- Content-Filterung

- Desktop Management

- Monitoring der Anwendungen

- Security Management

Eine geführte Dienstleistung ist vielleicht die älteste Form von Cloud-Computing.

Communication-as-a-Service ist eine Outsourcing-Lösung für das Kommunikationssegment des Unternehmens. Anbieter sind verantwortlich für die Verwaltung von Hardware und Software, die für die Erbringung der Dienstleistung erforderlich sind, was auch als Hosted-Dienst bezeichnet wird. Hosting bedeutet, dass dedizierte Ressourcen den Kunden exklusiv zur Verfügung gestellt werden. Den Ursprung bildeten die Telekommunikations-Provider, die vor allem für mittelständische Unternehmen Switches und Nebenstellenanlagen verwaltet haben. Der Centrex-Dienst von AT&T war ein klassisches Beispiel dafür. Heute sind Dienste wie VoIP, Instant Messaging und Videokonferenzen am weitesten verbreitet und bekannt.

Grid-Computing ist eine spezielle Form der Erbringung von verteilten Rechenleistungen durch einen virtuellen Supercomputer. Dieser Supercomputer vereint eine große Anzahl von verteilten und miteinander verbundenen Computern zur Ausführung von sehr anspruchsvollen Rechenaufgaben. Die Abrechnung erfolgt nach verbrauchter Leistung. Cloud-Lösungen können, aber müssen nicht wie Grid betrachtet und verrechnet werden. Clouds bieten mehr Flexibilität durch eine Vielzahl von Dienstleistungen an. Software-as-a-Service ist ein Beispiel für eine Dienstleistung, die Anwendungen durch einen Browser zu Tausenden von Benutzern anbietet.

Die Zuverlässigkeit von Cloud-Computing kann wie folgt interpretiert werden: Dienstleister bieten ihre Dienste auf sorgfältig getesteten Ressourcen an. Kunden können mit hoher Verfügbarkeit dieser Ressourcen rechnen, die in Service Level Agreements (SLA) schriftlich niederlegt werden. Alle Kundenwünsche werden über eine zentrale (virtuelle) Anlaufstelle (Portal) versorgt. Ressourcen sind für den Kunden unsichtbar. Der Zugriff auf diese Anlaufstelle kann global erfolgen, solange drahtgebundene und drahtlose Netzverbindungen (z.B. Internet) vorhanden sind. Egal, welche Alternative gewählt wird, werden partnerschaftliche Beziehungen zwischen vernetzten Instanzen entstehen.

Die Herausforderungen für das Cloud-Computing werden auf folgenden Gebieten gesehen:

▷ Ausfälle von Cloud-Ressourcen werden in der Öffentlichkeit falsch interpretiert; Provider müssen immer wieder statistische Zahlen bereithalten, um Kunden die realen Verhältnisse zu erläutern.

▷ Die Standardisierung ist viel zu langsam, und die Koordination zwischen den Ausschüssen ist mangelhaft.

▷ Die sichere Abspeicherung, der Schutz und die Pflege von Kunden- und persönlichen Daten sind verbesserungsdürftig.

▷ Der Zugriff auf Daten und Anwendungen soll mit hoher Geschwindigkeit und mit hoher Brandbreite erfolgen können; in mehreren Ländern ist dies noch nicht der Fall.

▷ Die juristische Absicherung der Cloud-Dienste – Vertragsinhalt, Servicegüte und Compliance – ist noch stark verbesserungsdürftig.

Die Vorteile von Cloud-Diensten werden vor allem auf folgenden Gebieten gesehen:

▷ Niedrigere Investitions- und Implementierungskosten, da Teile der Infrastruktur und der Anwendungen von Cloud-Providern bereitgestellt werden.

▷ Verbesserte Mobilität für globale Arbeitsnehmer, da flächendeckende Bandbreite verfügbar ist.

▷ Skalierbarkeit der IT-Infrastruktur durch Zuschaltung von externen Ressourcen.

▷ Schnellere Vermarktung neuer Produkte, da der Marktzugang durch Software-as-a-Service von Cloud-Providern bereitgestellt wird.

▷ Transformierung der IT-Struktur mit Schwerpunkt Innovation, da der Investitions- und der Pflegeaufwand wesentlich geringer ist.

▷ Niedrigerer Energiebedarf durch Koordinierung und Virtualisierung von Ressourcen.

▷ Bessere Verfügbarkeit für wichtige Anwendungen durch zusammengefasste Ressourcenfarmen.

Beim Cloud-Computing handelt es sich um eine der vielen möglichen Sourcing-Alternativen, die Unternehmen zur Verwirklichung ihrer Innovationsziele einsetzen können.

In der IT-Branche vollzieht sich ein Paradigmenwechsel. Sah sich bisher ein Kunde, der Geschäftsprozesse durch IT unterstützen wollte, mit dem kompletten Spektrum der dafür notwendigen Hardware, Betriebssysteme und Softwareplattform-Entscheidungen und Anschaffungen konfrontiert, besteht in Zukunft die Möglichkeit, die benötigte Funktionalität zu mieten damit verbrauchsabhängig zu bezahlen. Die benötigte Unternehmens-IT wird in der Zukunft als Service zur Verfügung gestellt. Die Bezahlung von IT erfolgt verbrauchsabhängig über »Pay-as-you-go« Modelle.

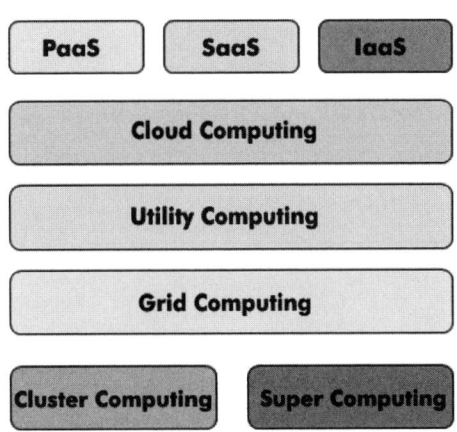

Abbildung E.2: Evolution des Cloud-Computing-Modells

1 Taxonomie von Cloud-Computing

Cloud-Computing wird durch geschäftliche Notwendigkeiten gefördert. Geschäftsabteilungen kommen zur IT mit realen Problemen, die gelöst werden müssen. Investitions- und Betriebskosten sind nur Beispiele, wo Cloud-Computing helfen kann. Es handelt sich um ein elastisches Modell von Dienstleistungen, das Ressourcen bei Bedarf flexibel bereitstellen kann. Aber diese Dienstleistungen sind von der unterliegenden Infrastruktur unabhängig.

Cloud-Computing ist ein Paradigma, das die gesamte IT-Welt bedeutend beeinflussen wird. Vor allem werden sich die Geschäftsmodelle zwischen Kunden, Serviceanbietern, Enablern und Servicebrokern ändern. Durch die Änderung der Lizenzmodelle werden sich die Kostenstrukturen von IT grundlegend ändern. Softwareunternehmen werden umdenken müssen und neue Rollen in der Sourcing-Kette finden. Die Inanspruchnahme von IT-Ressourcen nach Bedarf und die nutzungsabhängige Verrechnung mit Leistungen eröffnen neue Perspektiven für IT-Verantwortliche. Cloud-Computing ist ein Modell von vielen Sourcing-Optionen und wird aber auch nicht alle offenen Fragen für Benutzer, Kunden, Service-Provider und Hardware/Softwareanbieter beantworten können.

1.1 Einsatz einer Multi-Tenant-Architektur bei Cloud-Providern

In der IT-Branche vollzieht sich ein Paradigmenwechsel. Für die Abwicklung der Geschäftsprozesse mittels IT benötigt man heute das ganze Spektrum der dafür notwendigen Hardware, Betriebssysteme und entsprechender Software und deren Anschaffungen. Nun besteht die realistische Möglichkeit, die benötigte Funktionalität in einem reinen Mietmodell mit verbrauchsabhängiger Bezahlung zu beziehen. IT kann in der Zukunft als Service zur Verfügung gestellt werden.

Die Bezahlung von IT erfolgt nicht mehr über Investitionen in Hardwarekosten, Upgrades und Softwarelizenzen sowie fixe Wartungsgebühren, sondern verbrauchsabhängig über »Pay-as-you-go«-Modelle.

Multi-Tenancy bedeutet vereinfacht dargestellt, dass nicht für jeden Kunden eine separate, dedizierte Infrastruktur bereitgehalten wird wie bei der Single-Tenant-Architektur, sondern dass alle Nutzer auf derselben Plattform arbeiten. Abbildung 1.1 zeigt eine Single-Tenant-Architektur. Abbildung 1.2 zeigt die Anordnung für eine Multi-Tenant-Architektur.

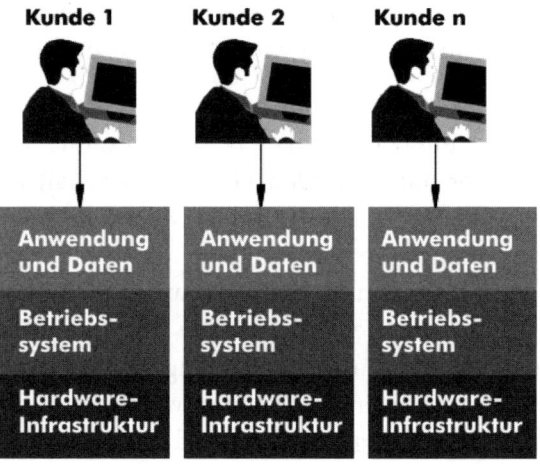

Abbildung 1.1: Die Single-Tenant-Architektur

Bei einer Multi-Tenant-Architektur laufen die einzelnen Kunden als getrennte Mandaten auf der gleichen Soft- und Hardwareinfrastuktur. Dadurch können wesentlich größere Skaleneffekte erzielt werden

Durch den Einsatz einer Multi-Tenant-Architektur lassen sich sowohl auf Seite der Kunden als auch auf Seite des Cloud-Providers Einsparungen realisieren. Der Begriff Tenant steht dabei für den einzelnen Kunden. Multi-Tenant-Architektur bedeutet, dass nur eine einzige Instanz, entsprechend dimensioniert, als SaaS-Lösung betrieben wird. Mehrere Kunden teilen sich also ein und dieselbe SaaS-Plattform.

Eine Multi-Tenant-Architektur hat den Vorteil, dass der Anbieter z.B. Software- Updates nicht für jeden Kunden getrennt durchführen muss und dadurch die Kosten reduzieren kann.

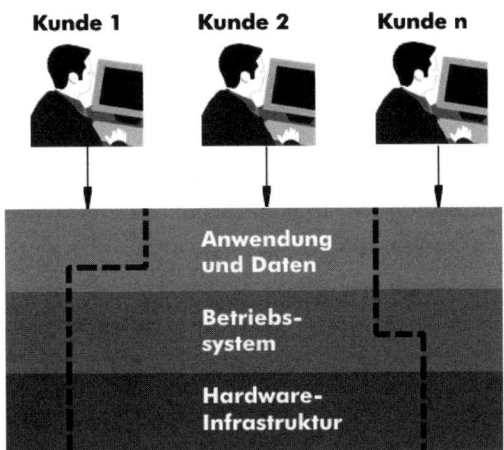

Abbildung 1.2: Die Multi-Tenant-Architektur

1

Betriebskosten für die SaaS-Lösung werden durch Konsolidierung von Ressourcen minimiert bei gleichzeitiger Erhöhung der Konfigurierbarkeit und Anpassbarkeit des Systems. Das bedeutet, dass gemäß des Prinzips »one to many« ein Cloud-Provider bei Anpassungen im System immer nur ein System anpassen muss und dies dann aber gleichzeitig Auswirkung auf viele Kunden hat. Folglich lassen sich in der Administration und Softwareentwicklung die Personalkosten minimieren.

Eine Anpassung im System, durch den Cloud Providers, hat dann einmal Auswirkung auf alle Kunden.

1.2 Merkmale des Cloud-Computings

Bei Cloud-Computing handelt es sich nicht um eine neue Technologie, sondern ein neues Geschäftsmodell. Verschiedene Einflussfaktoren haben zum Erfolg des Modells beigetragen. Dazu gehören die Steigerung der Rechenleistung, potenzielle Kosteneinsparungen, die flächendeckende Verfügbarkeit höherer Bandbreiten und die Virtualisierungsmöglichkeiten und die Intelligenz der Kunden. Die wichtigsten Merkmale sind:

Zusammenfassung von Ressourcen: Eine Re-Zentralisierung hilft, bessere Übersicht über Ressourcen zu erhalten. Server- und Speicherfarmen sind schon lange bekannt. Die Auslastung einzelner Ressourcen steigt, der Energiebedarf sinkt, und die Performance kann durch fortgeschrittene Werkzeuge und Modelle garantiert werden.

Cloud Computing ist seit vielen Jahren im Gespräch, konnte aber wegen fehlender Rechenleistung, der flächendeckenden Verfügbarkeit von höheren Bandbreiten und den Virtualisierungsmöglichkeiten nicht eingesetzt oder ungeeignet eingesetzt werden. In den letzten Jahren haben sich jedoch große Fortschritte/...

Skalierbarkeit des Ressourcenbedarfs: Spitzenlast kann durch den Zugriff auf externe Ressourcen (Cloud Bursting) abgefangen werden, ohne dabei die eigenen Ressourcen erweitern zu müssen.

Selbstbedienung bei Bedarf: Die Reservierung, Aktivierung und Deaktivierung von Ressourcen aus der Cloud wird weitgehend von Benutzern selbst ausgeführt. Die Vereinfachung dieser Provisionierungsschritte ist ein kritischer Erfolgsfaktor von Cloud-Computing.

Flexibilität bei Netzzugriffen: Breitband steht in vielen Ländern bereits heute zur Verfügung. Die Flexibilität des Zugriffes sowohl im lokalen als auch im Fernbereich kann garantiert werden. Auch für mobile Benutzer stehen Optionen zur Verfügung.

Verbrauchsabhängige Verrechnung: Durch fortgeschrittene Mess- und Erfassungsmöglichkeiten sowie durch Mediationsanwendungen sind alle Voraussetzungen gegeben.

1.3 Hierarchie der Serviceangebote

IT-Leistungen werden als Dienste (Services) bereitgestellt. Abbildung 1.3 zeigt eine mögliche Anordnung von Diensten. Die Einteilung der Dienste in drei Ebenen wird weitgehend akzeptiert (Bitkom 2009).

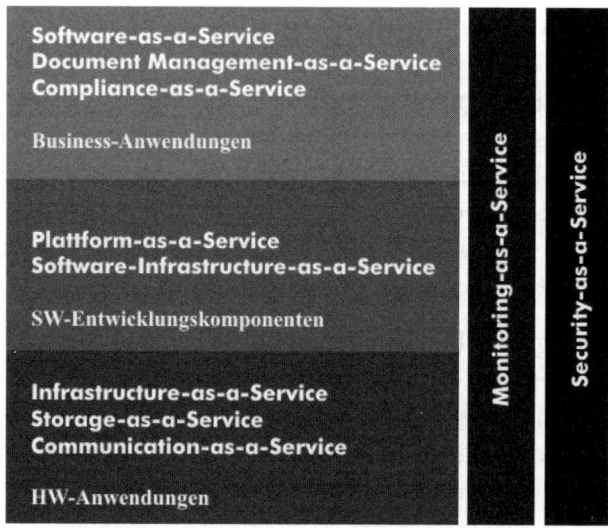

Abbildung 1.3: Cloud Services – Ein Überblick

Die unterste Ebene umfasst IT-Leistungen der Basisinfrastruktur. Hier werden Rechner-, Speicher- und Kommunikationsleistungen bereitgestellt. Kommunikation ist breit gefasst und schließt alles für die Netzinfrastruktur ein. Die Leistungen können einzeln oder integriert angeboten werden.

Die mittlere Ebene repräsentiert Middleware vor allem für Entwicklungsdienste. Systemarchitekten und Entwickler sind die Benutzer dieser Ebene. Auch Datenbankfunktionen und die Synchronisierung von Anwendungen können hier angeboten werden.

Die höchste Ebene bietet Geschäftssoftware für die Benutzer an. Anwendungen können bedarfsgerecht in Anspruch genommen werden. Es werden vor allem standardisierte Lösungen mit wenig Individualisierung angeboten. Die Anpassungs- und Integrationsmöglichkeiten sind stark eingegrenzt. Die Möglichkeiten sind groß; letzten Endes kann Anything-as-a-Service (XaaS) angeboten werden.

Die beiden Dienste Security-as-a-Service und Monitoring-as-a-Service werden als ebenenübergreifend dargestellt. Beide können flächendeckend oder/und ebenenspezifisch angeboten und eingesetzt werden.

Die Serviceangebote werden kurz einzeln beschrieben.

Infrastructure-as-a-Service (IaaS): Dieser Service repräsentiert im Cloud-Computing die Bereitstellung von virtualisierten Infrastrukturkomponenten. Der Kunde (die IT-Abteilung des Unternehmens) nutzt Server, Speicher, Kommunikationskomponenten und übrige RZ-Strukturelemente als virtualisierten Service über flächendeckende und leistungsfähige Netze. Es wird nutzungsabhängig abgerechnet. Das Angebot schließt ein:

▶ Computer Hardware

▶ Netzwerke und deren Komponenten wie Router, Firewalls, Adware (Adware ist eine spezielle Hardware/Software-Kombination zur Unterstützung einer konkreten Funktion, z.B.: Lastausgleich)

▶ Virtualisierte Plattformlandschaft, wo benutzerspezifische virtuelle Maschinen laufen können

▶ Service Level Agreements

Man sieht eindeutige Vorteile auf folgenden Gebieten:

▶ Zugriff zu einer vorkonfigurierten Umgebung, die sehr wahrscheinlich auf ITIL-Basis aufbaut

▶ Nutzung der modernsten Technologie für Infrastrukturkomponenten

▶ Nutzung von sicheren Plattformen

▶ Für Betrieb und Instandhaltung ist der Cloud-Provider verantwortlich.

▶ Bei Bedarf Lastausgleich durch Inanspruchnahme von externen Ressourcen

▶ Der Bedarf für Zeit, Kosten und Komplexität ist viel niedriger bei Serviceerweiterungen.

Beispiele hierfür sind Amazon, IBM, Microsoft, Rackspace, Sevvis, Verizon, HP, SunCloud.

Platform-as-a-Service (PaaS): Neben oder zusätzlich zu IaaS können auch Middleware-Dienste aus der Cloud geliefert werden. PaaS liefert eine Entwicklungsumgebung in Form eines Frameworks. Diese Umgebung besteht aus Datenbanken, Middleware und Elementen der Anwendungssoftware. Klare Aufrufschnittstellen, SLAs und ein nutzungsabhängiges Verrechnungsmodell sind die Voraussetzungen für den Einsatz.

Dafür sind Google, Microsoft und Force.com Beispiele.

Software-as-a-Service (SaaS): Dieser Dienst ist eine Form vom Cloud-Computing, wobei Benutzer der Kunden eine Geschäftsanwendung über leistungsfähige Netze (z.B. Internet) beziehen. Die Modelle sind vielfältig, sie beinhalten Hardware/Softwarelizenzen, Pflege und Betrieb. Die Anwendungen sind sofort verfügbar. CRM- und HR-Anwendungen sind am weitesten verbreitet. Standardlösungen überwiegen und lassen wenig Raum für Individualisierung der Anwendungen. Es gibt mehrere Verrechnungsmodelle.

Beispiele sind Google, Microsoft, Salesforce.com.

Es gibt mehrere Möglichkeiten, die Anwendungssoftware zu spezifizieren. Es entstehen bekannte Anwendungen wie z.B.

▶ Document Management as a Service

▶ Compliance as a Service

▶ Collaboration as a Service

Storage-as-a-Service (SaaS): Speicherdienste gewinnen rasch an Bedeutung. Sie werden als Teil von IaaS oder gebündelt mit anderen Diensten angeboten. Der Speicherbedarf wächst enorm, und viele Unternehmen können diesen Bedarf weder mit der Technologie noch mit Investitionen folgen.

Beispiele sind IBM, BMC, Carbonati, EMC, Seagate, Symantec.

Software Infrastructure as a Service (SIaaS): Dieser Dienst ist eng verbunden mit SaaS und PaaS. Dieser Dienst bietet eine Art Softwareinfrastruktur an und verbessert die Management-Fähigkeiten für IT. Dieser Dienst wird von sogenannten Cloud Enablern angeboten.

Beispiele hierfür sind VMWare, Citrix Systems, 3Tera.

Security-as-a-Service (SecaaS): Dieser Dienst ist ebenenübergreifend und kann leicht mit PaaS, IaaS, SaaS und MaaS gebündelt werden. Diese Alternative zeigt Ähnlichkeiten mit den Angeboten der Managed Security Service Provider (MSSP), aber gewissermaßen ist sie eine Kombination von Private- und Public-Cloud-Lösungen. Die Unternehmen können ihre bisherigen Lösungen beibehalten, aber vorzugsweise über eine Webschnittstelle abrufen. Zusätzlich werden aber Sonderdienste angeboten, die leichter und effektiver durch einen Cloud-Provider bereitgestellt werden. Sie schließen ein:

▷ Lösungen, die kontinuierliche Pflege brauchen: Bekämpfung von neuen Bedrohungen wie Antivirenprogrammen und Antispyware.

▷ Lösungen, die ein hohes Fachwissen voraussetzen, das nicht bei jedem Unternehmen vorausgesetzt werden kann; kontinuierliche Pflege, Scanning, Patch Management und Fehlerbehebung von Security-Werkzeugen.

▷ Lösungen, die Zeit und Ressourcen beanspruchen. Es ist billiger, sie außer Haus zu geben und die Ergebnisse via Webschnittstellen abzurufen. Dazu gehören Log-Auswertungen, Bestandsmanagement und Authorization Management.

Monitoring-as-a-Service (MaaS): Dieser Dienst ist ebenenübergreifend und kann leicht mit PaaS, IaaS, SaaS und MaaS gebündelt werden. Diese Alternative bietet Lösungen für Sicherheits- und Performance-Aufgaben. Die Leistungen schließen ein:

▷ Schutz gegen interne und externe Bedrohungen durch Frühwarnungen, Visualisierung der Zustände und Ergreifen von Eskalationsmaßnahmen

▶ Begleitung von KPIs durch Visualisierung der Zustände, genannt Dashboard-Schnittstelle, automatische Warnung bei Unregelmäßigkeiten

▶ Log-Analyse, um Unregelmäßigkeiten mittel- und langfristig aufzudecken

▶ Management von Änderungen

▶ Überwachung der Regeltreue

Bei diesem Dienst werden abrufbare Segmente eines Security Operation Center (SOC) und Network Operation Center (NOC) als Service bereitgestellt. Über die nutzungsabhängige Verrechnung gibt es noch wenige Erfahrungen. Dienste können immer wieder ergänzt werden. Neuerdings redet man auch von Desktop-as-a-Service (DaaS) und Business-a-a-Service (BaaS). Im ersten Fall werden Desktops vollständig virtualisiert und als zentraler Dienst bereitgestellt. Im zweiten Fall werden ganze Geschäftsprozesse als Dienst angeboten

1.4 Modelle zur Verwirklichung

Diese Modelle repräsentieren Entwicklungsschritte. Die folgenden Modelle sind heute bereits gut bekannt:

Private Clouds: Unternehmen, die die Vorteile von Cloud-Computing nutzen, aber keine Risiken eingehen wollen, bauen Cloud-ähnliche Umgebungen in deren Rechenzentren auf. Um dies tun zu können, muss eine neue Technologieebene implementiert werden. Diese Ebene besteht meistens aus Management der Virtualisierung, klar definierte APIs, Portale für Selbstbedienung und neue Verrechnungsmodi.

Gründe zur Rechtfertigung der Einführung:

▶ Reduzierung des Kapazitätsbedarfs durch Zusammenfassung von Ressourcen, die dann nach Prioritäten zugeordnet werden.

▶ Reduzierung des Overheads durch Dekomposition der Ressourcenleistung in Serviceeinheiten, die wiederum nach Prioritäten in Anspruch genommen werden können.

▶ Vorbereitung zur Benutzung von anderen Cloud-Diensten durch Einführung von Standards, Schnittstellen und durch die Cloud-Denkweise.

Community Clouds: Unternehmen, die eine eigene Branche repräsentieren, können sich zusammenschließen und zusammen private Clouds aufbauen. Diese Clouds sind dann nur für die Mitgliedsfirmen zugänglich.

Gründe zur Rechtfertigung der Einführung:

▷ Reduzierung des Kapazitätsbedarfs durch gemeinsame Benutzung von Ressourcen

▷ Reduzierung des Overheads

▷ Vorbereitung zur Benutzung von anderen Cloud-Diensten

Public Clouds: Sie sind die organisierte Hierarchie von unterschiedlichen Ressourcen wie Rechner, Speicher, Netze, Plattformen und Anwendungen, die von Kunden für ein Gebühr benutzt werden können.

Gründe zur Rechtfertigung der Einführung:

▷ Erhöhung der Skalierbarkeit

▷ Gewinne erwirtschaften durch Pay-as-you-go-Modell, wenn die Preise stimmen

▷ Investitionen können durch Bedarfserwartungen gerechtfertigt werden.

▷ Höhere Verfügbarkeit und Ausfallsicherheit für Kunden durch gemeinsame Nutzung von Ressourcen

Hybrid Clouds: Eine Kombination von privaten und öffentlichen Clouds, die eine kostenoptimale Lösung für Kunden bedeutet. Dieses Modell verbindet das traditionelle, meistens starre Rechenzentrum mit den skalierbaren Ressourcen der Dienstleistungen des Anbieters. Kunden können alle mögliche Ressourcen kaufen, wenn Spitzenlast auftritt oder erwartet wird, z.B. Marketingkampagne, Testen von neuen Anwendungen, Massentests für Dateneingaben usw. Kunden können auf diese Weise ihre Ressourcen ohne Bedenken hoch auslasten, da Reservekapazität des Anbieters immer noch zur Verfügung steht.

Gründe zur Rechtfertigung der Einführung:

▷ Bessere Nutzung aller Ressourcen durch bessere Koordination von Benutzern und Anbietern

▷ Entlastung der Ressourcen der Kunden im Bedarfsfall

▷ Energiefreundliche Lösungen durch Reduzierung des Ressourcenbedarfs über optimale Zuordnung der Ressourcen

1.5 Die Rollen

In einem funktionierenden Businessmodell werden mehrere Rollen verteilt. Eine Möglichkeit dieser Rollenverteilung zeigt Abbildung 1.4.

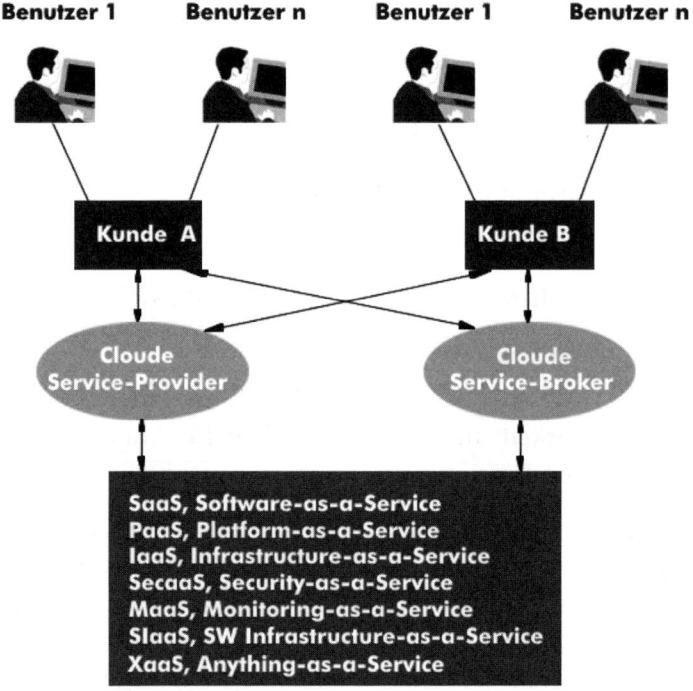

Abbildung 1.4: Die Rollen in einem Cloud-Computing-Modell

Der Cloud-Kunde: Er betreibt seine private Cloud und nimmt bedarfsgerecht externe Dienste und Ressourcen aus der Public Cloud in Anspruch.

Der Cloud-Benutzer: Er nimmt spezielle Dienstleistungen aus Public Clouds in Anspruch, die zur Geschäftsabwicklung erforderlich sind.

Der Cloud-Service-Provider: Er baut und betreibt eine Public Cloud, um seine Dienstleistungen Kunden und deren Benutzern bedarfsgerecht bereitzustellen. Mit den Diensten wird nutzungsabhängig abgerechnet.

Der Cloud-Enabler: Zur Unterstützung der Benutzung von Anwendungen aus der Cloud, auch Software Infrastructur-as-a-Service kann vom Enabler bereitgestellt werden. Der Enabler kann auch Dienste integrieren und Management-Software bereitstellen.

Der Cloud-Service-Einkäufer Diese Entity repräsentiert die Cloud-Kunden gegenüber Cloud-Providern. Er kann bessere Konditionen erzielen. Durch Kontakte zu vielen Cloud-Providern ist die Übersicht über aktuelle Serviceangebote besser.

Der Cloud-Broker: Diese Instanz baut Beziehungen zu mehreren Cloud-Providern auf. Mehrere Dienste und mehrere Provider können in Kombination für den Kunden ausgewählt werden. Auch Mehrwertdienste sind vorstellbar.

Dazu gehören konsolidierte Rechnungen, nahtloser Übergang zwischen Service-Providern, IT-Rückführung, nahtloses Identity-Management.

1.6 Zusammenfassung

Die Begriffswelt von Cloud-Computing ist immer noch sehr bunt. In diesem Kapitel wurde ein Versuch unternommen, Klarheit zu schaffen. Nach den wesentlichen Merkmalen wurden die Serviceangebote in einer hierarchischen Darstellung diskutiert. Die Anzahl der unterschiedlichsten Angebote wächst, aber sie können immer wieder in IaaS, PaaS, SaaS oder als ebenenübergreifend eingeordnet werden. Die Modelle der Verwirklichung konzentrieren sich um eine Kombination aus Private, Public und Hybrid Clouds. Die Zusammenarbeit zwischen Kunden und Cloud-Service-Providern erfordert geänderte und neue Rollen von Mitarbeitern auf beiden Seiten. Ob diese Rollen innerhalb oder außerhalb der Organisationen wahrgenommen werden (Outsourcing), hängt von den konkreten Gegebenheiten ab.

2 Evolutionsschritte von Cloud-Computing

Die Migration zu einem Cloud-Modell nimmt Zeit in Anspruch. Die Unternehmen starten sehr unterschiedlich. Die bekannten Voraussetzungen für den Einsatz wie Verfügbarkeit der Dienstleistungen, vertretbare Preise und flächendeckende Bandbreite werden schon heute erfüllt. Die hausinternen Voraussetzungen werden aber noch kaum erfüllt. Unternehmen können als Vorbereitung auf dem Gebiet der Konsolidierung und Virtualisierung von Ressourcen viel tun.

Konsolidierung bedeutet die Vereinheitlichung und Zusammenführung von Systemen, Datenbeständen und Anwendungen mit dem Ziel, die IT-Infrastruktur zu vereinfachen und skalierbarer zu machen. Wenn das geschafft ist, kann mehr standardisiert und automatisiert werden. Virtualisierung bedeutet die Trennung von der physischen Implementierung. Physische Ressourcen (Hardware) werden nicht mehr dediziert, sondern von mehreren Anwendungen (Multi-Tenant) genutzt. Allerdings werden logische Ressourceneinheiten von Anwendungen genutzt. Diese logischen Einheiten, auch als Partitionen bezeichnet, werden von Hypervisors verwaltet. Ein Hypervisor ist eine Schicht über dem Betriebssystem der physischen Ressourcen. Diese Schicht ist für die Zuteilung der physischen Ressourcen an die virtuellen Einheiten verantwortlich. Virtualisierung ermöglicht einen effizienten und kostengünstigeren Betrieb von Servern, Desktops, Speichern und Anwendungen.

2.1 Konsolidierung und Re-Zentralisierung von Ressourcen

Abbildung 2.1 zeigt eine typische Konfiguration für Unternehmen. Das Rechenzentrum (Data Center) des Unternehmens hat mehrere, wahrscheinlich zentralisierte Server- und Speicherfarmen. Das Zentrum ist über drahtgebundene und drahtlose Netze mit den anderen Standorten des Unternehmens verbunden. Benutzer haben meistens noch Thick-Clients mit Betriebssystemen, lokalen Anwendungen, lokalen Speichermedien und Adware. Kritische Geschäftsanwendungen laufen im Zentrum. Ressourcen wie Server und Speicher sind Anwendungen dediziert zugeordnet. Das garantiert ausgezeichnete Performance, Elastizität und gute Verfügbarkeit. Aber, die Auslastung der Ressourcen ist niedrig (etwa 30 %), der Energiebedarf hoch, die Ausfallsicherheit niedrig, und die Verwundbarkeit der Konfiguration ist hoch.

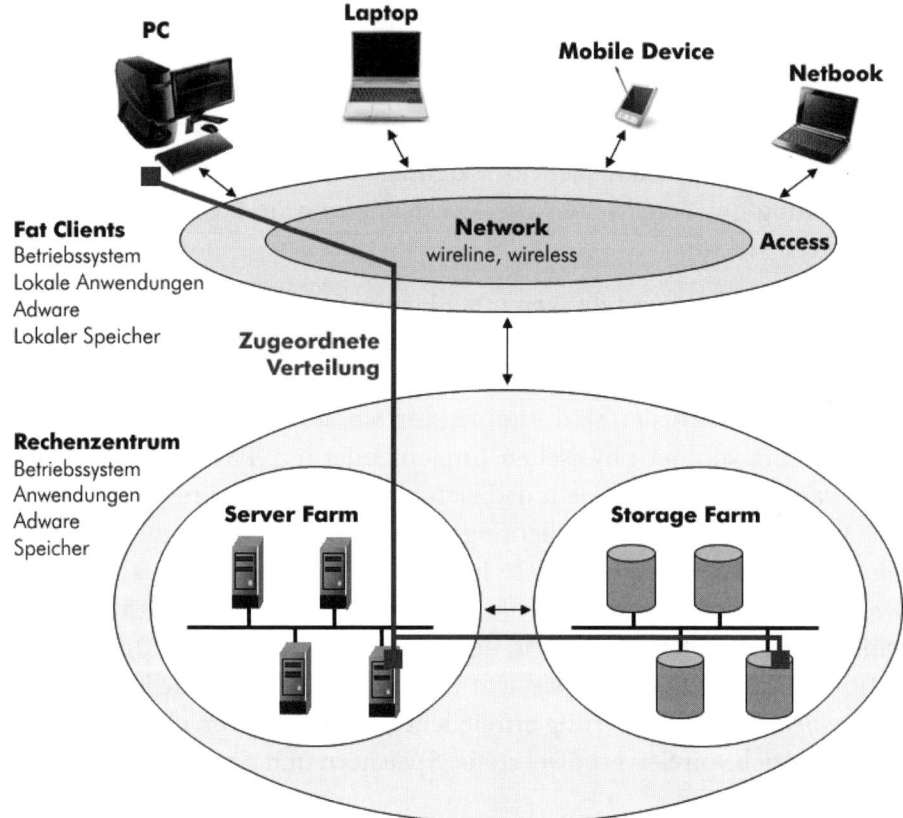

Abbildung 2.1: Typische Konfiguration des Unternehmens

2.2 Virtualisierung von Ressourcen

Abbildung 2.2 zeigt die Änderungen infolge der Virtualisierung von Servern, Speichermedien, Desktops und Anwendungen. Dieser Virtualisierungsprozess kann in mehreren Phasen ablaufen. In den meisten Fällen fängt man mit der Virtualisierung der Server an. Benutzer arbeiten mit begrenzten lokalen Ressourcen, genannt Thin-Clients. Lokale Hardware- und Softwarekomponenten verschwinden. Die Virtualisierung selbst bleibt isoliert von Benutzern. Sie greifen an ihren Anwendungen mithilfe ihrer (realen oder virtuellen) Desktops auf ihre Anwendungen zu, die in einer Partition des physikalischen Servers laufen. Ein Server kann fast beliebig viele virtuelle Maschinen unterstützen. Ähnlich läuft es mit Speichermedien. Es gibt keine dedizierte Zuordnung mehr. Verfügbarkeit und Ausfallsicherheit werden besser, und die Verwundbarkeit wird niedriger. Auch der Energiebedarf sinkt dank besserer Ressourcenauslastung. Aber die Performance von einzelnen Anwendungen kann kritisch werden, da die Ressourcen gemeinsam benutzt werden.

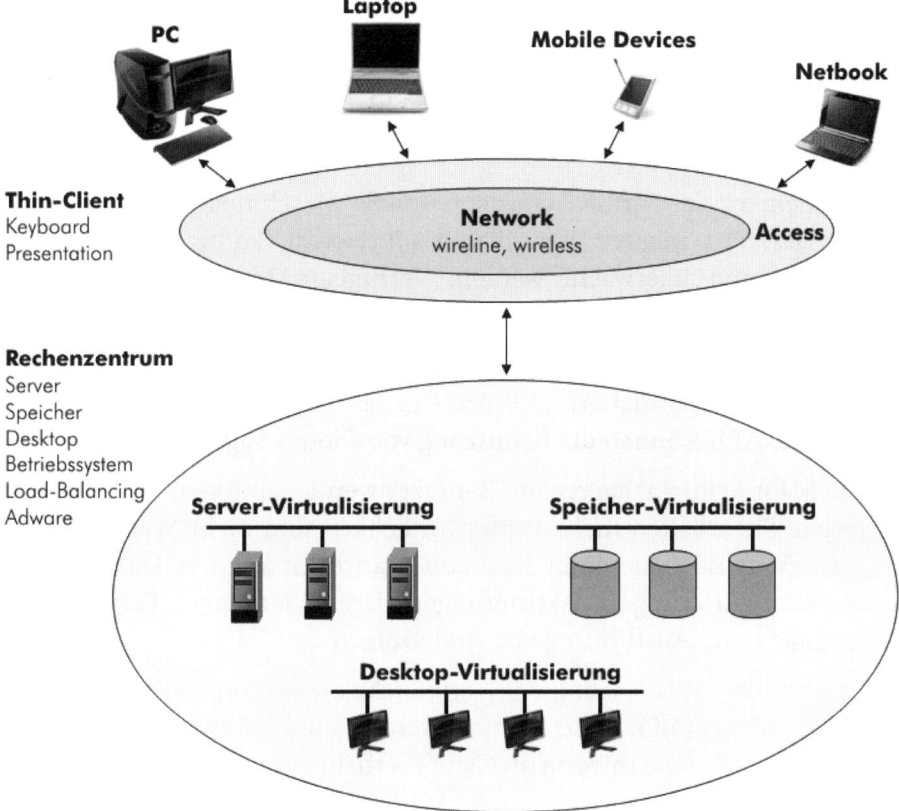

Abbildung 2.2: Virtualisierung von Servern, Speichermedien und Desktops

Die Virtualisierung von Anwendungen ist ein Sammelbegriff für alle Softwaretechnologien, die die Portabilität, Management und Kompatibilität von Anwendungen verbessern. Das wird durch eine Trennung vom darunterliegenden Betriebssystem umgesetzt, wo diese Anwendungen eigentlich laufen. Eine virtualisierte Anwendung wird zum Ausführungszeitpunkt einem virtuellen Betriebssystem und weiteren virtuellen Ressourcen zugeordnet. Wenn es geschieht, werden die Anwendungen flexibler in Bezug auf die Ressourcen, die sie konkret bei der Ausführung beanspruchen. Dazu braucht man eine Virtualisierungsschicht, die alle Management-Aufgaben übernimmt. WMWare und Citrix bieten derartige Lösungen an.

2.3 Private Clouds

Um die Vorteile von mehreren Cloud-Modellen zu realisieren, wird empfohlen, mit privaten Clouds anzufangen. Die Konfiguration mit Thin-Clients bleibt auf der Benutzerseite unverändert, aber das Rechenzentrum erhält eine neue Schicht, die meisten aus folgenden Komponenten besteht:

▶ Management der Virtualisierung: Virtuelle Maschinen, Speichermedien und Desktops müssen identifiziert (*discovered*), konfiguriert, aktiviert, geändert und überwacht werden. Verfügbare Messtechnologien und -werkzeuge müssen erweitert und getunt werden.

▶ APIs: Der Austausch von Daten und Informationen muss unbedingt geregelt werden. Reformatierungsschritte gehen auf Kosten der Performance. Fehlende APIs können die Benutzung von Clouds sogar verhindern.

▶ Portale für Selbstmanagement: Benutzer werden eine sehr wichtige Rolle spielen. Sie erhalten mehr Verantwortlichkeit und mehr Werkzeuge von IT. Dafür müssen sie mehr Funktionen ausüben können. Dazu gehören z.B. Konfigurierungen, Aktivierungen, Deaktivierungen, Parametereinstellungen und Ausführung von Änderungen.

▶ Verrechnung: Vermessung des Verbrauchs an Ressourcen ist unbedingt erforderlich, damit fair abgerechnet werden kann. Softwarelösungen sind vorhanden, aber sie müssen an Cloud-Verhältnisse angepasst werden.

Abbildung 2.3 zeigt diese Konfiguration mit den Verantwortlichkeiten des Zentrums und der Benutzer.

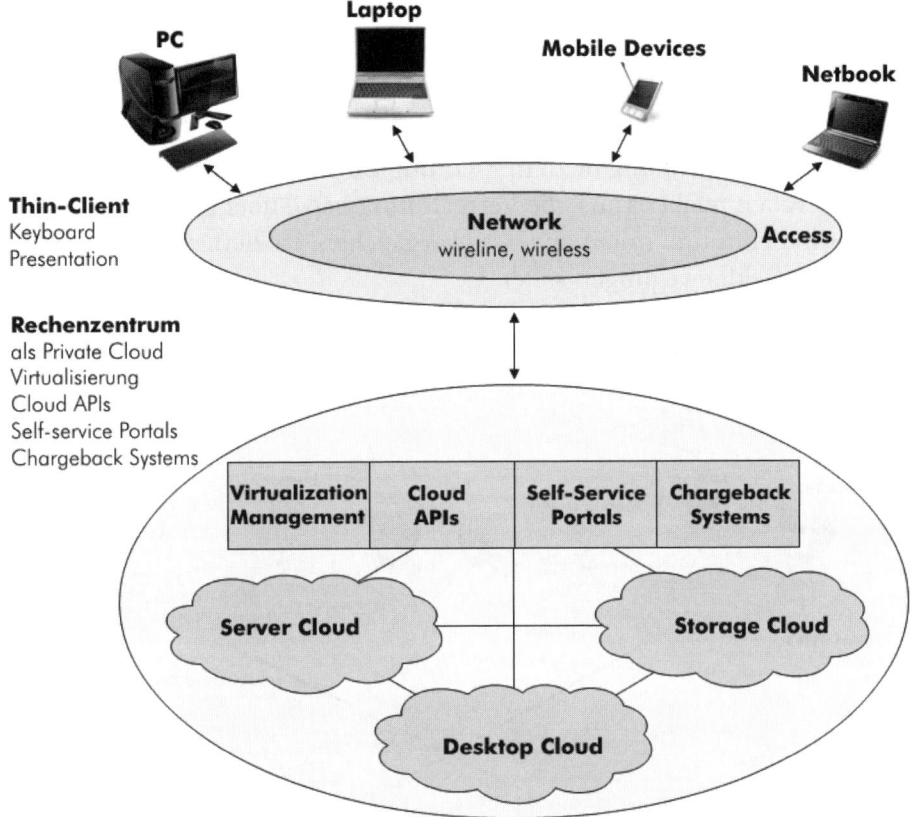

Abbildung 2.3: Rechenzentrum als private Cloud

2.4 Community Clouds

Man geht einen Schritt weiter, indem mehrere Private Clouds miteinander verbunden werden.

Alle Voraussetzungen der Private Clouds wie Management der Virtualisierung, Unterstützung von APIs, Portale für Selbstbedienung und nutzungsabhängige Verrechnung müssen auch für Community Clouds erfüllt werden.

Zusätzlich müssen die gemeinsam genutzten APIs untersucht, vereinfacht und implementiert werden. Diese Aufgabe ist nicht trivial, aber machbar. Fortschritte bei der Standardisierung von Cloud Services können viel helfen, da dadurch nur eine kleinere verwaltbare Anzahl von Softwareversionen gepflegt werden muß .

Bei der nutzungsabhängigen Verrechnung können Kompromisse vereinbart werden. Keiner der Beteiligten tritt als ein Public-Cloud-Service-Provider auf, wodurch die Verrechnung nicht in Richtung Gewinn optimiert werden muss. In vielen Fällen reicht es aus, die Verrechnungssätze über längere Zeiträume zu konsolidieren und miteinander zu vergleichen. In kleinen Gesellschaften sind aktive Geldbewegungen selten.

Abbildung 2.4 zeigt eine mögliche Konfiguration für eine kleine Gruppe, die aus zwei Unternehmen besteht.

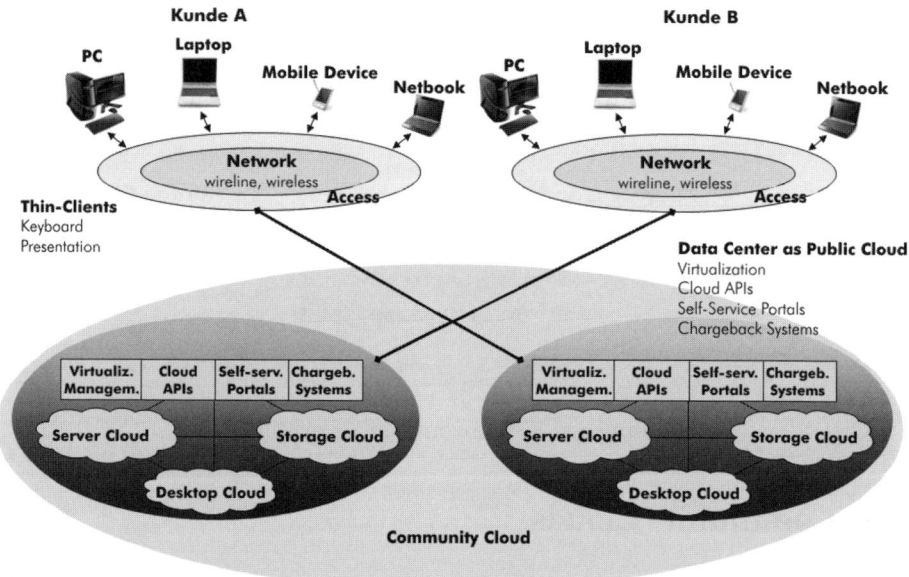

Abbildung 2.4: Rechenzentren und Benutzer einer Community Cloud

2.5 Public Clouds

Abbildung 2.5 illustriert, dass das Rechenzentrum des Service-Providers genauso aussieht wie bei privaten Clouds. Der Unterschied ist aber, dass die Ressourcen nicht nur von mehreren Benutzern eines Unternehmens, sondern auch von mehreren Unternehmen benutzt werden. Die Angebote sind u.a.

- Software-as-a-Service
- Storage-as-a-Service
- Platform-as-a-Service
- Infrastructure-as-a-Service
- Security-as-a-Service
- Monitoring-as-a-Service
- IT-as-a-Service bis
- Anything-as-a-Service

Dazu können noch weitere Dienste kommen, z.B. Security-as-a-Service, Compliance-as-a-Service und letzten Endes Anything-as-a-Service.

2

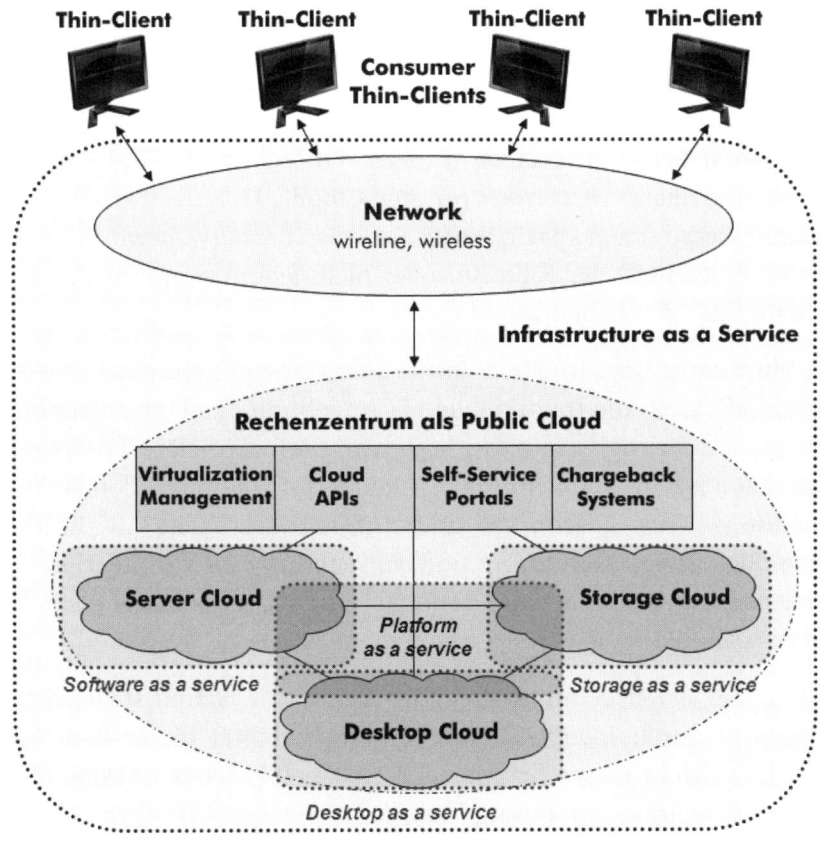

Abbildung 2.5: Rechenzentrum als öffentliche Cloud

Cloud-Computing bietet Kunden unbegrenzte Möglichkeiten in Bezug auf den Zugriff zu Ressourcen. Mit Ressourcen sind gemeint: Rechenleistung, Speichermedien und Anwendungen. Unternehmen brauchen nicht mehr für Hardware und Software zu investieren; auch die hohen Betriebskosten können reduziert werden. IT-Abteilungen zahlen heute sehr hohe Gebühren für Hardware/Software-Lizenzen, wodurch kaum mehr finanzielle Möglichkeiten für Innovationen übrig bleiben. Das Rechenzentrum des Unternehmens verschwindet oder anders ausgedrückt wird an die Cloud Serviceanbieter ausgelagert. Die Abrechnung erfolgt nach dem tatsächlichen Aufwand. Aus buchhalterischer Sicht werden Fixkosten (CapEx) durch variable Kosten (OpEx) ausgetauscht. Für viele Unternehmen ist es günstiger, wenn weniger Kapital in Hardware und Software gebunden ist.

2.6 Hybride Clouds

Abbildung 2.6 zeigt die Zusammenarbeit zwischen öffentlichen und privaten Clouds in Form einer hybriden Cloud. Die Clouds sind miteinander und mit mehreren Service-Providern vernetzt. Öffentliche Clouds erhöhen die Elastizität und Skalierbarkeit von privaten Clouds. Hybride Clouds bieten die Flexibilität, Ressourcenkapazitäten im Bedarfsfall zu erweitern. Das kann bei Tests und Spitzenlast der Fall sein. Aber nicht jede Anwendung kann beliebig hin und her geschoben werden.

Diese Mischform wird in der Zukunft überwiegend benutzt. Diese Mischform schließt auch die traditionelle IT-Umgebung des Unternehmens ein. Die Herausforderung wird darin bestehen, die proprietäre IT-Umgebung, Private Clouds, u.U. Community Clouds und Public Clouds auf der Anwendungs-, der Plattform- und Infrastrukturebene in Bezug auf Dienste, Sicherheit, Monitoring und Verrechnung so zu integrieren, dass sich für den Kunden und seine Benutzer eine stark heterogene Landschaft homogen darstellt.

Der Benutzer erwartet mit seinem Endgerät eine Schnittstelle, die diese Homogenität durch Integration und Interoperabilität hinter den Kulissen sichert. Der Erfolg dieser Schnittstelle entscheidet letzten Endes über die Akzeptanz des Cloud-Computing-Modells.

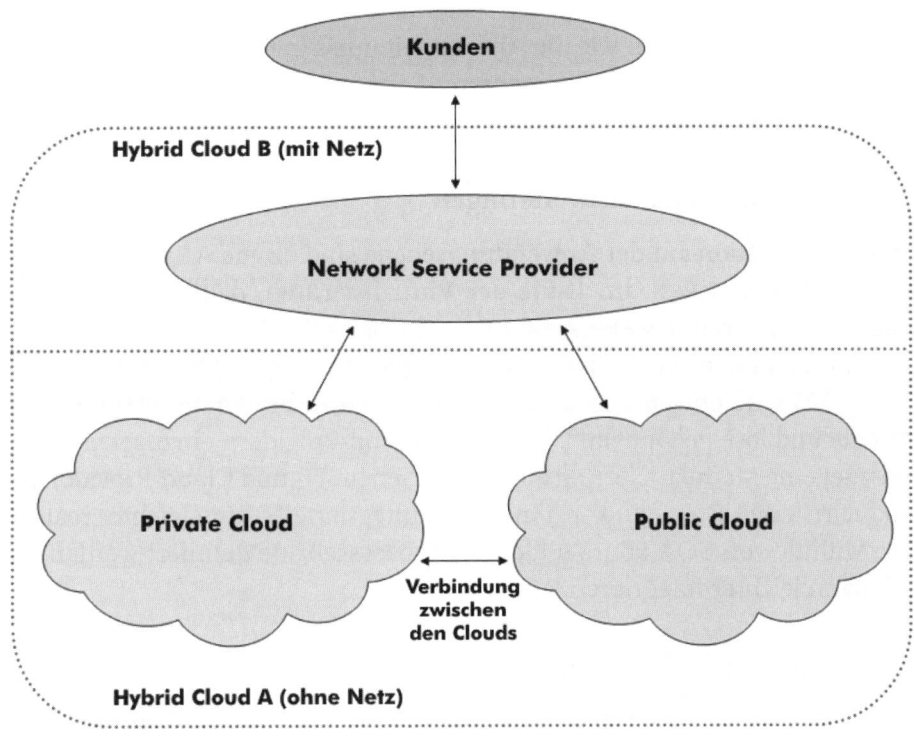

Abbildung 2.6: Federation mit öffentlichen und privaten Clouds

2.7 Integrationspunkte

Cloud-Services müssen sich miteinander und in bestehende IT-Systeme integrieren lassen. Der Benutzer erwartet die reibungslose Abwicklung seiner Geschäftsprozesse. In diesem Abschnitt werden drei technisch orientierte Integrationsfelder diskutiert: Infrastruktur, Anwendungen und Prozesse.

Aus technischer Sicht werden sich Cloud-Dienste problemlos integrieren lassen, wenn Standardschnittstellen vorhanden sind. Eine Integration mit klassischen IT-Anwendungen (Altlasten) ist aber recht schwierig.

2.7.1 Integration der Infrastrukturen

Auf diesem Gebiet müssen Dienste und Komponenten über Standardschnittstellen angebunden werden. Die Datenübertragung muss aus Sicherheitsgründen verschlüsselt ablaufen. Der Einsatz von Firewalls und anderen Schutzmaßnahmen kann aber die Performance beeinflussen. Die Erfahrung mit kritischen Performance-Indikatoren wie die Antwortzeit muss in der gekoppelten Umgebung auch bei der Mitwirkung mehrerer Service-Provider akzeptabel bleiben. Diese Kopplung bleibt für die aktuellen Benutzer unsichtbar.

2.7.2 Integration der Anwendungen

Für die Integration auf der Anwendungsebene sind offene APIs erforderlich. Wenn unterstützt (z.B. im Laufe der Virtualisierung), dann kann eine reibungslose Integration vieler Anwendungen vieler Service-Provider garantiert werden. Auf Ebene der Serviceintegration spielt die Service Oriented Architecture (SOA) eine entscheidende Rolle. SOA schafft die Voraussetzung dafür, verteilte und lose gekoppelte Dienste von Cloud-Providern einzusetzen. SOA bedeutet eine Modularisierung auf beiden Seiten: IT- und Cloud-Provider. Mit modularisierten Diensten kann man eine integrierte Lösung leichter realisieren. Mithilfe von SOA können kleinere Prozessschritte definiert werden, die sich dann leichter integrieren lassen.

2.7.3 Integration der Prozesse

Wenn unterschiedliche Cloud-Service-Provider zum Einsatz kommen, müssen die Geschäftsprozesse klar und eindeutig abgebildet sein. Die modularisierten Prozessschritte müssen nahtlos ineinander greifen. Risiken müssen von vornherein abgeschätzt werden. Dazu gehören:

▷ Nichtverfügbarkeit einzelner Module durch System- und/oder Netzausfälle.

▷ Wie weit können Prozessverzögerungen toleriert werden?

▷ Wie weit sind Prozessdienste von Cloud-Providern austauschbar?

Die Verantwortung der Prozessintegration der Public Cloud Services trägt der Benutzer oder eine Gruppe von Benutzern.

2.8 Sourcing-Kette

Abbildung 2.7 zeigt die einzelnen Evolutionsschritte in einer bildhaften Darstellung. Der Eigenbetrieb schließt die traditionelle IT-Umgebung, Konsolidierung und Virtualisierung ein.

Es ist nützlich, wenn Unternehmen recht früh mit Component off the shelf (COTS) anfangen und ihre Anwendungen um COTS bauen und integrieren. Dadurch wird die Pflege übersichtlicher und preiswerter.

Unter COTS werden seriengefertigte Produkte aus dem Elektronik- oder Softwaresektor verstanden

Nachdem Private Clouds gebildet werden, können sie selbst oder durch Dritte verwaltet werden. Parallel dazu entstehen viele Public Clouds, die mit Private Clouds kombiniert und dann integriert werden. Als wahrscheinliche Lösung des Fremdbetriebes entsteht eine Hybrid Cloud.

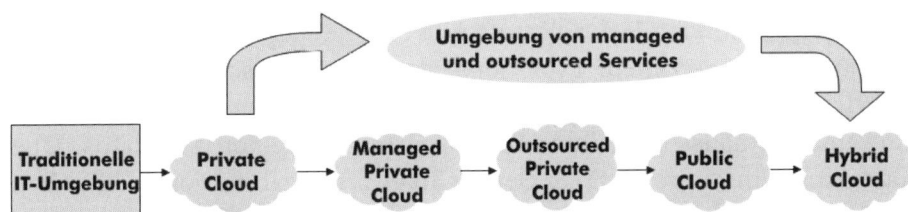

Abbildung 2.7: Sourcing-Optionen – Evolutionsschritte

Die Kontrollfrage ist immer sehr wichtig, wenn es sich um Cloud-Lösungen handelt. Die Verantwortlichkeit und Kontrolle ändern sich, je nachdem, welche Cloud-Alternative gewählt wird. Abbildung 2.8 zeigt die Evolutionsstufen vom IT-Eigenbetrieb bis zur Public Cloud. Die Ressourcen sind Netzwerk, Speicher, Server, Virtuelle Maschinen, Anwendungen und Daten.

Daten	Daten	Daten	Daten	Daten
Anwendungen	Anwendungen	Anwendungen	Anwendungen	Anwendungen
Virtuelle Masch.	Virtuelle Masch.	Virtuelle Masch.	Virtuelle Masch.	Virtuelle Masch.
Server	Server	Server	Server	Server
Speicher	Speicher	Speicher	Speicher	Speicher
Netz	Netz	Netz	Netz	Netz

▨ Verantwortung hat das Unternehmen
☐ Verantwortung ist geteilt
▨ Verantwortung hat der Cloud Service Provider

Abbildung 2.8: Änderung der Verantwortung in Sourcing-Modellen

Die Verantwortung kann beim Unternehmen, beim Cloud Service Provider oder beiden liegen. Anhand des Bildes kann man gut beobachten, dass bei Public-Cloud-Lösungen die meisten Verantwortlichkeiten bei den Cloud-Service-Providern liegen. Kundendaten und personenbezogene Informationen bleiben aber sehr lange beim Unternehmen; höchstens wird die Verantwortlichkeit gemeinsam getragen. Das ist gerade ein sehr wichtiger Vertragspunkt, damit klare Verhältnisse über die Dauer der Zusammenarbeit herrschen.

2.9 Zusammenfassung

Bis zu einer gesunden Hybridlösung gibt es viele Migrationsschritte. Cloud-Computing erfordert mehr Evolutions- als Revolutionsschritte. Kunden, die bei Private Clouds stehen bleiben, profitieren immer noch von der Konsolidierung und Virtualisierung ihrer IT-Ressourcen sowie von Standards, Open Source und Einsatz von COTS. Bei der Inanspruchnahme von Public Cloud Services müssen Infrastrukturen, Anwendungen und Prozesse sorgfältig integriert werden. Fazit: Cloud-Computing ist nur eine von vielen Sourcing-Alternativen.

3 Hindernisse und Bedenken

Es gibt mehrere Motive für den Einsatz von Cloud-Lösungsmodellen. Einige sind hier aufgezählt:

▶ Möglichkeiten zur Senkung der Investitions- und Betriebskosten

▶ Umschichtung der Kosten

▶ Schnellere Umsetzung von Innovationen

▶ Nutzung von Entwicklungs- und Betriebs-Know-how von außen

▶ Bedarfsgerechte Nutzung von Ressourcen

▶ Nutzungsabhängige Verrechnung von Leistungen

▶ Flexibilität bei der Wahl von standardisierten Diensten

Der Nutzung von Cloud-Services werden aber Grenzen gesetzt. Es ist nicht immer möglich oder sinnvoll, IT-Dienste in einer Private oder Public Cloud zu nutzen. Cloud-Computing ist eine der Möglichkeiten; es tauchen allerdings viele Bedenken und Hindernisse auf.

Die Migration zu Clouds ist ein komplexer und zeitaufwendiger Prozess. Es ist nicht trivial, Anwendungen zwischen Clouds hin und her zu übertragen. Es gibt sowohl technologische als auch juristische Hindernisse und Bedenken. Dieses Kapitel zählt einige auf, ohne dabei eine exakte Prioritätsordnung aufstellen zu wollen.

3.1 Virtualisierung

Virtualisierung ist sehr populär. In diesem Abschnitt wird auf drei Gesichtspunkte hingewiesen, die den Erfolg beeinflussen können.

Wahl der richtigen Reihenfolge: Virtualisierung kann mehrere Ziele haben. Die IT sollte über die richtigen Schritte entscheiden. Nach der Konsolidierung von Ressourcen ist der nächste Schritt einfacher. Die wahrscheinlichste Reihenfolge ist Server, Speicher, Desktops und Anwendungen. Überhastete Virtualisierung bringt Unsicherheit in die IT-Organisation. Fehlentscheidungen können den Produktionsbetrieb stören, sogar unterbrechen. Pilotprojekte sind immer zu empfehlen, insbesondere, wenn sie außerhalb der Produktion mit duplizierten oder fiktiven Daten abgewickelt werden.

Wahl des Betriebssystems: Es gibt nicht sehr viele Alternativen. Microsoft, Redhat, Fedora, Debian, OpenSolaris, AIX, Ubuntu werden am häufigsten erwähnt. Führende Service-Provider für Public Clouds unterstützen mehrere, um Kundenwünschen zu entsprechen. Insbesondere bei integrierten Lösungen in der Hybrid Cloud ist es wichtig, dass die eingesetzten Betriebssysteme miteinander kompatibel sind.

Wahl der Management-Lösung: Es stehen bei den Management Lösungen wenig Alternativen zur Auswahl. Die Hypervisor-Plattformen werden in Richtung Management erweitert. Bekanntere Hypervisors sind Elastic Compute, VMWare, Xen und Virtual Server. Sinnvolle Cloud-Lösungsalternativen können an der Management-Lösung scheitern.

3.2 Private Clouds

Migration von Ressourcen zu virtuellen Ressourcen: Eine große Flexibilität bei der Wahl der aktuellen physikalischen Ressourcen – ohne dabei die Benutzer informieren zu müssen – garantiert eine viel höhere Auslastung und Ausgewogenheit von Ressourcen. Der Benutzer sieht eine virtuelle Ebene als Schnittstelle. Die aktuelle Zuordnung zu Partitionen auf den konsolidierten, physikalischen Ressourcen bleibt dem Benutzer unbekannt. Aber diese Lösung ist heute noch nicht trivial. Die Voraussetzung ist, dass die beiden Chipsets identisch sein müssen. Unterschiedliche Generationen von AMD und Intel Chipsets zeigen nämlich Unterschiede im x86-Instruction-Set, sogar innerhalb derselben Produktlinie.

Management von virtuellen Ressourcen: Anstelle einer vertretbaren Anzahl von Ressourceneinheiten muss man eine sehr große Anzahl von kleineren Ressourceneinheiten (z.B. Partitionen) verwalten. Hypervisors haben die Aufgabe, die Ressourcenauslastung zu messen und balancieren, Kompatibilität von Rechenressourcen zu beurteilen, Anwendungen zuzuordnen und Dateien unter mehreren Benutzern zu sharen. Management-Software ist teuer und noch unvollständig. Open Source-Lösungen können diesbezüglich helfen. Diese Werkzeuge können über mehrere Hypervisors hinweg mehrere virtuelle Maschinen verwalten.

Integration von Anwendungen und von File-Systemen: Die Integration von Altlasten und neuen Anwendungen in der Cloud ist sehr schwierig. Die gemeinsame Nutzung von Datenbanken ist kritisch. Wenn Anwendungen in die Private und Public Clouds bewegt werden, müssen auch die Daten sich mitbewegen. Es ist sehr schwierig, die Hardware/Softwareanforderungen von Datenbanken anzupassen. Die Elastizität und Skalierbarkeit von virtuellen Servern kann nur beschränkt benutzt werden, wenn das unterstützende Shared-File-System nicht vorhanden ist.

Kosten (Investitions- und Betriebskosten): Zu Beginn sind Investitionen erforderlich. Sie beziehen sich auf neue Management- und Governance-Werkzeuge und auf die Aus- und Weiterbildung von IT-Mitarbeitern. Die aktuellen Betriebskosten können aus heutiger Sicht noch nicht genau geschätzt werden. Sie werden leider sehr oft frisiert in die ROI-Berechnungen eingegeben.

Interner Widerstand: Veränderungen sind immer eine unbeliebte Sache. IT-Mitarbeiter können ihre bisherigen Aufgaben verlieren. Sie müssen auf neue Technologien und auf andere Geschäftsmodelle umgeschult werden: Je nach Lebensalter ist das immer ein Risiko. Unternehmen können gute und/oder nervöse Wissensträger verlieren.

3.3 Community Clouds

Kompatibilität von mehreren Clouds: Die meisten Public Cloud-Dienste benutzen virtuelle Maschinen auf Basis der x86-Architektur. Einige Unix-Systeme (z.B. Solaris) wurden bereits konvertiert. Wenn Anwendungen in Richtung Private Clouds bewegt werden, müssen zwei Kriterien erfüllt werden. Auf beiden Seiten sollen identische Hypervisors laufen, und die Server-Chipsets müssen übereinstimmen. VMWare und andere Hypervisor-Anbieter haben sich bisher lediglich auf ein Common Import-Format geeinigt. Es ist noch kein neutrales Runtime-Format. Mehrere Formatkonversionen kosten Zeit und Performance.

Interner Widerstand: gilt wie bei Private Clouds

Kosten (Investitions- und Betriebskosten): gilt wie bei Private Clouds

3.4 Public Clouds

Sicherheit beim Zugriff auf öffentliche Cloud-Ressourcen: Diese Ressourcen werden nicht von Kunden oder Benutzern kontrolliert. Unternehmen können erstklassige Sicherheitslösungen wie Threat-Management, Antivirus-Vorbeugung, Firewall-Management, Intrusion Detection und Prevention implementieren und benutzen, und trotzdem sind ihre Daten und persönliche Informationen verletzbar. Aber Kunden können eingehende sowie ausgehende Daten und Informationen filtern und den Inhalt untersuchen. Auch die Cloud-Service-Provider können das tun; in beiden Fällen ist dann mit zusätzlichen Ausgaben zu rechnen.

Schutz von Benutzerdaten, Schutz von personenbezogenen Daten: Beide Datentypen müssen geschützt werden. Die gesetzlichen Vorschriften sind in den Ländern recht unterschiedlich. In den meisten Fällen ist ein Teil der persönlichen Daten sehr empfindlich. Risiken des Verlustes können minimiert, aber nicht ausgeschaltet werden.

Governance für richtige Prioritäten: Die Zugriffsprioritäten auf Public Cloud-Ressourcen müssen klar definiert werden. Sie müssen dem Vertragspartner zugänglich sein. Das ist immer erforderlich, wenn Kunden und deren Benutzer Cloud-Ressourcen gemeinsam benutzen. Die Auswirkungen spiegeln sich in der Preisgestaltung wider und werden in SLAs schriftlich festgehalten.

Regeltreue mit dem Gesetzgeber: Es ist unbedingt erforderlich, Regeltreue vorzuweisen, vor allem, wenn in der Public Cloud persönliche Informationen benutzt werden. Strenge Kontrollen (z.B. über die ordentliche Geschäftsführung, Einhaltung von Sicherheitsmaßnahmen, Schutz von personenbezogenen Daten) sind vorgeschrieben: Wenn Daten und persönliche Informationen in einem Data Warehouse der privaten Cloud beschrieben sind, kann die Regeltreue lockerer angegangen werden. Professionelle Cloud-Provider sind in der Lage, alle offenen Fragen über Daten und Informationen zu beantworten.

3.5 Hybride Clouds

Kompatibilität von mehreren Clouds: Die meisten Public Cloud-Dienste benutzen virtuelle Maschinen auf der Basis der x86-Architektur. Einige Unix-Systeme (z.B. Solaris) wurden bereits konvertiert. Wenn Anwendungen in Richtung Private Clouds bewegt werden, müssen zwei Kriterien erfüllt werden: Auf beiden Seiten sollen identische Hypervisors laufen, und die Server-Chipsets müssen übereinstimmen. VMWare und andere Hypervisor-Anbieter haben sich bisher lediglich auf ein Common-Import-Format geeinigt. Es gibt noch kein neutrales Runtime-Format. Mehrere Formate zu konvertieren kosten Zeit und Performance.

Fehlen von Standards zum Austausch von Daten: Es gibt mehrere Organisationen, die sich um Cloud-Standards bemühen, allerdings ist eine Einigung noch nicht in Sicht. Lediglich Export/Importformate konnten in Übereinstimmung verabschiedet werden. Es besteht Hoffnung, dass Webservices in dieser Hinsicht helfen werden.

Übertragung von großen Datenmengen: Die Bewegung von großen Datenmengen mit einer vertretbaren Performance ist nicht trivial. Große Bandbreiten und eine vernünftige Preisgestaltung sind erforderlich. Ein Breitbandzugriff zu Cloud-Services ist noch nicht in jedem Land vorhanden.

3.6 Rückführung von der Cloud zur eigenen IT

Der große Vorteil von Cloud-Lösungen ist die Flexibilität und Skalierbarkeit. Je nach Preis/Leistungsverhältnis werden Cloud-Service-Provider ausgetauscht, wenn keine Kompatibilitäts- und Integrationsprobleme auftreten. Je mehr standardisiert wird, umso mehr werden Cloud-Service-Provider austauschbar. Auch eine Rückführung in die eigene IT-Landschaft kann aus unterschiedlichen Gründen erforderlich werden. Wenn unüberbrückbare Schwierigkeiten dabei erwartet werden, entscheidet man sich wahrscheinlich gegen eine Cloud-Lösung. Es gibt genügend negative Beispiele der Rückführung in Outsourcing-Fällen.

Für alle Fälle ist die Rolle eines Cloud Service-Brokers wichtig. Diese Instanz kann die IT-Organisation entlasten und helfen, die richtigen Entscheidungen in Bezug auf Rückführung zu treffen.

3.7 Die wichtigsten Hindernisse von Cloud-Computing

Hier werden die meisten erwähnten Hindernisse zu Cloud-Computing zusammen- gefasst. Tabelle 3.1 stellt diese Hindernisse sowie die Gegenmaßnahmen zusammen.

1. **Serviceverfügbarkeit**: Benutzer sind im Allgemeinen durch Internetdienste verwöhnt. Viele greifen über Google-Search zu. Kurze Unterbrechungen können ein falsches Bild über die Verfügbarkeit verbreiten. Insgesamt ist die Verfügbarkeit sehr gut – oft besser als im Eigenbetrieb. Cloud-Service-Provider arbeiten sehr oft mit mehreren Netzwerk-Providern, damit die Verfügbarkeit garantiert werden kann. DDoS-Angriffe (Distributed Denial of Service) können die Cloud-Dienste stark einschränken und sogar lahmlegen, falls die Cloud-Service-Provider den Erpressern nichts zahlen. So ein Angriff kostet Geld und dauert nicht allzu lange, sodass der Täter nicht identifiziert werden kann. Durch Inanspruchnahme von kurzfristig verfügbaren Ressourcen kann so ein Angriff ohne Servicegrad-Einbrüche überstanden werden. Allerdings muss die zusätzliche Kapazität verfügbar sein.

2. **Datenabhängigkeit**: Die APIs für Cloud-Computing sind noch nicht vollständig standardisiert. Wenn die Daten in der Cloud sind, können Kunden und deren Benutzer ihre Daten nicht ohne Weiteres wiedergewinnen und anderswo abspeichern. Die Lösung ist die volle Standardisierung, wo Privat und Public Clouds identische Infrastrukturen benutzen. Dadurch kann die Last mit ihren Datenbeständen sehr leicht hin- und hergeschoben werden.

3. **Vertraulichkeit der Daten und Auditierbarkeit**: Sicherheit von Kundendaten und insbesondere von personenbezogenen Daten ist beim Cloud-Computing immer ein Problem. Kunden wissen nicht, wo ihre Daten sind, wer Zugriff hat und wer administrative Rechte ausüben darf. Fortgeschrittene Schutzmaßnahmen wie VPNs, Firewalls, IDS, IPS und Encryption in Kombination können sogar eine höhere Sicherheit garantieren als unverschlüsselte Daten im Eigenbetrieb. Wenn viele Länder und deren unterschiedlichen Gesetze beteiligt sind, wird eine Entscheidung für Cloud-Computing schwierig. Regeltreue und freie Wahl für die Kunden, wo sie ihre Daten speichern lassen wollen, erleichtern wiederum die Entscheidung. Aber Audits durch Zwang mögen die potenziellen Kunden immer noch nicht.

4. **Datenübertragung**: Die zu übertragenen Datenmengen werden oft unterschätzt, weil die erforderliche Bandbreite nicht immer zur Verfügung steht. Dadurch wird die Performance der Übertragung grosser Datenmengen beeinträchtigt. Bei größeren datenintensiven Versuchen ist dies z.B. der Fall. Das Ergebnis ist, dass die Übertragung lange dauert und viel kos-

tet und dadurch das Cloud-Vorhaben in Frage stellen kann. Als Gegenmaßnahme können Daten auf andere Datenträger geschickt oder in der Cloud permanent gespeichert werden. Sehr effiziente Kommunikationskomponenten können die Übertragungseffizienz erhöhen. Man rechnet allerdings damit, dass die Bandbreite in Zukunft billiger wird.

5. **Performance-Erwartungen**: Performance ist kritisch für Geschäftsprozesse. Die Cloud-Lösung darf die Performance nicht degradieren. Sie hängt vom Computing sowie von Speicher- und Netzressourcen ab. Ein Engpass kann von überall kommen. Deswegen muss man die Key Performance Indicators (KPI) auf den genannten Gebieten stets überwachen. Eine gewisse Unplanbarkeit kommt von der Verwaltbarkeit von sehr vielen virtuellen Maschinen. Durch ein verbessertes Management (z.B. durch leistungsfähige Hypervisors) kann das Performance-Risiko maßgebend reduziert werden.

6. **Skalierbarer Speicher**: Die sichtbaren Vorteile von Cloud-Computing (bei Bedarf Ressourcenbenutzung, keine Anfangsinvestitionen und unbegrenzte Kapazitäten) sind für Speicher nicht so offensichtlich. Man sucht immer noch nach einer Lösung, wo auch Speicher flexibel skalierbar ist.

7. **Programmfehler (Bugs)**: Cloud-Computing basiert auf large-scale verteilten Systemen. Softwarefehler können überall und immer wieder vorkommen. Prototypen helfen wenig, da Softwarefehler u.U. erst bei einer großen Anzahl von Benutzern auftreten. Ein Ausweg ist die Benutzung von fehlerfreien virtuellen Maschinen, die mit einem Hypervisor verwaltet werden.

8. **Schnelles Skalieren**: Lastspitzen können unerwartet auftreten, und dann werden zusätzliche Ressourcen sehr schnell gebraucht. Ressourcen im Leerlauf und in Bereitschaft wären die Antwort, aber darunter leidet dann die Wirtschaftlichkeit, weil auch im Leerlauf Energie verbraucht wird. Eine erfolgversprechende Lösung wäre die Automatisierung der Skalierbarkeit aufgrund von kontinuierlich überwachten KPIs.

9. **Gerüchte über Performanceprobleme oder Security Verletzungen** : Gerüchte sind immer gefährlich. Auch nicht betroffene Provider bzw. Kunden können dadurch geschädigt werden. Die juristische Haftung steht oft im Mittelpunkt. Durch eindeutige Klärung der Verantwortlichkeiten kann die Rufschädigung eingegrenzt werden.

3

10. **Softwarelizenzen**: Die Lizenzkette, insbesondere für SaaS-Provider, ist immer kompliziert. Der Kunde soll davon verschont bleiben. Sonderpreise für viele Benutzer können immer vereinbart werden. Ältere, aber noch existierende Lizenzmodelle sollten in der Cloud-Preisgestaltung vermieden werden.

Tabelle 3.1 fasst die Ergebnisse noch einmal zusammen.

Hindernis	Gegenmaßnahme
Serviceverfügbarkeit	Inanspruchnahme von mehreren Cloud-Service-Providern Elastizität gegen DdoS-Angriffe
Datenabhängigkeit	Standardisierung von APIs
Vertraulichkeit	Einsatz von Encryption, VLANs und Firewalls Beachtung der nationalen Gesetze mithilfe von Geographical Data Storage
Datenübertragung	Versendung von Disks; mehrere Backups für Daten; mehr Bandbreite; effizientere Netzkomponenten
Performance-Erwartungen	Verbesserung der Verwaltung von virtuellen Maschinen Lastausgleich, kontinuierliches Monitoring
Skalierbarer Speicher	Entdeckung von skalierbaren Speichern
Softwarefehler und Bugs	Nutzung von Debugging-Tools, die für verteilte virtuelle Maschinen geeignet sind
Schnelles Skalieren	Einsatz von Auto-Scalern
Rufschädigung	Einsatz von Rufschutz-Diensten
Softwarelizenzen	Nutzung von Pay-as-you-go-Lizenzen Sonderpreise für große Benutzergruppen

Tabelle 3.1: Hindernisse und Gegenmaßnahmen

3.8 Zusammenfassung

Cloud-Computing ist nicht ohne Hürden und Hindernisse. Nicht jede Anwendung und nicht jeder Kunde ist geeignet für dieses Modell. Sicherheit, Regeltreue, Integrationsbedarf und verdeckte Kosten können den Integrationsprozess zu Cloud-Lösungen verhindern oder verlangsamen. Der Grundgedanke der Flexibilität, Skalierbarkeit, Innovationsfähigkeit und nutzungsgerechten Verrechnung ist sicherlich richtig und richtungsweisend. Stolpersteine sind meistens in der Umsetzung und in der längerfristigen Stabilität der Cloud-Dienste zu finden. Obwohl standardisierte Schnittstellen bei der Übergabe, Übernahme und bei der Rückführung von Anwendungen in die Cloud und aus der Cloud heraus helfen, ist aber deren Abwicklung nicht trivial – insbesondere wenn Geschäftsprozesse und der geschäftliche Erfolg von der Cloud-Lösung abhängen.

3

4 Standardisierung

Es stehen nur wenige Erfahrungen mit Clouds zur Verfügung, und isolierte Einsatzfälle können nicht verallgemeinert werden. Die vorliegenden Erfahrungen beschränken sich auf einige Unternehmen, die mit wenigen Cloud-Dienstleistern arbeiten. In diesem Kapitel werden einige Organisationen vorgestellt und der Bedarf an Standards für den erfolgreichen Einsatz von Cloud-Lösungen zusammengestellt.

4.1 Individualisierung oder Standardisierung

Vor allem große Unternehmen möchten ihren eigenen Weg gehen, wenn sie Cloud-Computing-Dienste nutzen. Sie erwarten, dass die Cloud-Service-Provider die proprietären Schnittstellen unterstützen und maßgeschneiderte Dienste für Software, Plattform und Infrastruktur bereitstellen. Cloud-Service-Provider können es sich nicht leisten, nur angepasste Lösungen anzubieten und zu pflegen. Die meisten Cloud-Service-Provider haben viele Benutzer als Zielgruppe – das gilt insbesondere für SaaS. Dementsprechend sind auch die Geschäftsmodelle ausgearbeitet worden. Cloud-Computing wird nur erfolgreich, wenn über standardisierte Schnittstellen

▷ Ressourcen bereitgestellt und aktiviert werden,

▷ der Betrieb überwacht wird,

▷ nutzungsgerecht abgerechnet wird und

▷ Ressourcen nach Bedarf deaktiviert werden.

Individualisierung hat wenig Platz beim Cloud-Computing.

4.2 Ziele beim Einsatz von Standards

Standards verbessern die sicherheitsrelevanten IT-Prozesse zum Vorteil des Unternehmens, der Kunden, der eigenen Produkte und Mitarbeiter. Sie bieten Hilfestellung von generischen Maßnahmen auf Management-Ebene an bis hin zu detaillierten technischen Implementierungen, z.B. liefern sie Methoden für ein leistungsfähiges IT-Sicherheitsmanagement oder definieren die IT-Sicherheit von ausgewiesenen Produkten. Tabelle 4.1 fasst einige Ziele zusammen.

Kostensenkung	Nutzung vorhandener und praxisgerechter Vorgehens-modelle Methodische Vereinheitlichung und Nachvollziehbarkeit Ressourceneinsparung durch Kontinuität und einheitliche Qualifikation Interoperabilität
Einführung eines angemessenen Sicherheitsniveau	Orientierung am Stand der Technik und Wissenschaft Gewährleistung der Aktualität Verbesserung des Sicherheitsniveaus durch die Notwendigkeit der zyklischen Bewertung
Wettbewerbsvorteile	Zertifizierung des Unternehmens sowie von Produkten Nachweisfähigkeit bei öffentlichen und privatwirtschaftlichen Vergabeverfahren Verbesserung des Unternehmens-Images, Stärkung der Rechtssicherheit

Tabelle 4.1: Ziele beim Einsatz von Standards

Abbildung 4.1 zeigt die Service-Ebenen des Cloud-Computing mit ihren Funktionen und Management-Aufgaben. Sie fassen die Funktionalitäten zusammen und verdeutlichen, welche Standards für Cloud-Computing erforderlich sind.

Standardisierung war schon immer ein Mittel, um Portabilität und Interoperabilität sicherzustellen. Portabilität und Interoperabilität beim Cloud-Computing sind wichtig, wenn es darum geht, die Abhängigkeit von einem einzigen Anbieter zu vermeiden, um etwa Risiken bei der Verfügbarkeit von Diensten und Daten möglichst gering zu halten. Daher ist es nicht weiter verwunderlich, dass man auch beim Cloud-Computing davon ausgeht, über Standards eine Abhängig von Herstellern vermeiden zu können.

Interoperabilität und Portabilität für **Infrastructure-as-a-Service** (IaaS) werfen zwei wichtige Probleme auf. Das eine ist das Format der Templates (oder Images) der virtuellen Maschine für die Beschreibung der Platten und der

Konfiguration der erforderlichen virtuellen Ressourcen. Im Allgemeinen werden diese Daten von der darunter eingesetzten Virtualisierungslösung bestimmt, doch haben einige Anbieter eigene Formate entwickelt, beispielsweise das Amazon Machine Image. Zwar gibt es das Open Virtualization Format (OVF) als einzigen Standard, doch werden Anbieter öffentlicher Clouds aus verschiedenen Gründen auch weiterhin ihre eigenen Formate unterstützen. Daher bietet sich als zweitbeste Lösung für die praktische Portabilität eine Formatumwandlung an. Als Zwischenlösung akzeptieren einige Service-Provider mittlerweile mehrere Formate, um den Umwandlungs-Overhead zu vermeiden.

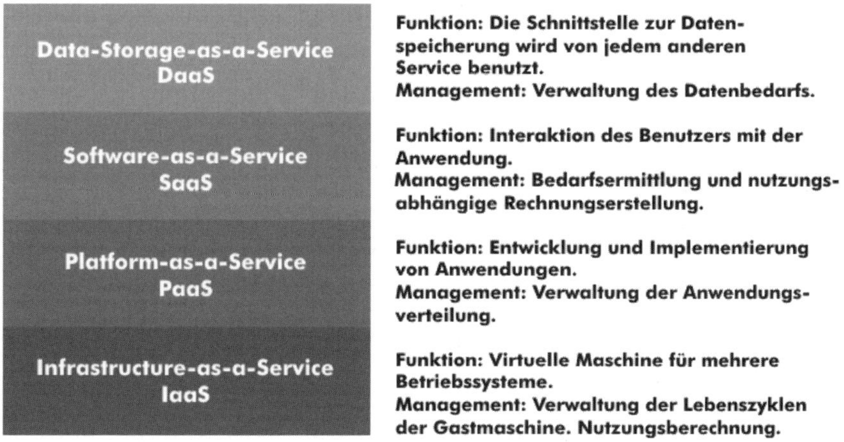
Data-Storage-as-a-Service
DaaS
Funktion: Die Schnittstelle zur Datenspeicherung wird von jedem anderen Service benutzt.
Management: Verwaltung des Datenbedarfs.
Software-as-a-Service
SaaS
Funktion: Interaktion des Benutzers mit der Anwendung.
Management: Bedarfsermittlung und nutzungsabhängige Rechnungserstellung.
Platform-as-a-Service
PaaS
Funktion: Entwicklung und Implementierung von Anwendungen.
Management: Verwaltung der Anwendungsverteilung.
Infrastructure-as-a-Service
IaaS
Funktion: Virtuelle Maschine für mehrere Betriebssysteme.
Management: Verwaltung der Lebenszyklen der Gastmaschine. Nutzungsberechnung.

Abbildung 4.1: Cloud-Stack-Layer

Das zweite Problem besteht in der derzeitigen Inkompatibilität der Management-APIs für das Hoch- und Herunterladen, die Inspektion, Konfiguration sowie verschiedene andere Aktionen. Jeder Anbieter hat sein eigenes API, das ihn daran hindert, mit mehreren Service-Providern zusammen zu arbeiten.

Mehrere Ansätze für eine Problemlösung sind vorhanden. Einige Gruppen wie das Open Grid Forum versuchen, mit dem Open Cloud Computing Interface (OCCI) einen Standard zu spezifizieren. Andere wie Eucalyptus emulieren das Amazon Web Services Interface als den De-facto-Standard. VMware hat sein eigenes vCloud-API entwickelt und dies der Distributed Management Task Force (DMTF) als offenen Standard übergeben. Das vCloud-API soll eine Basisinteroperabilität zwischen VMware-basierten Lösungen (und künftig

Gruppen kümmern sich um Standards, aber die Regelungswerke zu erstellen dauert sehr lange.

vielleicht auch anderen) liefern. Dabei geht es aber bestimmt nicht um die etablierten Lösungsanbieter.

Die meisten Provider verzichten auf offizielle Standardisierung, weil sie in diesem aufstrebenden Markt schnell vorankommen wollen und müssen und Standardisierungsgremien nicht gerade für ihre Schnelligkeit bekannt sind. Doch auch wenn es nicht ein einziges, allgemein akzeptiertes API gibt, heißt das nicht, dass diese Tatsache die Interoperabilität und Portabilität zunichte macht.

Mehrere APIs lassen sich unter einem einzigen kombinieren, auch ohne Zutun des Providers. Für den Bereich Virtualisierung gibt es bereits ein API für die APIs, und zwar ist das »libvirt«. Für das Cloud-Computing übernimmt das Unified Cloud Interface Project die Aufgabe, ein solches API zu definieren. Die Arbeiten stecken allerdings noch in den Kinderschuhen. Eine weitere Initiative namens »cloudloop« liefert ein API für die Zusammenarbeit verschiedener Storage-Dienste, sodass Framework-Anbieter, Middleware-Hersteller und Endanwender ein einziges API nutzen können, ohne sich über die Abhängigkeit von einem Service-Provider Gedanken machen zu müssen.

Für **Platform-as-a-Service** (PaaS) ist Portabilität und Interoperabilität die große Herausforderung, denn Plattform-Dienste umfassen von Haus aus verschiedene Datenformate.

Windows Azure bietet Datenbank-Services und .NET-Anwendungs-Container. Die Applikationen und Daten in Azure sind aber nicht kompatibel zur Google AppEngine. Um beim Einsatz von PaaS eine Abhängigkeit zu verhindern, ist folglich die einzige Möglichkeit, ein Framework zu wählen, das mehrere Provider offerieren, sowie provider-spezifische Erweiterungen wie die von Python in der AppEngine zu vermeiden. Die Verfasser dieses Buches gehen davon aus, dass eine ähnliche Abstraktionsstrategie wie in anderen Cloud-Bereichen entstehen wird, sodass eine Anwendung auf vielen PaaS-Produkten lauffähig sein wird.

Die größten Interoperabilitätsprobleme hat **Software-as-a-Service (SaaS)** aufgrund der Datenvielfalt im Internet. Man kann nicht erwarten, dass Daten von Facebook in andere soziale Medien-Sites exportiert und von da importiert werden können. Auch lässt sich nicht davon ausgehen, dass alle Softwareservices Datenextraktion anbieten. Im Fall von Services wie Google Docs kann man natürlich eine Form der Umwandlung oder Exportoptionen erwarten. Hier ist Umwandlung ein praktischeres Vehikel für die Portabilität als Standardisierung.

4.3 Organisationen zur Standardisierung von Cloud-Lösungen

The Open Cloud Consortium: Dessen Hauptaufgaben sind Verbesserung der Zusammenarbeit zwischen Cloud-Service-Providern und Kunden durch bessere Standards, Entwicklung von Benchmarks, um Lösungen miteinander vergleichen zu können, Entwicklung von Referenzimplementierungen von Cloud-Lösungen, insbesondere auf Basis von Open Source.

Distributed Management Task Force: Sie konzentriert sich auf die Virtualization Management Initiative, auf Open Virtual Machine Formats (OVF) und den Open Cloud Standards Incubator. Das Hauptziel ist die Interoperabilität, die durch standardisierte Cloud Management-Protokolle, Packaging-Formate und Sicherheitsmechanismen verbessert wird.

Jericho Forum: Dessen Hauptziel ist, eine sichere Umgebung für die Zusammenarbeit in der Cloud zu erreichen. Dazu hat diese Organisation eine Collaboration Oriented Architecture (COA) und ein Collaboration Oriented Framework (COF) entwickelt. Dessen Mitglieder sind sowohl Benutzer als auch Cloud-Service-Provider. Sie arbeiten sehr kooperativ zusammen. The Open Group hilft mit der Organisation von Events und bei der Administration. Sie haben sich die »De-Perimeterisation« auf die Flagge geschrieben, will sagen: Keine Benutzer oder Service-Provider, die u.U. am Rand stehen, sollen vernachlässigt werden.

Cloud Security Alliance: Sie benutzt Best Practices for Security Assurance mit Cloud-Lösungen. Zusätzlich beschäftigt sie sich mit Aus- und Weiterbildung von Cloud-Benutzern für die Einhaltung von Cloud Security-Standards.

Open Cloud Manifesto: Die Meinungen gehen auseinander, wie Unternehmen diese neue Alternative für IT interpretieren sollen. Vorteile und Risiken müssen sehr realistisch beurteilt werden. Geschäftsmodelle werden entscheidend geändert. Ein Erfolg ist nur dann zu erwarten, wenn Schnittstellen offen und standardisiert sind. Diese Organisation orientiert sich sehr praktisch. Sie

4

will anderen Organisationen weder die Taxonomie noch die Standardisierung aufdrücken. Stattdessen will sie praktische Hinweise für Benutzer und Cloud-Service-Provider unterbreiten. Diese Hinweise sind für deren Zusammenarbeit sehr wertvoll.

Cloud Computing Interoperability Forum: Namhafte Industrievertreter, die mit Cloud-Computing zu tun haben, haben diese Organisation gegründet. Das Ziel ist, dass Anwendungen, Plattformen und Infrastrukturkomponenten vom IT-Eigenbetrieb und von Cloud-Service-Providern nahtlos zusammenarbeiten können. Die Organisation will die Arbeit auf eine professionelle Ebene heben und eine echte, taugliche Anwendungsintegration erreichen.

Cloud Camp: Es handelt sich um ein organisiertes und lockeres Zusammensein von allen diejenigen, die die Cloud-Computing-Technologie befürworten und implementieren. Es ist ein Forum, wo man ohne Zwang Erfahrungen, Herausforderungen, Lösungen und Ideen austauschen kann. Benutzer, IT-Spezialisten, Cloud Computing Service Provider und Softwareentwickler bilden die Diskussionsforen. Die Sponsoren schließen IBM, Microsoft, Cisco, Enstraty, Aserver und Skill Matter ein.

Object Management Group: Die Betonung der Aktivität orientiert sich immer an Modellierung. Die ersten Aktivitäten für Clouds konzentrieren sich auf die Portabilität, Interoperabilität und auf die mehrfache Benutzung von Codes.

Organization for the Advancement of Structured Information Standards (OASIS): Sehr aktiv auf mehreren Gebieten, insbesondere SOA, Security und Netzmanagement. Mehrere bekannte Standards für Security, Content, Data Import/Export, Registry, Repository und Directory. Standards für das Identitätsmanagement stammen von dieser Gruppe.

Storage Networking Industry Association (SNIA): Die Zielrichtung ist die Technologie für Cloud-Storage. Wichtig sind hier die Spezifikationen für Schnittstellen, wenn mehrere Provider zusammenarbeiten wollen. Auch eine Data Management-Schnittstelle ist in der Entwicklung.

The Open Group: In dieser Gruppe werden Empfehlungen vorbereitet, wie sich Cloud-Service-Provider und Kunden besser verstehen können. Sie werten Alternativen für ihre Mitglieder aus. Mitglieder sind Cloud-Service-Provider und Cloud-Kunden, die durch eine tiefe Kollaboration miteinander verbunden sind.

Standardisierung des Cloud-Managements				
	SaaS	PaaS	IaaS	DaaS
Bereitstellung			OGF/DMTF	SNIA
Erfassung und Abrechnung Metering and Billing				SNIA
Security			CSA/OGF/ DMTF	SNIA (IETF)
Datenschutz Privacy				
Dienstgüte QoS			DMTF	SNIA
Identität		OASIS		
Standardisierung der Functional Interfaces				
Client Application Interface				
Development Platform				
Virtual Machine Interface			DMTF	
Data Storage Interface				SNIA

Tabelle 4.2: Was macht welche Organisation?

4.4 Standards für Cloud-Lösungen

4.4.1 Standards für Anwendungsentwicklung

▷ Browsers Ajax repräsentiert eine Gruppe von Entwicklungsmethoden für Webanwendungen und für sogenannte Rich Web-Anwendungen. Die Interaktivität zwischen Benutzern und Anwendungen ist hoch, wenn Nachrichten synchron oder asynchron ausgetauscht werden.

▷ Ajax »Asynchronous JavaScript and XML« bezeichnet ein Konzept der *asynchronen Datenübertragung* zwischen einem *Browser* und dem *Server*. Dieses ermöglicht es, *HTTP*-Anfragen durchzuführen, während eine *HTML*-Seite angezeigt wird, und die Seite zu verändern, ohne sie komplett neu zu laden. Viele Anwendungen von Ajax werden dazu eingesetzt, im *Webbrowser* ein *desktopähnliches* Verhalten zu simulieren, wie beispielsweise *Popup-Fenster*

Neueste Standardisierungsunterfangen des XMLHttpRequest-Objekts seitens des *W3C* und die Gründung der *OpenAjax Alliance* lassen erkennen, dass die Industrie zukünftig die Ajax-Technologie in ihre Produkte integrieren und somit auf breiter Basis unterstützen wird.

4

▷ Daten: Extensible MarkUp Language (XML) ist eine Spezifikation für die Erstellung von speziellen Markup-Sprachen. XML wird benutzt, um strukturierte Daten zu beschreiben. XML ist sehr gut geeignet für den standardisierten Austausch von Daten zwischen Programmen. XML achtet streng auf die Einhaltung der Regeln.

▷ JSON ist nicht so streng. Es dient zum Austausch von Daten. Es gibt aber Sicherheitsrisiken. Trotzdem wird es als sprachunabhängiges Datenformat gern benutzt.

▷ Solution Stacks LAMP (Linux, Apache, MySQL and PHP) ist eine Open Source-Lösung, um dynamische Webseiten und Server zu betreiben. LAPP (Linux, Apache, PostgreSQL and PHP) hat viele Ähnlichkeiten mit LAMP. Gut geeignet für Webanwendungen, wenn höchste Performance angestrebt wird.

4.4.2 Standards für Informationsaustausch und Kommunikation

▷ SMTP (Simple Message Transfer Protocol): SMTP hat FTP für E-Mail-Nachrichten abgelöst. Sender- und Empfängerinformationen werden mit der Nachricht zusammen verschickt.

▷ POP (Post Office Protocol): POP ist ein ganz einfaches Protokoll für Downloads von Servern. Es ist im Gegensatz zu SMTP keine ständige Verbindung zum Server erforderlich. Nachrichten werden lokal gespeichert.

▷ IMAP (Internet Messaging Access Protocol): IMAP bietet viel mehr Möglichkeiten als POP, indem die Nachrichten auf dem Server bleiben können. Sie können von jedem beliebigen Standort angeschaut und manipuliert werden.

▷ HTTP (Hypertext Transfer Protocol): HTTP ist ein Protokoll der Anwendungsebene und sehr gut geeignet für verteilte, kollaborative Hypermedia-Informationssysteme. HTTP ist die Basis für WWW und repräsentiert einen Request/Response-Standard zwischen einem Benutzer und dem Server. Das Protokoll hat enge Beziehungen zu TCP.

▶ SIMPLE (Session Initiation Protocol for Instant Messaging and Presence Leveraging): SIMPLE ist ein Spezialprotokoll für Instant Messaging und Presence auf Basis von SIP. SIMPLE ist ein offener Standard und gut geeignet für die Versendung von kurzen Nachrichten an mehrere Empfänger. Gleichzeitig kann dieses Protokoll Sessions zwischen mehreren Teilnehmern verwalten.

▶ XMPP (Extensible Messaging and Presence Protocol): Die Basis ist XMP und wird für echtzeitnahe Instant Messaging- und Presence-Informationen benutzt. Es handelt sich um einen offenen Standard und wird häufig bei VoIP benutzt. Die Software ist weit verbreitet, da IETF dieses Protokoll als empfohlenen Standard vorgeschlagen hat. Die Security wurde schon in der Kernspezifikation aufgenommen.

4.4.3 Standards für Cloud-Computing-Speicher

Den weltweit ersten Standard für Cloud-Storage-Umgebungen hat die Storage Networking Industry Association (SNIA) erarbeitet. Er soll das Management von Daten vereinfachen, die Firmen in privaten oder öffentlichen Clouds speichern.

Große Aufwände bei Storage-Kapazitäten in einer Cloud-Computing-Umgebung verursacht das Management der Daten – vereinfacht gesagt: das Hin- und Herschieben von Informationen zwischen den Speichersystemen im Unternehmen und einer Public-Cloud-Storage-Umgebung, wie sie beispielsweise Amazon, Google oder Microsoft und andere Provider anbieten bzw. anbieten werden.

Die SNIA hat dieses Problem nach eigenen Angaben gelöst. Sie legte mit dem Cloud-Data-Management-Interface (CDMI) eine Spezifikation vor, die Schnittstellen zwischen »privaten« Storage-Geräten und den Speicherkapazitäten in der »Wolke« bereitstellt.

Die Merkmale gelten für alle Arten von Cloud-Storage. Laut SNIA ist das CDMI in privaten, öffentlichen und hybriden Cloud-Storage-Umgebungen einsetzbar. Es soll ein durchgängiges Management aller Datenbestände inklusive von Service-Levels erlauben.

Neben blockbasierten Storage-Clients (iSCSI-LUNs) werden auch dateigestützte Verfahren wie NFS, CIFS und WebDAV unterstützt. Nicht berücksichtigt wurden dagegen die Schnittstellen virtualisierter relationaler Datenbank-management-Systeme (RDBMS).

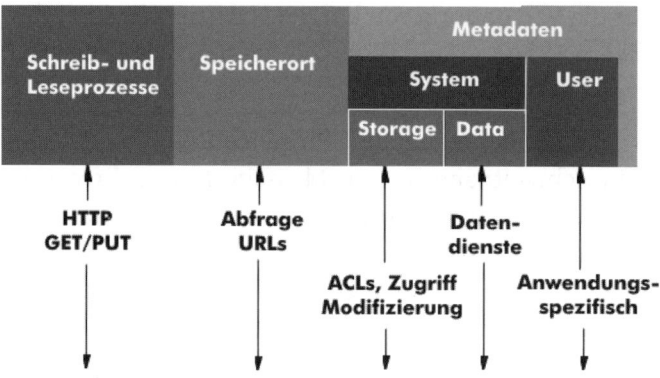

Abbildung 4.2: Storage-Schnittstellen

4.5 Basis: RESTful-http

Die Grundlage von CDMI bildet das RESTful-http-Protokoll (Representational State Transfer and Hypertext Transfer Protocol). Um Sicherheitsbedenken von potenziellen Nutzern zu zerstreuen, wurden eine »starke« Authentifizierung und die Verschlüsselung aller Daten auf den Speichersystemen integriert.

Den gespeicherten Informationen lassen sich Metadaten mitgeben. In ihnen ist beispielsweise definiert, wie viele Kopien bestimmter Datensätze vorhanden sind oder angelegt werden dürfen, wie lange die Daten in der Storage-Cloud lagern sollen und an welche Firmenstandorten Kopien der Informationen übermittelt werden dürfen. Auch Informationen bezüglich der Abrechnung von Storage-Services lassen sich in den Metadaten ablegen.

Für Nutzer von Cloud-gestützten Speicherdiensten soll CDMI zum einen mehr Transparenz bringen. Sie können die Offerten unterschiedlicher Anbieter besser vergleichen, so die SNIA. Zum anderen lassen sich dank der standardisierten Schnittstellen Daten einfacher von einem Cloud-Storage-System zu einem anderen transferieren.

4.5.1 Standards für Sicherheit

Im Folgenden werden die Standards und Richtlinien im IT-Sicherheitsmanagement und die IT-Grundschutz-Standards erläutert.

Die BSI-Standards bieten einerseits bewährte Empfehlungen und Lösungs-
vorschläge und benennen andererseits Hilfsmittel für zahlreiche IT-Konfigu-
rationen, um gängigen Sicherheitsproblemen wirksam begegnen zu können
(siehe Tabelle 4.3):

BSI-Standards zur IT-Sicherheit	IT-Grundschutzkataloge
Bereich IT-Sicherheitsmanagement	(Loseblattsammlung, Internet)
100-1 Management für Informationssicher- heit (ISMS)	**Kapitel 1:** Vorspann **Kapitel 2:** Schichtenmodell und Model- lierung
100-2 Vorgehensweise bei IT-Grundschutz	**Teil B:** Bausteine
100-3 Risikoanalyse auf der Basis von IT- Grundschutz	Übergreifende Aspekte B 1.0 IT-Sicherheitsmanagement ......
ISO 27001 Zertifizierung auf der Basis von IT- Grundschutz Prüfschema für ISO 27001 Audits	Infrastruktur IT-Systeme Netze IT-Anwendungen
	Teil G: Gefährdungen
	Teil M: Maßnahmen

Tabelle 4.3: Standards für Sicherheit

Zur Abdeckung von Sicherheitsanforderungen, die über das normale Maß
hinausgehen, hat das BSI einen Standard zur Risikoanalyse auf der Basis von
IT-Grundschutz erarbeitet. Diese Vorgehensweise ermöglicht den Behörden
oder Unternehmen eine zur IT-Grundschutzanalyse ergänzende Risikoanalyse, um die erweiterten Anforderungen zu erfüllen.

Einige Standards werden hier detaillierter erörtert:

BS 7799/ISO 17799:2005

In den Best Practices von ITIL wird das Betreiben eines IT-Sicherheitsma-
nagements als unabdingbarer Bestandteil der IT-Organisation angesehen.
Der britische Standard BS 7799 beschreibt allgemeingültige Vorgaben zum
Aufbau eines IT-Sicherheitsmanagements und basiert auf einem Best-
Practice-Ansatz.

Der BS 7799 gliedert sich in zwei Teile:

Part 1: »Code of Practice for Information Security Management« liefert einen Leitfaden zum Management der Informationssicherheit mit Darstellung entsprechender Maßnahmen.

Part 2: »Information Security Management Systems – Specification with guidance for use« liefert Anforderungen an IT-Sicherheitsmanagementsysteme und damit als Grundlage ein Raster zur Beurteilung für Zertifizierungen.

Der Part 1 wurde in den ISO-Standard 17799 übernommen. Der im Jahr 2005 erschienene ISO 17799-2005 enthält eine wesentliche Neuerung im Vergleich zu ISO 17799-2000: Der Standard wurde um einen elften Abschnitt erweitert, der sich ausschließlich dem Thema »Information Security Incident Handling« (Umgang mit Sicherheitsvorfällen) widmet und die ursprünglich in anderen Abschnitten verstreuten Anforderungen und Inhalte zum Umgang mit Sicherheitsvorfällen konsolidiert.

Der Inhalt des Part 2 des BS 7799 ist im Oktober 2005 als ISO 27001 verabschiedet worden.

4.5.2 ISO 27001

Der ISO-Standard 27001 »Information Technology – Security Techniques – Information Security Management Systems Requirements Specification« ist der erste internationale Standard zum IT-Sicherheitsmanagement, der auch eine Zertifizierung ermöglicht.

Obwohl er der direkte Nachfolger des zweiten Teiles des Standards BS 7799 ist, enthält er jedoch im Vergleich zu seinem Vorgänger in folgenden Bereichen wesentliche Neuerungen:

▸ Management von Sicherheitsvorfällen

▸ Sicherheit bei Personaleinsatz sowie

▸ Management von Sicherheitslücken (Vulnerability Management).

Der Standard spezifiziert die Anforderungen an

▸ Herstellung

▸ Einführung

▷ Betrieb

▷ Überwachung

▷ Wartung und

▷ Verbesserung

eines dokumentierten Information Security Management Systems (ISMS) unter Berücksichtigung der Risiken innerhalb der gesamten Institution.

Weitere Standards für Sicherheit schließen ein:

▷ SAML (Security Assertion Markup Language): Ein XML-basierter Standard. Die Sprache steht für die Authentifizierung, Autorisierung und den Austausch von Merkmalen zwischen Teilnehmern. SAML benutzt auch Elemente von HTTP und SOAP.

▷ Oauth (Open Authentication): Ein offenes Protokoll zur Absicherung der API-Autorisierung von Webanwendungen.

▷ OpenID: Ein offenes Protokoll für Benutzer-Authentication und für die Zugriffskontrolle. Der Benutzer kann eine einzige digitale Identifizierung für mehrere Log-Ons benutzen. Genannt auch als Single-Sign-On (SSO). Dadurch vereinfacht sich die Arbeit des Benutzers.

▷ SSL (Secure Socket Layer)/TLS (Transport Layer Security): TSL und SSL sind sichere Protokolle für alle Kommunikationsarten, die über TCP/IP laufen. Sie verschlüsseln alle Nutzdaten auf der Transportebene.

4.6 Federation, Presence und Identität in der Cloud

Das Bestand-Management (Inventory-Management) ist beim Cloud-Computing sehr wichtig. Um miteinander in Echtzeit kommunizieren zu können, müssen Bestände identifiziert und gefunden werden. Diesen Prozess nennt man Discovery.

Aufgabenträger, Dienste, Dokumente, Hard- und Softwarekomponenten sowie Schnittstellen haben eindeutige Merkmale, die ihre Identitäten bestimmen. Der Standort – zentralisiert oder dezentralisiert – hilft bei der konkreten Benutzung und Zuordnung zur Lösung konkreter Aufgaben.

Identitäten müssen flächendeckend und auch über Cloud-Grenzen hinweg eindeutig bleiben. Man spricht von einer »Federal Identity«.

Anwesenheit (Presence) definiert die Verfügbarkeit von Beständen in einer vernetzten Umgebung. Sie signalisiert die Bereitschaft zur Kommunikation. Bestände können sein:

▶ Telefonapparate

▶ Konferenzraum

▶ Anwendungen

▶ Webdienste

▶ Server

▶ Router, Switches, Appliances

▶ Andere

Aktuelle Informationen über die Anwesenheit sind ergänzender Natur. Die Basisinformation ist die Verfügbarkeit für vernetzte Anwendungen.

Federal Identity Management (FIM) bedeutet Folgendes:

▶ Behandlung der Authentifizierung auf der Basis von Standards

▶ Single Sign On (SSO) – Zugriff auf voneinander unabhängige Softwareanwendungen

▶ Rollenbasierte Zugriffskontrolle

▶ Session Management über mehrere Organisationen, Sicherheitsdomänen und Anwendungsplattformen hinweg

Die Wichtigkeit dieser Merkmale wird insgesamt dadurch unterstrichen, dass die Grenzen zwischen privaten Anwendungen (On-Premise) und öffentlich verfügbaren Anwendungen (On-Demand) langsam verschwinden. Der Benutzer hat nur eine Schnittstelle. Der Benutzer soll aber immer davon überzeugt sein, dass seine Daten zwar gemeinsam benutzt werden können, aber seine personenbezogenen Informationen geschützt werden.

Aber auch beim Kunden dürfen nach dem »Need to know«-Prinzip nur berechtigte Mitarbeiter die Informationen einsehen, die sie für ihre Arbeit tatsächlich brauchen. Aus dem klassischen Outsourcing bekannte Verschlüsselungs- und Zugangsmechanismen unterstützen solch ein Rollen- und Rechtemanagement. Public-Key-Infrastrukturen (PKI) stellen zum Beispiel sicher, dass sich der richtige Mitarbeiter am System anmeldet. Sie schalten den Zugang erst nach erfolgreicher Identifikation frei, zum Beispiel über Chipkarten mit Signaturfunktion, biometrische Verfahren oder über die mit einem Einmalpasswort versehene SIM-Karte (Subscriber Identity Module) im Handy. Damit verhindert eine PKI das Mitlesen oder Umlenken von Kommunikationsbeziehungen bzw. das Einspielen von Schadsoftware ins Netz. Große Cloud-Service-Provider besitzen eigene Trust Center, die Zertifikate zur Authentifizierung an einem System herausgeben. Erst mit diesen digitalen Ausweisen erhält der berechtigte Benutzer Zugang. Auf der anderen Seite können sich Mitarbeiter mit den ihnen zugeteilten Zertifikaten auch gegenseitig zuverlässig erkennen.

Nach dem Austausch der Ausweise weiß jeder, dass auf der anderen Seite tatsächlich der erwartete Ansprechpartner mit ihm kommuniziert. So lassen sich auch in Cloud-Beziehungen sichere abteilungs- und unternehmensübergreifende Netzwerke für die Zusammenarbeit einrichten.

4.7 Kostenvorteile der Standardisierung

Die Kundenseite wünscht sich Individualisierung, und die Providerseite möchte Standardisierung. Beide Bestrebungen sind richtig. Berater sind sich einig, dass Konsolidierung, Virtualisierung, Automatisierung und Standardisierung die Grundvoraussetzungen für das Cloud-Computing-Modell sind. Darunter werden größere Unternehmen mit vielen großen Anwendungen – meistens Altlasten – leiden. Cloud-Computing und Standardisierung bilden eine gute Grundlage für eine kostengünstige Alternative für eine sehr breite Benutzergruppe.

Durch Standardisierung kann eine breite Benutzergruppe – meist mittelständische oder neue Firmen – bedient werden, wodurch die Investitions- und Betriebskosten je Benutzer minimiert werden können.

4.8 Die Rolle von Open Source

Aus wirtschaftlichen Gründen werden immer mehr Softwareteile des Cloud-Angebots aus Open Source bestehen. Open Source hat offensichtliche Vorteile:

▷ Niedrige Investitionskosten

▷ Einfacher Zugriff und Installation

▷ Flexibilität und große Auswahl für jedes Fachgebiet

▷ Meistens gute Code-Qualität

▷ Viele Personen wirken mit Innovationen mit

Gegen diese Lösung gibt es jedoch einige Bedenken:

▷ Unterstützung ist nicht immer geklärt

▷ Schwierigkeiten bei der Integration mit anderen Anwendungen

▷ Verfügbarkeit von speziellen Anwendungen

▷ Reife des Produktes

▷ Komplexität wegen zu schneller Entwicklung

Aber die Mentalität beider Vorhaben stimmt. Was sind eigentlich die Gemeinsamkeiten zwischen Cloud-Services und Open Source?

▷ Sehr großer Benutzerkreis für die Software vom allgemeinen Interesse

▷ Offener Austausch mit vielen Mitgliedern der Community

▷ Große Selbständigkeit bei der Konfigurierung und Aktivierung

▷ In beiden Fällen gibt es viel Raum für Mitgestaltung.

▷ Flexibilität bei der Wahl und unkomplizierter Zugriff.

▷ In beiden Fällen gibt es Sicherheitsrisiken.

▷ Gewisse Abhängigkeit des Benutzers von Cloud-Service-Providern bzw. von den Entwicklungs-Communitys.

▷ Unsichtbare Kosten werden mit der Zeit sichtbar. Damit sind die ROI- und TCO-Berechnungen nicht immer ganz exakt.

▷ Versionskontrolle kann problematisch werden, da viele Personen mitwirken.

Die Kombination ist gut, und mit einer sinnvollen Governance kann Open Source in die Angebote und auch in den Betrieb eingebunden werden.

4.9 Zusammenfassung

Die Standardisierung hat Vorrang vor der Individualisierung. Cloud-Computing wird sich nur dann flächendeckend durchsetzen, wenn die Standards für jegliche Schnittstellen entwickelt, akzeptiert, verabschiedet und implementiert werden. Es gibt mehrere Organisationen, die Standards entwickeln und empfehlen. Die Arbeit ist gründlich, aber langsam. Kunden und Cloud-Service-Provider sind ungeduldig und laufen Gefahr, etwas Unvollständiges zu implementieren, damit der Markzugang garantiert wird.

In diesem Kapitel wurden die wichtigsten Standards für Anwendungsentwicklung, Datenaustausch, Datenspeicherung, Informationsaustausch, Sicherheit und Kommunikation zusammengefasst. Alle dieser Standards spielen im Cloud-Computing eine Rolle. Sehr oft arbeiten Mitarbeiter von Kunden und Cloud-Service-Provider in Gremien zusammen. Sie können je nach Firmeninteressen die Vorgänge beschleunigen oder verlangsamen. Es hängt viel davon ab, wie die mächtigen Cloud-Service-Provider denken. Ohne Standards können sie viele Kunden abhängig machen, mit Standards können sie aber viel mehr Kunden gewinnen.

4

5 Sicherheit und Schutz von Kundendaten

Es gibt grundsätzlich fünf Gebiete, die bei der Erbringung jeglicher Cloud-Dienstleistungen geprüft werden sollen. Dabei handelt es sich um Folgendes:

▷ Beurteilung der Risikofaktoren in Bezug auf Sicherheit, bezogen auf die konkrete Konfiguration von Ressourcen für Kunden und bei den Cloud-Service-Providern

▷ Vorbeugung von Sicherheitsproblemen durch die Identifizierung von Werkzeugen, die zusammenarbeiten können

▷ Entdeckung von Sicherheitsverletzungen durch eine Kombination von Werkzeugen, die Bestandteil des Security Threat Managements sind

▷ Reaktion auf Sicherheitsprobleme durch klare Zuteilung der Verantwortlichkeiten zwischen Kunde und Cloud-Service-Provider sowie schriftliche Festlegung der Eskalationsschritte

▷ Alarmbereitschaft, ausgeübt durch alle Vertragspartner; sie umfasst die Prozessentwicklung, Kollaborationsregeln, Korrelation der Werkzeuge, Bewertung der neuesten Technologien und sinnvolle Zuordnung der Security-Investitionen.

Wenn nach den allgemeinen Herausforderungen über Cloud-Computing gefragt wird, steht Sicherheit garantiert an erster Stelle. Tabelle 5.1 zeigt ein aktuelles Ergebnis.

Sicherheitslücken der Technologie	57 %
Nichtautorisierter Zugriff zu internen Informationen	53 %
Nichtautorisierter Zugriff zu Benutzerdaten	47 %
Performance von Anwendungen und Systemen	32 %
Stabilität und wirtschaftliche Gesundheit des Anbieters	30 %
Behandlung von Ausfällen, Disaster Readiness des Anbieters	22 %

Tabelle 5.1: Was sind die Bedenken über Cloud-Computing?

Merkmale und Reife der Cloud-Technologie	18 %
Abhängigkeit von Providern	17 %
Andere Bedenken	3 %

Tabelle 5.1: Was sind die Bedenken über Cloud-Computing? (Forts.)

5.1 Herausforderungen für die Sicherheit

Die IT-Abteilungen fassen ihre Bedenken über die Sicherheit wie folgt zusammen:

▷ Verlust der Kontrolle über Ressourcen

▷ Verlust der Kontrolle über physikalische Sicherheit

▷ Sticky-Dienst, wodurch Kündigungen schwierig sind

▷ Management der Encryption/Decryption-Schlüssel

▷ Datenintegrität beim Management von Daten

▷ Koordination der internen SW-Entwicklung

▷ Bereitstellung von Log-Daten

▷ Synchronisierung von SW-Entwicklung

▷ Sicherheits-Compliance

▷ Kontrolle des Zugriffs von mobilen Benutzern

▷ Ausführbarkeit von Audits

▷ Zugriff auf Meßdaten und Meeßtools

5.2 Forderungen für eine hohe Sicherheit von extern bezogenen Cloud-Services

Solide technische Maßnahmen zur Absicherung von Cloud-Services sind wichtig und bereits heute überwiegend einsetzbar. Noch wichtiger jedoch ist die Ausgestaltung der Beziehung zum Cloud-Computing-Dienstleister und den damit verknüpften Aktivitäten, die den Rahmen für die technologische Ausgestaltung prägen. Risikoanalysen, Service Level Agreements und Provider-Management sind mit Blick auf Cloud-Security der Schlüssel zum Erfolg.

Die ISO 2700x-Reihe, BSI IT-Grundschutz und ITIL geben hierfür einen geeigneten Rahmen vor. Die Forderungen sind:

▷ Zunächst die interne Organisationsstruktur auf Cloud-Services ausrichten sowie Verantwortlichkeiten und Rollen für Informationssicherheit intern klären. Dies gilt auch für das Informationssicherheitsmanagement und die Steuerung (Governance) der Informationssicherheit.

▷ Die Verantwortung für Informationssicherheit insgesamt und für Koordination, Management und Qualitätskontrolle externer Dienstleister verbleibt immer im Unternehmen – auch bei extern bezogenen Cloud-Services.

▷ Eine detaillierte Risikoanalyse für den spezifischen Cloud-Service, der extern bezogen wird, sowie die zur Debatte stehenden Informationen und Prozesse durchführen. Dies schließt Compliance-Risiken mit ein.

▷ Ist der Business Case stimmig? Wirtschaftliche Aspekte, interne und kundenorientierte Prozessverbesserungen und weitere potenzielle Nutzeffekte müssen den erwarteten (Rest-)Risiken gegenübergestellt werden.

▷ Sicherheitsarchitektur: Arbeitsteilung und Schnittstellen zwischen dem Provider und dem eigenen Unternehmen detailliert festlegen. Sind die technischen und organisatorischen Sicherheitsmaßnahmen lückenlos?

▷ Prozesse für Reporting, Incident Management und Audits beim Dienstleister festschreiben.

▷ Kann der Cloud-Dienstleister die angeforderte Leistung auch tatsächlich erbringen? Hier ist auch zu hinterfragen, ob er Subunternehmer einsetzt, die zu einer (negativ) veränderten Risikoexposition führen könnten.

▷ Die Einhaltung regulatorischer Anforderungen durch den Provider klären und festschreiben, u.a. mit Blick auf den Umgang mit Daten und deren Speicherung in bestimmten Regionen.

▷ Für sicherheitsrelevante Kriterien sollen nur solche Service Level vereinbart werden, die gemessen werden können. Die vorgeschlagene Messmethode muss sorgfältig geprüft werden.

▷ Der Kunde muss im Vorfeld festlegen, wie die Exit-Bedingungen im Falle eines Providerwechsels aussehen. Ein »Vendor-Lock-In« kann das Unternehmen im Ernstfall teuer zu stehen kommen.

5

5.3 Sicherheitsfragen für die Verträge

Die folgenden Punkte müssen mit den Cloud-Service-Providern unbedingt vor der Vertragsunterzeichnung besprochen werden:

▷ Zugriffsrechte: Unternehmen brauchen konkrete Informationen, welche Personen Zugriffsrechte auf die Kundendaten und auf personenbezogene Informationen haben. Zusätzliche Angaben sind über diese Personen unbedingt erforderlich, z.B. Lebenslauf, Performance-Bewertung oder Dauer der Firmenangehörigkeit.

▷ Regeltreue: Der Cloud-Service-Provider muss bestätigen, dass er Security-Zertifizierungen besitzt oder anstrebt, und dass er externe Audits zulässt.

▷ Standort der Daten: Der Cloud-Service-Provider soll angeben, ob er dem Kunden Kontrollrechte und Entscheidungsrechte über den Standort der Datenspeicherung erteilt.

▷ Verschlüsselung der Daten: Der Cloud-Service-Provider soll bestätigen, dass Data-Encryption benutzt wird und dass die Algorithmen dafür von erfahrenen Personen ausgewählt worden sind.

▷ Recovery: Der Cloud-Service-Provider soll beschreiben, was mit den Kundendaten und personenbezogenen Informationen im Falle von Katastrophen geschieht. Wird vollständiges Recovery angeboten? Wenn ja, wie lange dauert der Recovery-Prozess?

▷ Untersuchungen im Betrugsfall: Der Cloud-Service-Provider soll sich äußern, ob er in der Lage ist, Betrug und kriminelle Vorkommnisse zu untersuchen.

▷ Stabilität der Firma: Der Cloud-Service-Provider soll sich äußern, was im Falle einer Insolvenz oder Firmenübernahme mit den Kundendaten und personenbezogenen Informationen geschieht. Wie werden sie in welchem Format dem Kunden überreicht?

5.4 Schutz von Benutzerdaten und personenbezogenen Informationen

Sehr oft macht man den Fehler, diese beiden Datentypen nicht voneinander zu unterscheiden. Hier wird versucht, mit Beispielen die Unterschiede zu erläutern.

▷ Merkmale von Benutzerdaten

▷ Das sind alle Daten, die von Benutzern unmittelbar gesammelt werden (z.B. Daten, die durch eine Anwendungsschnittstelle erfasst werden).

▷ Das sind alle Daten, die über Benutzer mittelbar gesammelt werden (z.B. Metadaten in Dokumenten).

▷ Alle Daten, die über das Benutzerverhalten erfasst werden (z.B. mithilfe von Logs).

▷ Alle Daten, die im Zusammenhang mit Systemen und Anwendungen erfasst werden (z.B. Konfigurationen und IP-Adressen).

▷ Merkmale von personenbezogenen Daten

Personenbezogene Daten sind diejenigen Daten, die zur eindeutigen Identifizierung einer Person und ihrer Lokation unmittelbar oder verknüpft mit anderen Daten mittelbar benutzt werden können. Beispiele sind:

▷ Kontaktinformationen (z.B. Name, Adresse, E-Mail-Adresse, Telefonnummer)

▷ Unterschiedliche ID-Angaben (z.B. Passnummer, Personalausweis- oder Führerscheinnummer, Fingerabdrücke)

▷ Demografische Information (z.B. Alter, Geschlecht, Hautfarbe, Religion, Vorstrafe)

▷ Arbeitsrelevante Informationen (z.B. Name des Arbeitsgebers, Industrieeinstufung, Position)

▷ Gesundheitsrelevante Informationen (z.B. Gesundheitsgeschichte, Versicherer, Krankheiten)

▷ Wirtschaftsrelevante Informationen (z.B. Bankverbindungen, Darlehen, Vermögen)

▷ Online-Aktivitäten (z.B. IP-Adresse, Cookies, Login-Daten, Passwörter, Flas-Cookies)

Ein Teil dieser Informationen wird als »empfindlich« eingestuft, und dementsprechend müssen sie sorgfältiger geschützt werden.

5

5.5 Physikalische Sicherheit

Hier können alle Maßnahmen vom Cloud-Service-Provider eingesetzt werden, die der Sicherheit von Rechenzentren, Datenzentren und Servicezentren bekannt sind.

5.6 Schutzziele und Schutzmaßnahmen

In diesem Segment werden die wichtigsten Schutzziele und Schutzmaßnahmen zusammengefasst (Quelle: Fraunhofer SIT).

5.6.1 Schutzziele

Die drei wichtigsten sicherheitsrelevanten Aspekte beim Cloud-Computing werden Schutzziele genannt. Um Cloud-Computing-Systeme sicher zu machen, müssen Unternehmen sicherstellen können, dass die Vertraulichkeit, die Integrität und die Verfügbarkeit der Daten immer gewährleistet ist. SearchSecurity.de beschreibt die drei wichtigsten Schutzziele anhand von Szenarien und zeigt, wie man mit ihnen umgehen muss.

Die Grundlage für die Anforderungen an die Sicherheit, die ein IT-System im Allgemeinen und Cloud-Computing-Systeme im Speziellen erfüllen sollten, stellen die Schutzziele dar. Im Folgenden werden die drei wichtigsten Schutzziele Vertraulichkeit, Integrität und Verfügbarkeit eingeführt und beispielhaft an ausgewählten Cloud-Computing-Szenarien näher erläutert. Abhängig vom Cloud-Szenario können einzelne Schutzziele beispielsweise bei der Speicherung von vertraulichen Daten stärker gewichtet werden oder haben eine eher untergeordnete Rolle beim Betrieb von z.B. Testsystemen in der Cloud.

▶ Vertraulichkeit in Cloud-Computing-Umgebungen

Ein System gewährleistet die Informationsvertraulichkeit, wenn keine unautorisierte Informationsgewinnung möglich ist. Die Gewährleistung der Eigenschaft Informationsvertraulichkeit erfordert die Festlegung von Berechtigungen und Kontrollen der Art, dass sichergestellt ist, dass Subjekte nicht unautorisiert Kenntnis von Informationen erlangen. Dies umfasst sowohl den von Benutzern autorisierten Zugriff auf gespeicherte Daten wie auch auf Daten, die über ein Netzwerk übertragen werden. Berechtigungen zur Verarbeitung dieser Daten müssen vergeben und entzogen werden können, und es müssen Kontrollen vorhanden sein, die eine Einhaltung dieser Rechte durchsetzen.

In Cloud-Computing-Systemen sind die Daten häufig in Bewegung, da Anbieter von Cloud-Ressourcen zur Optimierung ihrer Infrastrukturkapazität und Sicherstellung der Performanz die Daten auf von ihnen ausgewählten Rechnern speichern kopieren und duplizieren müssen. Diese Prozesse liegen üblicherweise außerhalb der Einflussmöglichkeiten der Kunden und können zu Vertraulichkeitsproblemen führen, wenn die Daten beispielsweise Landesgrenzen überschreiten oder auf weniger sicheren Systemen gespeichert werden.

Durch die eingesetzten Algorithmen und Datenstrukturen der Anbieter kann nicht immer garantiert werden, dass die Daten verschlüsselt auf einem Speichermedium vorliegen. In den Geschäftsbedingungen der meisten Cloud-Anbieter gibt es keine Zusicherungen darüber, wo die Daten gespeichert werden und wie ihre Vertraulichkeit geschützt wird. Häufig bleibt es dem Kunden selbst überlassen, entsprechende Sicherheitsverfahren anzuwenden. Dabei sollten ruhende Daten immer verschlüsselt auf dem Speichermedium oder in der Datenbank vorliegen. Dies schließt besonders Unternehmensinterna, Behörden- und Verwaltungsdaten, personenbezogene Daten und weitere vertrauliche und gesetzlich geregelte Daten wie Kreditkartennummern mit ein.

In einem typischen Cloud-Szenario sind meist nicht nur ein Konsument und ein Anbieter in einer bilateralen Geschäftsbeziehung verbunden, sondern eine Reihe weiterer Anbieter in verschiedenen Rollen involviert, beispielsweise als Intermediär oder Konsument weiterer Cloud-Services. Kann im Fall einer bilateralen Geschäftsbeziehung die Vertraulichkeit mit bestehenden Verfahren wie beispielsweise SSL/TLS zur sicheren Datenübertragung zugesichert werden, so wird im zweiten Fall eine breite Unterstützung von Technologien benötigt, die die Vertraulichkeit zwischen einer Gruppe von beteiligten Akteuren sicherstellt. Dies umfasst sowohl Richtlinien seitens des Anbieters zum Umgang mit vertraulichen Daten und deren Überprüfung als auch unterstützende Technologien zum Verwalten von Schlüsseln für die Ver- und Entschlüsselung der Daten.

▷ Integrität in Cloud-Computing-Umgebungen

Ein System gewährleistet die Datenintegrität, wenn es Subjekten nicht möglich ist, die zu schützenden Daten unautorisiert und unbemerkt zu manipulieren. Die Integrität von Daten, Nachrichten und Informationen bezeichnet deren Unverfälschtheit bzw. Vertrauenswürdigkeit. Ist das Schutzziel Integrität für Cloud-Services gefordert, so sollte nicht nur der vom Benutzer verwendete Cloud-Service selbst das Schutzziel erfüllen, sondern auch alle weiteren beteiligten Komponenten eines Cloud-Computing-Systems. In einem komplexen, verteilten System wie einem Cloud-Computing-System kann dies eine sehr komplexe Aufgabe darstellen, die vom Anbieter eines Cloud-Services durchgeführt werden muss.

Daten, die beispielsweise auf einem virtuellen Festplattenspeicher abgelegt sind, müssen vor nichtautorisierten Manipulationen geschützt werden. Auch Fehler in der Konfiguration der Systeme eines Cloud-Anbieters können zu einer Integritätsverletzung führen, sodass die Daten in Cloud-Computing-Systemen immer mit einer kryptografischen Prüfsumme versehen werden sollten, wobei die Originalprüfsumme bei einem vertrauenswürdigen Dritten zum Vergleich hinterlegt werden kann. Diese sollte bei jedem Zugriff auf Daten in Cloud-Computing-Systemen überprüft werden.

Neben der Datenintegrität sind in Cloud-Systemen auch die Softwareintegrität, Konfigurationsintegrität und Nachrichtenintegrität wichtig. Die Softwareintegrität stellt sicher, dass die eingesetzte Software, um ein Cloud-Computing-System zu betreiben, vom Softwarehersteller intakt geliefert wurde und beispielsweise keine Hintertüren und ähnliche Verfälschungen aufweist. Die Konfigurationsintegrität stellt sicher, dass die Konfiguration einer Cloud-Ressource oder eines Cloud-Services nur durch autorisierte Personen geändert werden kann. Dies ist in Cloud-Systemen besonders wichtig, da eine Cloud-Umgebung meist automatisiert über Konfigurationsskripte aufgesetzt und verwaltet wird. Die Nachrichtenintegrität ist eine weitere wichtige Anforderung, die sowohl innerhalb einer Cloud als auch zwischen verschiedenen Clouds und den Systemen des Benutzers sichergestellt werden muss. Neben der Nachrichtenintegrität bedürfen auch Verwaltungs- und Steuerinformationen von Cloud-Systemen besonderen Schutz, da auch diese Nachrichten häufig über ein öffentliches Netzwerk transportiert werden.

▷ Verfügbarkeit in Cloud-Computing-Umgebungen

Die Verfügbarkeit eines Systems wird durch die DIN 40042 als die Wahrscheinlichkeit definiert, ein System zu einem Zeitpunkt in einem funktionsfähigen Zustand anzutreffen. Ein Cloud-Computing-System soll seinen Benutzern zu jeder Zeit den vereinbarten Zugriff auf die genutzten Ressourcen erlauben. Die Verfügbarkeit darf nicht durch nicht autorisierte Aktionen oder gezielte Angriffe externer Akteure beeinträchtigt werden.

Da Cloud-Computing-Systeme meist über ein öffentliches Netzwerk erreichbar sind und den bekannten Gefahren öffentlicher Netzwerke wie beispielsweise verteilte Denial-of-Service-Angriffe ausgesetzt sind, stellt das Schutzziel Verfügbarkeit eine große Herausforderung dar. Externe Angriffe werden meist durch die Begrenzung der Ressourcen für einen einzelnen Benutzer eingeschränkt oder durch die Konfiguration des Netzwerks die Auswirkungen des Angriffs reduziert. Sowohl ein Cloud-Serviceanbieter als auch ein Cloud-Benutzer muss sich dieses Risikos bewusst sein und geeignete Strategien implementieren, die mit diesen Risiken umgehen können und gleichzeitig eine hohe Verfügbarkeit gewährleisten.

Externe Angriffe werden meist durch die Begrenzung der Ressourcen für einen einzelnen Benutzer eingeschränkt oder die Auswirkungen des Angriffs durch die Konfiguration des Netzwerks reduziert. Sowohl ein Cloud-Serviceanbieter als auch ein Cloud-Benutzer muss sich dieses Risikos bewusst sein und geeignete Strategien implementieren, die mit diesen Risiken umgehen können und gleichzeitig eine hohe Verfügbarkeit gewährleisten.

5

5.6.2 Schutzmaßnahmen gegen interne und externe Angriffe

Zum Schutz vor passiven und aktiven Angriffen sollten regelmäßige Untersuchungen des Systems durchgeführt werden. Neben automatisierten Tests sollten auch manuelle Überprüfungen der Sicherheit eines Cloud-Computing-Systems durchgeführt werden.

Angreifer können sowohl nach internen und externen Angreifern unterschieden werden als auch nach ihrer Intention. Angriffe können z.B. aus Spaß, Interesse, Unzufriedenheit oder auch aus kommerziellen oder terroristischen Gründen erfolgen. Hierbei kann das Cloud-Computing-System als Werkzeug für die Ausführung eines Angriffs verwendet werden oder es ist das Ziel eines Angriffs.

Möchte ein Angreifer mithilfe von Bot-Netzen ein System angreifen, so kann er Cloud-Computing-Systeme sehr gut als Werkzeug benutzen, da sich hierfür eine Vielzahl von Ressourcen verwenden lassen. Im Folgenden werden kurz interne und externe Angreifer und deren Intention beschrieben.

▶ Bedrohung von innen: Mitarbeiter als interne Angreifer

Zu den internen Angreifern gehören neben den (temporären oder externen) Mitarbeitern, Dienstleistern, Kooperationspartnern oder Praktikanten des Cloud-Computing-Anbieters auch dessen Kunden.

Mitarbeiter können verschiedene Intentionen haben, einen Cloud-Computing-Anbieter oder dessen Kunden zu schädigen wie beispielsweise wegen Verärgerung, Unzufriedenheit oder weil dem Mitarbeiter gekündigt wurde. Aber auch durch Fremdmotivation wie z.B. durch Erpressung oder Bestechung von außerhalb kann ein Mitarbeiter zum internen Angreifer werden.

Hat sich ein Mitarbeiter das Ziel gesetzt, dem Cloud-Computing-Provider zu schaden, so kann er dies durch diverse Maßnahmen herbeiführen. Beispiele hierfür sind die Modifikation oder das Herunterfahren von virtuellen Maschinen, Herunterfahren von Hosts, Löschung von Daten, Dekonnektierung wichtiger Netzelemente oder die Manipulation von Konfigurationsdateien.

Zum Schutz vor Angriffen sollte ein Cloud-Computing-Anbieter die Trennung von Funktionen und Rollen sowie **Sicherheitsrichtlinien** einhalten. Die Umsetzung des Vier-Augen-Prinzips, bei dem vor jedem Zugriff noch weitere Bestätigungen erforderlich sind, die von einer zweiten Person autorisiert werden müssen, kann ebenfalls hilfreich sein.

Kunden eines Cloud-Computing-Anbieters können diesem ebenfalls durch verschiedene Maßnahmen Schaden zufügen. Die Intention von Kunden kann ebenfalls sehr vielseitig sein: Verärgerung, Unzufriedenheit oder auch aus Spaß oder Interesse am Stören der Verfügbarkeit des Systems. Zu den Gefährdungen durch Angriffe von Kunden zählen beispielsweise die Übernahme der Kontrolle anderer virtueller Maschinen, das Abhören der Kommunikation zwischen virtuellen Maschinen, der Zugriff auf das **Dateisystem** des Hosts oder unberechtigte Zugriffe auf Daten im Speicher.

Zum Schutz vor Angriffen auf die virtuellen Maschinen sollten sichere Hypervisoren eingesetzt und die Netze durch den Einsatz von **VPNs**, VLANs und **Firewalls** sicher getrennt und geschützt werden. Auch das Härten von Betriebssystemen und Anwendungen ist ein wichtiger Bestandteil, hierbei sollten nicht benötigte Funktionen entfernt werden. Ebenfalls ist die Trennung der Daten ein sehr wichtiger Aspekt, damit Kunden nicht auf Daten ihres »Nachbarn« zugreifen können.

▶ Bedrohung von außen: Verschiedene Arten von externen Angreifern

Unter den externen Angreifern existieren drei verschiedene Typen, die häufig verwechselt oder gar nicht erst unterschieden werden: die Hacker, die Cracker und die Script Kiddies. Diese Angreifer unterscheiden sich jedoch zum Teil sehr stark voneinander. Im Folgenden werden diese drei Typen und ihre Unterschiede beschrieben.

Unter der Bezeichnung **Hacker** werden Technikenthusiasten verstanden, die umfangreiche computertechnische Grundlagenkenntnisse besitzen und im Falle der Computersicherheit zusätzlich sicherheitstechnische Kenntnisse haben. Hacker sehen ihre Herausforderung in der Überwindung von Sicherheitsmechanismen, um Schwachstellen zu erkennen. Durch die Umgehung der Sicherheitsmechanismen können somit Zugriffe auf Netzwerke, virtuelle Maschinen, gesicherte Komponenten oder fremde Dateien erlangt werden.

5

Im Gegensatz zu Crackern oder Script-Kiddies greifen Hacker ihre Ziele nicht an, sondern begnügen sich mit der Überwindung der Sicherheitsmechanismen, um deren Schwachstellen aufzuzeigen. Trotzdem darf nicht vergessen werden, dass auch Hacker sich im rechtlich illegalen Bereich bewegen, wenngleich sie der Hacker-Ethik unterworfen sind, in der festgelegt ist, was ein Hacker tun darf und was nicht.

Cracker können das gleiche Fähigkeitsniveau wie Hacker erreichen, jedoch geht es ihnen beim Angriff auf ein IT-System nicht darum, Schwachstellen im System aufzudecken, sondern sich einen Vorteil zu verschaffen oder Chaos zu stiften. Vorteile können sie sich z.B. verschaffen, wenn sie sich Zugriff auf Cloud-Ressourcen oder Cloud-Services ermöglichen, ohne deren Verbrauch bezahlen zu müssen.

Der Cracker handelt wie der Hacker, jedoch stehen hier die kommerziellen Interessen des Crackers im Vordergrund und dessen krimineller Hintergrund. Durch Angriffe auf Webserver, Veränderung von Daten und DoS-Angriffe versucht der Cracker Schaden am Cloud-Computing-System anzurichten. Durch DoS-Angriffe kann die Verfügbarkeit des Cloud-Computing-Systems soweit verringert werden, dass weitere Kunden des Anbieters keinen Zugriff mehr auf ihre Dienste haben.

Der dritte Typ sind die **Script-Kiddies**. Diese sind im Vergleich zu Hackern und Crackern unerfahren und können die wenigsten Kenntnisse von Computern und deren Sicherheitsmechanismen vorweisen. Meist führen sie ihre Angriffe rein zufällig und unter Verwendung von Skripten oder gebrauchsfertigen Softwareprogrammen durch, deren Funktionsweise sie nicht kennen und deren Folgen sie sich nicht bewusst sind.

Daten in der Cloud entziehen sich der direkten Kontrolle des eigentlichen Besitzers, sodass die beschriebenen Arten von Angriffen ein ernstzunehmendes Sicherheitsrisiko darstellen, dem mit den entsprechenden Technologien begegnet werden muss. Kunden müssen sich ebenfalls bewusst machen, dass Angriffe nicht nur von außerhalb erfolgen, sondern auch intern in einem Cloud-Computing-System stattfinden können.

5.7 Menschliche Einflüsse

Trotz aller Sicherheit, die ein großer Cloud-Service-Provider bieten kann: Am Ende beginnt Security in den Köpfen der Mitarbeiter. Regelmäßige Workshops und Schulungen können die generelle Wachsamkeit im Umgang mit Cloud-Lösungen steigern. Nur wer mögliche Sicherheitsprobleme kennt, kann sie durch richtiges Verhalten umgehen. Einige Cloud-Service-Provider veranstalten interne und externe Programme, um das allgemeine Schutzniveau zu steigern und die richtige Sicherheitspolitik für ein Unternehmen zu entwickeln. Dass die Systeme anschließend alle so gestaltet sind, dass die Nutzer sie trotz aller Sicherheitsfunktionen noch sinnvoll einsetzen können, ist die Kunst des Cloud-Providers.

Bezieht ein Unternehmen alle Dienste und Daten über ein IP-Netz aus einem Cloud-Rechenzentrum, können Mitarbeiter mit einem beliebigen Endgerät überall und jederzeit sicher auf ihre persönliche Benutzeroberfläche zugreifen. Sie melden sich hierzu mittels einem USB-Stick mit integrierter Smartcard am zentralen Server im Rechenzentrum an und können das Endgerät genauso nutzen wie einen klassischen Laptop: im Hotel, am Flughafen, beim Geschäftspartner oder im Internetcafé. Stecken die Anwender den Stick in den USB-Anschluss des mit dem Internet verbundenen Rechners, stellt er über den integrierten Client automatisch eine verschlüsselte Verbindung zu einer Gegenstelle im Rechenzentrum her. Nach erfolgreicher Authentifikation erhält der Nutzer dann den Zugriff auf seine Daten und Applikationen.

Zieht er den Stick wieder aus dem Desktop heraus, verbleiben auf dem Rechner keine Datenspuren.

Handys, PDAs und Smartphones, auf denen Applikationen installiert sind, lassen sich genauso zuverlässig verschlüsseln. Auch hier muss sich der Nutzer über eine Kryptokarte zunächst identifizieren. Kommt ihm das Endgerät abhanden, lässt es sich von Mitarbeitern im Rechenzentrum aus der Ferne in seinen Auslieferungszustand zurückversetzen. So gelangen Daten nicht in fremde Hände. Gleichzeitig gehen dem Unternehmen keine wertvollen Informationen verloren, da diese vollständig im Rechenzentrum gespeichert vorliegen. Während des normalen Betriebs findet automatisch eine regelmäßige Synchronisation aller Daten auf dem Endgerät mit den zentralen Servern statt. Sicherheitsrichtlinien eines Unternehmens sind somit in der Wolke auch mobil umsetzbar.

5

5.8 Architektur für die Sicherheit

In Abbildung 5.1 werden die Komponenten der Architektur für die Informationssicherheit gezeigt. Diese Komponenten sind:

▷ Technische Sicherheit

▷ Organisatorische Sicherheit

▷ Wirtschaftliche Sicherheit

▷ Juristische Sicherheit

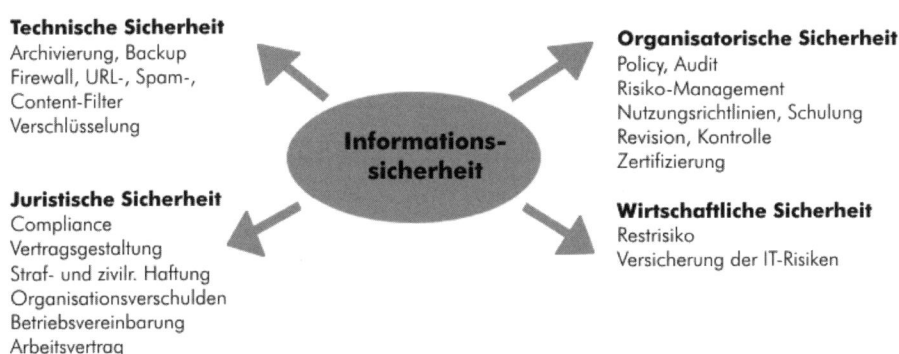

Technische Sicherheit
Archivierung, Backup
Firewall, URL-, Spam-,
Content-Filter
Verschlüsselung

Organisatorische Sicherheit
Policy, Audit
Risiko-Management
Nutzungsrichtlinien, Schulung
Revision, Kontrolle
Zertifizierung

Informations-sicherheit

Juristische Sicherheit
Compliance
Vertragsgestaltung
Straf- und zivilr. Haftung
Organisationsverschulden
Betriebsvereinbarung
Arbeitsvertrag

Wirtschaftliche Sicherheit
Restrisiko
Versicherung der IT-Risiken

Abbildung 5.1: Komponenten der Informationssicherheit

5.9 Vorschläge zur Verbesserung der Sicherheit für Cloud-Lösungen

5.9.1 Security-Anforderungen definieren

Gleichwohl sollten Unternehmen nicht sofort die ganze Sicherheit einfach auf den Provider schieben, sondern sich mit ihm zunächst intensiv über das nötige Schutzniveau auseinandersetzen. Der Dienstleister muss seinem Kunden die bestehenden Risiken erläutern und ihm sagen, was er konkret dagegen unternimmt. Erst aus einer gründlichen Gefahrenanalyse lässt sich eine individuelle Lösung ableiten, die sämtliche Sicherheitsanforderungen erfüllt.

Genau wie bei klassischen IT-Umgebungen reicht beim Cloud-Computing das punktuelle Stopfen von Security-Lücken nicht aus. Andererseits braucht ein Unternehmen auch nicht zwangsläufig alle am Markt vorhandenen Sicherheitstechnologien einzusetzen, sondern kann diese von einem seriösen Cloud-Service-Provider modular ganz nach Bedarf beziehen. Spätere regelmäßige Risikobewertungen und Audits, etwa in Form von Penetrationstests, ergänzen diese ganzheitliche Sichtweise. So lassen sich neue Schwachstellen herausfinden und Maßnahmen schnell anpassen. Die genaue Auswahl und kontinuierliche Aktualisierung der Sicherheitsmaßnahmen ist gerade beim Cloud-Computing sehr wichtig, da mit der hochgradigen Dezentralisierung und Verteilung von Anwendungen und Daten auch die Zahl der Angriffsvektoren und Gefahren steigt. Sind die Sicherheitsanforderungen exakt festgelegt, lassen sie sich über Service Level Agreements durchgängig vertraglich vereinbaren, also von der Produktion im Rechenzentrum über die Netze bis zum PC oder mobilen Endgerät beim Anwender im Unternehmen. Im eigenen Netz kann der Service-Provider das Einhalten der SLAs auch in der Cloud gewährleisten.

Das Einhalten der Sicherheitsmaßnahmen wird außerdem durch die Tatsache erleichtert, dass eine spezialisierte, zentrale Stelle alle Vorgänge (Implementierung, Konfiguration, Release-, Update- und Patchmanagement, Backup etc.) kontrolliert und steuert. Erst dadurch können diese auf sämtlichen Ebenen wie Zahnräder wirksam ineinander greifen. Das ermöglicht letztlich sogar das sichere Einbinden mobiler Endgeräte in die Wolke.

5.9.2 Anwendungen und Daten trennen

Trotz vieler Gemeinsamkeiten bei der Sicherheit stellt die virtuelle Wolke gegenüber dem klassischen Outsourcing einige besondere Anforderungen. Das betrifft zum Beispiel den Datenschutz: Da sich im Rechenzentrum des Cloud-Service-Providers mehrere Unternehmen die Server teilen, die ihnen die jeweils benötigten Ressourcen zuweisen, muss sicher sein, dass keiner Einblick in die Daten des anderen hat. Hierbei kommt es auf eine saubere Trennung von Anwendungen und Daten der einzelnen Kunden (Mandantenfähigkeit) an. Möglich machen das sogenannte virtuelle lokale Netzwerke (VLANs). Dabei erhält jeder neue Cloud-Kunde automatisch einen separaten Anschluss an den Server. Der Rechner verfügt somit am Ende über beliebig viele individuelle Zugangswege. Die Administration von VLANs erfolgt mit einer zentralen Weiche (Switch). Hier laufen alle Netzwerkkabel zusammen. Der Switch ordnet jedes VLAN automatisch einem bestimmten Kunden zu. Dieser darf nur in seinem eigenen Bereich arbeiten. Die VLANs sind komplett voneinander isoliert. Jemand mit bösen Absichten käme so über den Switch gar nicht auf einen anderen Zugang. Die Rechner selbst sollten in mehrere Einheiten partitioniert sein, von denen jeder Kunde eine Scheibe mitsamt VLAN-Zugang bekommt. Sie können somit nicht von ihrer Partition auf die eines anderen Unternehmens springen. Dadurch können zum Beispiel SAP- und Oracle-Anwendungen gemeinsam auf einem Server laufen – strikt voneinander getrennt. Zudem sollten die Rechner vom öffentlichen Internet komplett entkoppelt sein. Webanwendungen, zum Beispiel für Online-Rechnungen, laufen dann in gesonderten Servicebereichen. Das unterbindet Angriffe übers Web auf geschäftskritische Anwendungen.

Letztlich sind die Informationen auch auf der Storage-Ebene voneinander zu isolieren. Sie lassen sich außerdem von der Technologie unveränderbar ablegen und sind damit revisionssicher archiviert.

5.9.3 Sichere Integration von Cloud-Systemen

Im Idealfall liegen die Einzelanwendungen also im Data Center für jeden Kunden sicher voneinander isoliert vor. Gerade für Unternehmen kommt es aber oft darauf an, dass Applikationen miteinander kommunizieren. Die Mitarbeiter sollen beispielsweise E-Mails direkt aus ERP-Anwendungen bearbeiten. Der Cloud-Service-Provider kann hierzu getrennte Anwendungen eines Kunden in der Wolke wieder so zusammenführen, dass sie nach vorgegebe-

5

nen Regeln gemeinsam funktionieren. Ein anderes Unternehmen bekommt hiervon nichts mit. Genauso ist auch eine Integration in die bestehende, nicht dynamische Anwendungslandschaft eines Kunden möglich, ohne dass für Angreifer Tür und Tor weit offenstehen. Selbst individuelle Einzelsysteme lassen sich einbinden, damit etwa unterschiedliche Fachabteilungen reibungslos miteinander arbeiten können.

Doch nicht nur andere Unternehmen sollten keinen Einblick in vertrauliche Informationen erhalten. So sollte ein Cloud-Benutzer auch seinen Provider fragen, wie er es selbst mit den Zugriffsrechten hält. Besonders kritische Daten sollten im Rechenzentrum so abgelegt sein, dass auch Mitarbeiter des Cloud-Service-Providers sie nicht einsehen, verändern oder löschen können. Lässt es sich für eine bestimmte Operation nicht vermeiden, auf die Informationen zuzugreifen, muss der Provider seinen Kunden vorher um Erlaubnis fragen. Nur er besitzt den Schlüssel zu den Daten. Sollte der Kunde irgendwann aus der Wolke aussteigen wollen, müssen die Informationen lückenlos an ihn zurückfließen. Aus diesem Grund sollten Unternehmen vor der Auftragsvergabe auch auf die wirtschaftliche Stabilität des Cloud-Service-Providers achten.

5.9.4 Absicherung der Datenübertragung

Das Rückgrat jeder Cloud bilden stabile, breitbandige Übertragungsnetze. Die Informationssicherheit lässt sich hier auf zwei Wegen gewährleisten. Den höchsten Schutz bieten dedizierte Punkt-zu-Punkt-Verbindungen vom Rechenzentrum zum Kunden. In MPLS-Netzen lässt sich für jeden Kunden eine vollständig isolierte Leitung einrichten. Die zweite Möglichkeit sind verschlüsselte Verbindungen, entweder über getunnelte Verbindungen im öffentlichen Internet (VPN) oder über Secure Socket Layer (SSL). Aber wie auch immer die Netzverbindung konkret realisiert wird, sie sollte genau wie beim normalen Outsourcing doppelt ausgelegt sein und über zwei voneinander getrennte physikalische Verbindungen laufen. Fällt dann eine der beiden Leitungen aus, kann die andere nahtlos den Dienst der anderen übernehmen. Zudem empfiehlt es sich, alle Informationen gespiegelt in zwei verschiedenen Rechenzentren vorzuhalten. Das ist kein Widerspruch zur Cloud, wenn an beiden Standorten die Möglichkeit besteht, Server zwischen mehreren Unternehmen aufzuteilen.

5.9.5 Netzsegmente können durch Firewalls besser geschützt werden

Zum Schutz der verschiedenen Netzsegmente dienen Firewalls. Sie kontrollieren den Datenverkehr und bestimmen regelbasiert, welche Pakete sie durchs Netzwerk schleusen und welche nicht. Das bietet Schutz vor unerlaubten Zugriffen. Zusätzlich erstellen sie Status- und Kontexttabellen aller Netzwerkverbindungen und erkennen so Korrelationen zwischen den Paketen (Stateful Inspection). Dadurch können sie nach einem Verbindungsaufbau feststellen, ob ein System unaufgefordert Daten sendet, und blockieren diese. Viele Pakete gleichen Typs weisen etwa auf eine DDoS-Attacke (Distributed Denial-of-Service) hin, die das Netzwerk lahmlegen soll.

Firewalls sind damit auch ein wichtiger Erkennungsmechanismus, um die Verfügbarkeit von Daten und Anwendungen sicherzustellen. Sogenannte Computer Emergency Response Teams (CERT) achten im Rechenzentrum unter anderem darauf, dass sie jederzeit korrekt konfiguriert sind. Einen Schritt weiter gehen Deep Inspection Firewalls, die Angriffe auf der Anwendungsebene erkennen. Sie blockieren Protokollverletzungen, Viren, Spam und weitere schädliche Inhalte wie etwa Trojaner. Das erschwert auch sogenannte Man-in-the-Middle-Attacken, bei denen Dritte die Kommunikation zwischen zwei Kommunikationspartnern abfangen und eine von beiden Parteien zu ungewollten Aktionen verleiten, indem sie sich als der vermeintliche Partner ausgeben. Mitarbeiter von Cloud-Providern führen solche Angriffe in regelmäßigen Abständen durch, um die Wirksamkeit der Firewall zu testen.

5.10 Zusammenfassung

Damit Sicherheit zu einem integralen Bestandteil aller Geschäftsprozesse im Cloud-Computing wird, muss sie kontinuierlich auf sicherheitsrelevante Komponenten überprüft und aktualisiert werden. In großen Rechenzentren sorgen spezielle Module auf den Servern automatisiert dafür, dass die vorgegebenen Sicherheitseinstellungen sich nicht verändern. Auch alle Firewalls, Virenscanner und Intrusion Detection Systems (IDS) befinden sich unter ständiger automatischer Überwachung. Frühwarnsysteme spüren auf der Basis von Data-Mining-Verfahren Schwachstellen auf, bevor sie sich gefährlich auswirken. Angreifer nehmen sich oftmals viel Zeit, um über mehrere Stationen eine Lücke zu finden und einzudringen. Intelligente Analysesysteme (Security Information und Event Management) erkennen hierzu unter anderem anhand von Logfiles auffällige Muster und unterbinden solche Langzeitangriffe rechtzeitig.

Auch nach bestimmten Regularien lässt sich die IT-Infrastruktur im Rechenzentrum automatisiert überwachen, beispielsweise nach dem Sarbanes-Oxley Act (SOX). Dieses Kapitalmarktgesetz ist für an US-amerikanischen Börsen notierte Unternehmen relevant. Sie müssen ihr internes Kontrollsystem (IKS) jährlich anhand seiner Richtlinien überprüfen, dokumentieren und von Wirtschaftsprüfern testieren lassen. Die Passwörter des Systems müssen alle eine bestimmte Länge aufweisen. Ist das nicht der Fall, wird das von der Überwachungssoftware im Rechenzentrum bemerkt, und die Mitarbeiter des präventiven CERT-Teams können sofort nachsteuern.

5

6 Messungen und Performance-Management von Cloud-Umgebungen

Cloud-Lösungen sind sehr nützlich und sinnvoll für die Optimierung der Ressourcenauslastung. Die eigenen Ressourcen des Unternehmens werden bei Bedarf kostengünstig erweitert. Aber die Performance von einzelnen Anwendungen kann kritisch werden, da diese Anwendungen auf gemeinsame Ressourcen zugreifen müssen. Diese Ressourcen sind aber u.U. überlastet. Performance wird oft mit der Benutzerzufriedenheit korreliert. Die Zufriedenheit wird meistens mit der Antwortzeit quantifiziert. Der Zusammenhang wird stark vereinfacht in Abbildung 6.1 gezeigt. Die Antwortzeit wird als Funktion der Ressourcenauslastung dargestellt. Das gilt im Allgemeinen für alle Ressourcen.

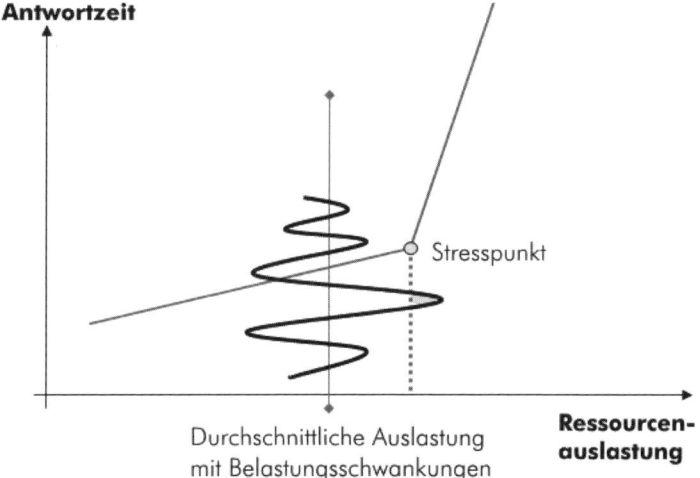

Abbildung 6.1: Benutzerzufriedenheit und Ressourcenauslastung

Nach dem Erreichen des sogenannten Stresspunkts verschlechtert sich die Antwortzeit fast immer exponentiell. Die angewandte Warteschlangentheorie liefert die mathematischen Grundlagen dafür. Wenn die Prioritäten richtig gesetzt werden, können SLA-Verletzungen weitgehend verhindert werden.

Auch das Netz kann die Performance weitgehend beeinflussen. Diskutiert wird in diesem Zusammenhang, ob man die Prinzipien der sogenannten Netzneutralität immer einhalten sollte. In diesem Fall gibt es im Netz keine Prioritäten, und alles läuft demokratisch ab. Als Ergebnis gibt es keine Garantie für die Einhaltung von SLAs.

6.1 Typische Cloud-Ressourcen und deren Key Performance Indicators (KPI)

In diesem Segment werden nur die wichtigsten Indikatoren zusammengefasst. Aus diesen Indikatoren wählt man diejenigen aus, die in SLAs schriftlich vereinbart werden.

Performance und Rechenleistung hängen zusammen. Die Leistung kann man unterschiedlich erhöhen. Vertikale Erweiterung bedeutet, dass man mehr MIPS zur Verfügung stellt. Horizontale Erweiterung bedeutet, dass man die Rechenleistung auf mehrere Rechner verteilt. Public-Cloud-Lösungen arbeiten in den meisten Fällen mit horizontaler Erweiterung. Dafür aber müssen die Anwendungen speziell entwickelt oder angepasst werden. In Private Clouds können jedoch beide Erweiterungen eingesetzt werden.

Computing KPIs	Speicher-KPIs	KPIs für Anwendungen	KPIs für Netze
Verfügbarkeit MIPS Auslastungs-grad MTBF MTTR MTOR	Verfügbarkeit Kapazität MIPS Auslastungsgrad MTBF MTTR MTOR	Verfügbarkeit Aufrufhäufigkeit Anzahl Abbrüche Fehlerrate MTBF MTTR MTOR	Bandbreite Durchsatzrate Verfügbarkeit Latency Jitter Paketverlust Retransmission-Rate Reformatierungsverzöge-run-gen wegen Cloud-Protokolle Wartezeiten für Netzressourcen Auslastung

Tabelle 6.1: Key Performance Indicators (KPI)

Die technischen QoS-Metriken können für Leitungen und aktive Komponenten folgendermaßen eingeordnet sein:

▷ Fest eingestellte Parameter in den Komponenten

   1. Anschlussbandbreite des LAN-Ports

   2. Verteilung der Dienstklassen am LAN-Port

   3. Anschlussbandbreite ans WAN

   4. Commited Information Rate (CIR) in FR-Netzen

   5. Verteilung der Datenströme für ABR, CBR, UBR, VBR in ATM-Netzen

▷ Abfragbare Zähler in aktiven Komponenten

   1. Bit Error Rate (BER), Cell Error Rate (CER)

   2. Verworfene Pakete, verworfene Frames

   3. Ressourcenauslastung (CPU, Speicher), (Komponenten-)Verfügbarkeit

▷ Eine End-to-End-Verbindung betreffend

   1. Latenzzeit bei IP, bezogen auf die jeweilige Prioritätsklasse

   2. Jitter bei IP, bezogen auf die jeweilige Prioritätsklasse

   3. Echo und Verzerrungen bei VoIP

   4. Metriken für Dienste

▷ Relevant für den Dienstleister

   1. Anzahl und Dauer von Problemen

   2. Anzahl und Dauer von Ausfällen

   3. Proaktive oder reaktive Problemerkennung

▷ Relevant für den Kunden

   1. (Dienste-)Verfügbarkeit

   2. Anzahl der SLA-Verletzungen

   3. Anzahl der betroffenen Benutzer

Die für die Erbringung von hoher Qualität interessantesten Metriken sind leider auch die am schwierigsten zu erfassenden. Dies sind bei aktiven Komponenten diejenigen, die eine End-to-End-Verbindung betreffen und strenggenommen alle Dienstmetriken mit einschließen.

6.2 Referenzkonfiguration für die Vermessung von Cloud-Umgebungen

Die Überwachung der Performanz und die Erfassung von nutzungsabhängigen Verrechnungsdaten erfordern viele Messpunkte. Diese Messpunkte können hardware- oder softwarebasiert sein. Wer für die Instrumentation und den Betrieb verantwortlich, wird in SLAs festgelegt.

6.2.1 Beschreibung der Konfiguration

Abbildung 6.2 zeigt eine stark vereinfachte Konfiguration, wo mehrere Private und Public Clouds symbolisch miteinander verbunden sind. Kunde A und Kunde B – vertreten durch ihre Benutzer – arbeiten mit ihren eigenen Clouds oder mit Public Clouds. Alle Beteiligten sind mit einem leistungsfähigen Netz mit hoher Bandbreite miteinander verbunden. Wo Benutzer und Clouds sich mit dem Netz treffen, können Access Points (AP) definiert werden. Sie erscheinen in Abbildung 6.2. Sie können einfach oder auch doppelt implementiert werden. An diesen APs können viele netzseitige KPIs vermessen, gespeichert und weitergeleitet werden. Sie vertreten Referenzpunkte im Netz, wo ein- und ausgehende Datenmengen, Zeiten, Paketmengen und Netzunregelmäßigkeiten sichtbar sind. Messungen an Ressourcen und Anwendungen werden innerhalb der Cloud wahrgenommen.

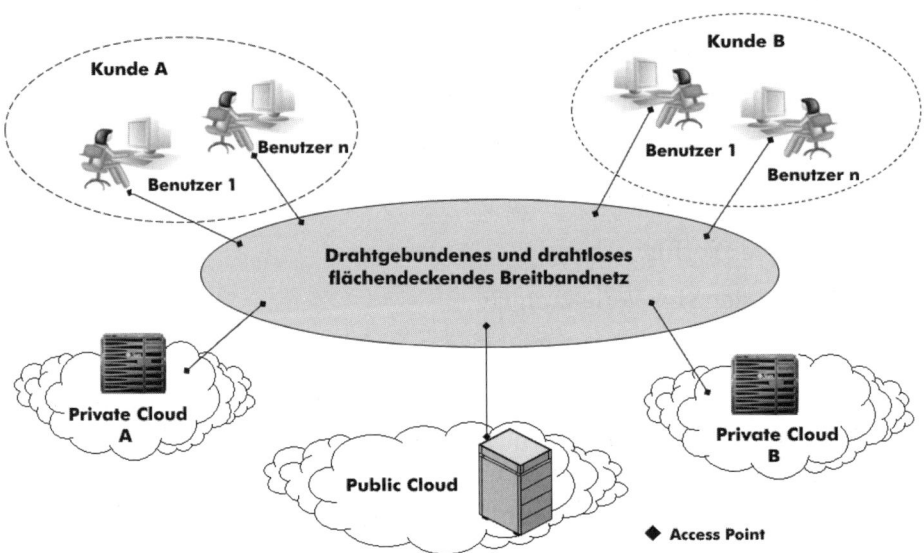

Abbildung 6.2: Referenzkonfiguration für Hybrid Cloud Performance

6.2.2 Entscheidungspunkte für Messungen

Um objektive Werte über die Servicequalität zu erhalten, werden festgelegte Messmethoden eingesetzt. Die Suche nach geeigneten Tools für die Messung der gesuchten Qualitätskriterien (z.B. durchschnittliche oder maximale Antwortzeit einer Anwendung) ist problematisch. Messtools unterscheiden sich hauptsächlich durch:

▷ Die Art der Informationsbeschaffung

- Sammelprozess aus MIB-/ARM-/RMON-Daten
- spezielle SW-Agenten in Clients/Servern
- Online-Kopplungen zu Anwendungen (über RPC)
- Import aus Logfiles oder Datenbanken von Anwendungen

▷ Die Zeitpunkte der Messung (kontinuierlich, stochastische Stichproben)

▷ Die Lastzunahme durch die Messung

- durch den Overhead bei der Übertragung von Messdaten
- durch das Hinzufügen von synthetischer Last

▷ Die Art der Verdichtung (automatisch regelbasiert, Mittelwert, Gewichtung)

▷ Die Verdichtungshierarchie (im Agent, im Server, in der Event-Engine des Enterprise Management Systems, als Kombination der verschiedenen Ebenen)

▷ Die Art der Informationsdarstellung (spezialisierter Client, Web, mandantenfähig, automatische Alarm- oder Ticket-Generierung)

▷ Die Art der Informationsauswertung und die Fähigkeit, komplexe Performance-Probleme zu lösen

▷ Die Archivierung

- Hierarchisch (Rohdaten-Repository und verdichtete Archivdaten)
- Typ der Datenbank (eigene Datenbank, Standarddatenbank, relational, objektorientiert)

▷ Die Möglichkeit der Kombinierbarkeit mit Modellierungsinstrumenten

▷ Die Möglichkeiten zur Einbettung in ein automatisches Berichtswesen

▷ Möglichkeiten und Notwendigkeiten für ein Customizing

▷ Der Aufwand für Erstinstallation und Instandhaltung

6

Bei der Informationsbeschaffung kommen deshalb heute überwiegend aktive und passive Tools zum Einsatz.

6.2.3 Monitoring mit Sensoren

Es gibt mehrere technologische Alternativen, um Netze mithilfe von Sensoren zu vermessen.

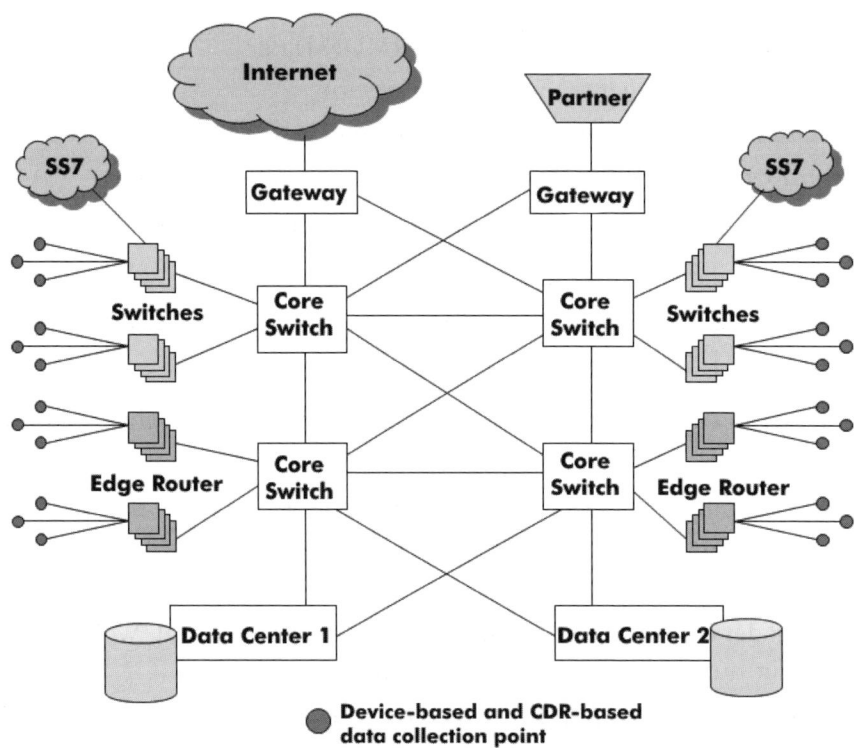

Abbildung 6.3: Implementierung von gerätebasierten und CDR-Sensor-Netzen

Gerätespezifische Lösungen

Historisch gesehen hat man immer versucht, die ohnehin vorhandenen Geräte wie Multiplexer, Switches oder Router als Datenquellen zu benutzen. Protokolle und Datenmodelle stehen zur Verfügung, um diesen Messvorgang zu standardisieren. Bekannt sind CMIP, SNMP, NGOSS-SID, TLı und IETF RFCs. Hersteller versuchen jedoch, durch proprietäre Features eine gewisse Differenzierung zu erzielen. Durch die Vereinfachung und Vereinheitlichung der Kommunikation auf IP-Basis gewinnen SNMP-basierte Lösungen an Bedeutung. Gesammelte Daten müssen regelmäßig abgeholt werden (Polling-Verfahren); sie werden zwischengespeichert und dann nachgelagerten Verfahren bereitgestellt. Abbildung 6.3 zeigt eine typische Anordnung. Der große Vorteil ist, dass die erfassten Daten vor Ort in standardisierten Management Information Bases (MIB) abgespeichert sind. MIBs existieren praktisch für alle in Netzen gebräuchlichen Geräten. In speziellen Fällen sind aber herstellerspezifische Erweiterungen wichtig, z.B. zur Visualisierung der Zustände. Diese Alternative ist preiswert und hilft Übersichten zu behalten , aber sie ist nicht detailliert genug, um die Ursachen für Unregelmäßigkeiten (Trouble-Shooting, Root-Cause-Analyse) zu erforschen. Sie hat sicherlich ihren Platz in einer hybriden Werkzeug-Suite.

CDR-basierte Lösungen

6

In einigen Nebenstellenanlagen werden wertvolle Daten generiert, die sogenannten Call Detail Records (CDR). Sie dienen bei der Sprachkommunikation als Grundlage der nutzungsabhängigen Verrechnung. Sie bieten Daten über die Kommunikationspartner, Session-Dauer, Qualität, auch Lastdaten zu gegebenen Zeitpunkten. Bei IP-basierten Netzen, die alle Kommunikationsformen wie Sprache, Daten, Video unterstützen, sind es die IP Detail Records (IPDR), die wiederum als nutzungsabhängige Verrechnungsgrundlage dienen können. Konkrete Angebote aus dieser Datenquelle sind:

▷ NetFlow/IPFIX from Cisco

▷ JFlow from Juniper

▷ SFlow

NetFlow von Cisco bietet folgende Informationen an:

▷ Source IP-Address

▷ Destination IP-Address

▷ Source Port

▷ Destination Port

▷ Layer 3 Protocol

▷ TOS Byte (DSCP)

▷ Input Interface

Bei dieser Alternative werden die erfassten Daten an vorkonfigurierte Schnittstellen weitergeleitet. Polling ist nicht erforderlich. In allen Netzen sind diese Fähigkeiten eingebettet. Zusätzliche Ausgaben entstehen, wenn spezielle nachgelagerte Verfahren implementiert werden, z.B. für Revenue Assurance oder Business Intelligence (BI). Die zusätzliche Netzlast ist niedrig. Die IPDRs sind gut geeignet für durchschnittliche Fälle, aber nicht für Sonderfälle. Gewisse Informationen fehlen wie Details für individualisierte Benutzer-Session, Content-Details, Qualitätsmerkmale und Unterstützung gewisser Webprotokolle. Diese Alternative ist für Trouble-Shooting oder zur Erkennung von Unregelmäßigkeiten in Echtzeit nicht geeignet.

Agenten-spezifische Lösungen

Hardware- oder Softwareagenten werden am Netzrand in den Access Points (AP) installiert. Entweder vermessen sie die KPIs passiv oder generieren künstliche Last gegenüber anderen Komponenten. Auch im zweiten Fall werden KPIs vermessen, z.B. Antwortzeitverhalten, Netzverzögerungen, Jitter oder Paketverlust. Für die künstliche Last können mitgeschnittene Lastanteile verwendet werden. Abbildung 6.4 zeigt eine mögliche Anordnung mit klarer Platzierung der Sensoren. Diese Anordnung ist aufwendig, bietet aber sehr wertvolle Werte für Quality of Service und für Quality of Experience. Der Overhead kann durch die Häufigkeit der Messungen geregelt werden. Auch »leere« Netze können vor Inbetriebnahme getestet werden. Sie bieten aber wenig Aussagen über Degradierungsursachen im Betrieb, insbesondere wenn die Netzkonfiguration komplex ist und die Last (Payload) durch mehrere Cloud-Provider in das Netz geschickt wird. Ob Hardware- oder Softwaresensoren gewählt werden sollen, hängt von den Gegebenheiten der Netze und der Serviceangebote ab.

Signalling-basierte Lösungen

Hinter den Kulissen der Benutzer-Session laufen noch Kontrollinformationen, die meistens andere Kanäle oder andere Frequenzbänder als die Nutzlast benutzen. Klassisch ist das Beispiel mit SS7, das lange Jahre sehr wertvolle Daten bereitgestellt hat. Bei IP-Netzen gibt es wiederum mehrere Protokollebenen, die die reibungslose Abwicklung der höheren Anwendungsschichten sichern. Aufgaben wie Handshaking, Session-Auf- und -Abbau, Session-Kontrolle, Authentifizierung sowie Autorisierung werden unterschiedlichen Ebenen zugeordnet. Der Unterschied ist, dass diesbezügliche Informationen auf derselben physikalischen Infrastruktur übertragen werden. Bei Netzneutralität haben Kontrollinformationen keine höhere Priorität als Nutzlast. Messpunkte und Messmöglichkeiten müssen neu überdacht werden.

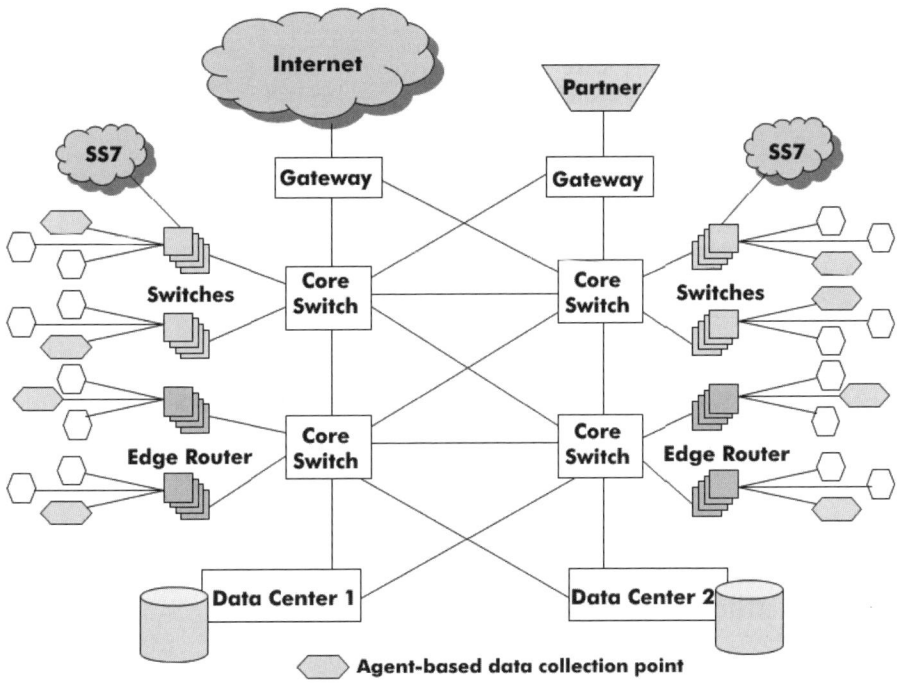

Abbildung 6.4: Implementierung von Agenten in Sensornetzen

Die traditionelle Lösung benutzte Probes, die passiv waren; sie wurden um die Knoten des Signalisierungsnetzes installiert. Sie arbeiten in Echtzeit und geben aktuelle Informationen über die produktiven Sessions. Sie können nicht mehr bieten, als sie erfassen können. Details über die Last, Ursachen über Engpässe oder Unregelmäßigkeiten der Übertragung können nicht gegeben werden. Im beschränkten Maße können grobe Verrechnungsdaten geliefert werden. Abbildung 6.5 zeigt eine Anordnung mit SS7- und SIG-TRAN-Probes.

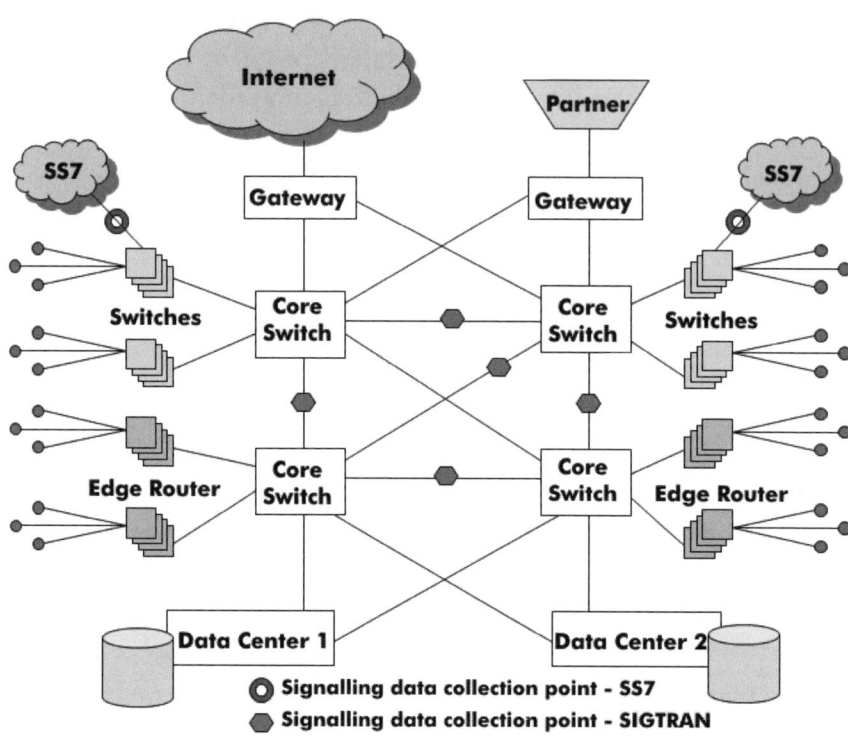

Abbildung 6.5: Implementierung von signalling-basierten Sensornetzen

6.2.4 Paketfluss-basierende Lösungen

Die Produkte dieser Gruppe beobachten die Verkehrsflüsse auf der tiefst möglichen Ebene, genannt Deep Packet Inspection (DPI), sehr genau. Sie werden mit Probe-Adware an Schlüsselpunkten (Übernahme/Übergabe) im Netz installiert, provisioniert und aktiviert. Sie arbeiten passiv und können mit hoher Geschwindigkeit praktisch jedes Paket erfassen und lesen. Sie setzen dann die Pakete in sogenannte Flüsse zusammen. Diese Technologie ist seit längerer Zeit bekannt, wurde aber vor allem für Testzwecke eingesetzt. Die kommerzielle Nutzung für die Vermessung von IP-Diensten ist relativ neu.

Abbildung 6.6 zeigt eine vereinfachte Architektur. Sie basiert auf sehr leistungsfähigen Interface-Cards, die einen Einblick in die Paketströme in Echtzeit verschaffen. Eine Parsing-Engine inspiziert jedes Paket und kategorisiert es nach

- Benutzer
- Servicetyp
- Service-Volume und
- KPI.

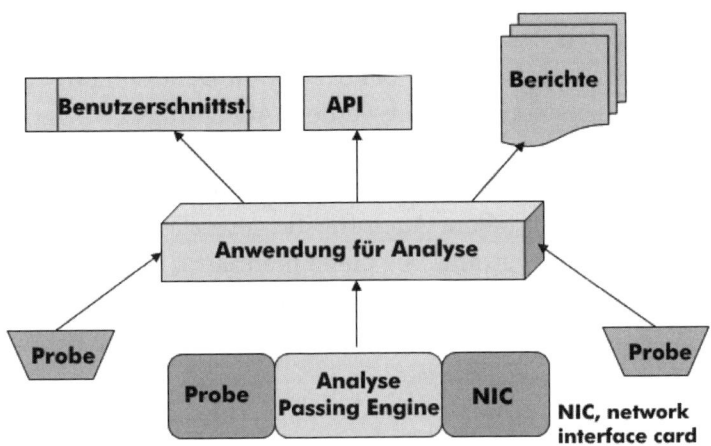

Abbildung 6.6: Architektur eines auf dem Paketfluss basierenden Sensorprodukts

Die Analysesoftware ist für die Zwischenspeicherung und Präsentation verantwortlich. Fortgeschrittene Lösungen beinhalten zusätzlich noch die folgenden Optionen:

- Stream-zu-Disk für eine komplette Rekonstruktion der Paketflüsse (z.B. Forensics)
- Paketdekodierung und Expertenanalyse
- Automatische Erkennung und Tracking von Pakettypen (z.B. individuelle Web-URLs, Sub-URLs http oder http-basierter Web-Verkehr)
- Prädiktive Analyse für die Früherkennung von Serviceproblemen
- Integration mit anderen Produkten zur Ausführung korrelativer Analysen

Die wirkliche Herausforderung mit dieser Technologie ist die Durchsatzrate der Übertragung, die gelesen und analysiert werden muss. Die Probes müssen der Durchsatzrate folgen können, sonst gehen Pakete und damit Informationen verloren. Mit diesen Durchsatzraten Schritt zu halten ist nicht leicht, da Cloud-Service-Provider Bandbreite mehr und mehr flächendeckend anbieten. Die Bandbreite ist sowieso eine Schlüsselfrage bei der Inanspruchnahme von Cloud-Services.

Bei der Implementierung der Probes sieht man Ähnlichkeiten mit Signalling-Sensoren mit dem Unterschied, dass die Probes bei dieser Lösung im Kernnetz – oder anders ausgedrückt in Roaming-Punkten oder bei Netzübergängen zu Partnernetzen (z.B. Content Provider, Subunternehmer von Private Clouds) – installiert werden. Auch bei Servern in Data Centern können Probes für Content-Dienste angebracht werden. Abbildung 6.7 zeigt ein Implementierungsbeispiel. Diese Technologie bietet sehr detaillierte und exakte Ergebnisse sowohl für die Performance-Überwachung als auch für retrospektive Analysen in Problemfällen. Auch für die gesetzlich zugelassenen Intercepts wird diese Lösung gewählt. Sie bietet mehr als Call Tracing; volle Sessions können rekonstruiert und neu abgespielt werden.

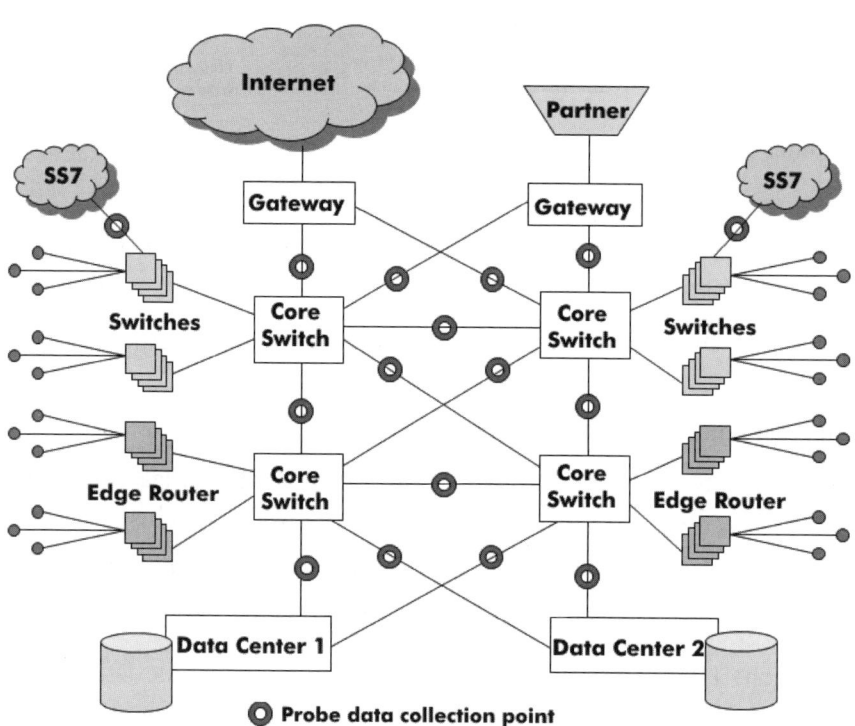

Abbildung 6.7: Implementierung von auf Paketfluss basierenden Sensornetzen

Der Aufwand kann ein kritischer Punkt sein. Nicht jeder Cloud-Provider und Dienst kann auf diese Weise überwacht werden. Diese Methode ist nur für paketorientierte Übertragungsdienste geeignet, für ältere Dienste nicht. Für die nutzungsabhängige Verrechnung wäre diese Paket-Lösung ideal, aber der Aufwand kann nicht immer gerechtfertigt werden.

6.2.5 Wahl und Implementierung von Sensoren

Alle vorgestellten Lösungen haben Vor- und Nachteile. Geräte und Agenten stellen wertvolle Information zur Verfügung, aber sie sehen nicht alles, was in den Netzen abläuft. CDR- und IPDR-basierte Lösungen sammeln Detaildaten, aber nur für Analysen, Verrechnung und nachgelagerte Verfahren. Für Fehleranalysen in Echtzeit sind sie nicht geeignet. Signalling- und Paket-Probes gehen ins Detail für die Übertragung – auch in Echtzeit, aber sehen Netzkomponenten nur von außen. Cloud-Service-Provider und teilweise auch ihre Kunden müssen eine sinnvolle, hybride Lösung zum optimalen Betrieb und zur harmonischen Zusammenarbeit wählen.

Letzten Endes muss ein Sensornetz unterschiedliche Bedingung erfüllen. Drei unterschiedliche Sichten werden kurz erläutert:

Sichtbarkeit des Netzes

In der Vergangenheit wurden Kanäle mit einer vorgegebenen Bandbreite für Kommunikationsdienste benutzt. Wenn die prozentuale Belastung eine Grenze überschritten hat, wurden zusätzliche Kanäle bestellt. Bei IP werden die physikalischen Kanäle geteilt und gemeinsam benutzt. Auch hier wird die Bandbreite zugeteilt, aber eben dynamisch. Bei Spitzenlast kommen nicht alle Pakete durch, und die Nachricht kann auf der Empfangsseite nicht rekonstruiert werden. Auch Fehlernachrichten und ACKs können steckenbleiben oder verloren gehen. Virtuelle IP-Service-Netze sind noch komplexer, weil mehrere Ebenen (z.B. die virtuelle Netzschicht, die Anwendungsschicht) den physikalischen Übertragungsweg gemeinsam benutzen. Die Messung von QoS oder Root-Cause-Analyse sind fast unmöglich. Die Net Neutrality fordert, dass volle Demokratie herrscht und keine Prioritäten zugelassen werden. Deep Packet Analyse ist dann die einzige Möglichkeit, sinnvolle und brauchbare Information zu extrahieren.

Sichtbarkeit der Services

Services sind heute vielfältig. Cloud-Service-Provider bemühen sich, Service-angebote zu individualisieren. Dadurch wird es noch komplexer und noch schwieriger, sie zu vermessen. Die bisher vorgestellten Messmethoden können wie folgt helfen:

▶ Geräte-Monitoring: Kanalverfügbarkeit, Kanalauslastung, Geräteauslastung, Geräteverfügbarkeit werden vermessen und leisten einen wichtigen Beitrag für die Serviceverfügbarkeit.

▶ Signalling-Sensor: SS7-Signalling bietet Quality und Performance-Aussagen über Nachrichtenströme in Kanälen.

▶ Paketfluss-Probes: detaillierte Angaben über Flüsse, Engpässe und Serviceabbrüche mit Ursache.

Serviceüberwachung ist eine Echtzeitaktivität. Um effizient zu bleiben, müssen die konkreten Zusammenhänge stets bekannt sein: Geschäft – Anwendung – Service – Infrastruktur. Dann können Eskalationsschritte und Prioritäten optimiert werden. Nachgelagerte Verfahren sind für die Kapazitätsplanung und für die Zuordnung der Ressourcen sehr wichtig. Im Idealfall wird eine gemeinsame Datenbasis aufgebaut, die alle Bedürfnisse der Serviceüberwachung befriedigen kann. Dann werden SLAs kaum verletzt.

Im Falle von Cloud-Services ist die Servicekomplexität nicht so groß. Dadurch wird es einfacher, die erforderlichen KPIs und Messwerkzeuge auszuwählen.

Benutzersicht

Der Benutzer ist an der Zuverlässigkeit, Verfügbarkeit und Performance aller Ressourcen interessiert. Die Komplexität muss verborgen bleiben. Welche Messwerkzeuge eingesetzt werden, ist dem Benutzer weniger wichtig, nur sofern, dass Informationen reibungslos abgefragt werden können. Benutzerorientierte KPIs müssen aus mehreren Quellen – Plattformen, Call Centern, Business Support Systems – konsolidiert werden. Wichtig sind die folgenden Merkmale:

▶ Sicherer Zugriff zu Cloud-Diensten

▶ Verfügbarkeit von Cloud-Diensten

▶ Antwortverhalten der Cloud-Anwendungen ist akzeptierbar.

▷ Qualität der Cloud-Dienste ist wie erwartet.

▷ Im Problemfall werden unverzüglich Maßnahmen zur Wiederherstellung der uneingeschränkten Funktionstüchtigkeit der Services ergriffen.

Es ist vorstellbar, dass neue Indikatoren definiert werden, die die Benutzererfahrung (User Experience) beschreiben werden.

Zusammenfassend ist festzuhalten: Es gibt Messmethoden und Messwerkzeuge, die zur Überwachung der Cloud-Servicegüte eingesetzt werden können. Wenn die Werkzeuge gut zusammen gewählt werden, können sie auch die zur nutzungsabhängigen Verrechnung erforderlichen Daten erfassen.

6.3 Maßnahmen für QoS-Verbesserungen

Unabhängig von der Netzdemokratie müssen Cloud-Service-Provider in Zusammenarbeit mit ihren Kunden für die Servicequalität (QoS) sorgen. Es gibt Möglichkeiten, Regeln zu verabschieden und einzuführen, die gute Stabilität und Performanz garantieren. Einige werden an dieser Stelle aufgezählt:

▷ Zugriffskontrolle: Die Entscheidung ist, unter welchen Bedingungen ein Zugriff auf Cloud-Ressourcen überhaupt möglich ist. Die Entscheidung hängt von dem momentanen Netzverkehr, von der angestrebten QoS und den Prioritäten der Benutzer ab. Die Durchsetzung der Policies geschieht in Netzressourcen.

▷ Lastausgleich: Glättung durch sinnvolle Zuordnung der Last zu verfügbaren Ressourcen in Echtzeit. Zum gegebenen Zeitpunkt müssen viele Parameter wie Lastprofile und Verfügbarkeit der Ressourcen bekannt sein. Die Ausführung erfolgt meistens in Adware (Hardware und/oder Software), kleinere Verzögerungen können nicht ausgeschlossen werden.

▷ Klassifizierung von Paketen: Durch Header-Informationen ist die Priorität und dadurch die erforderliche Behandlung der einzelnen Pakete erkennbar.

▷ Prioritäten und Scheduling: In beide Richtungen der Übertragung werden die Pakete eingeordnet und Ressourcen reserviert. Allen Prioritäten werden physikalische Kanäle dynamisch zugeteilt, auch die Bandbreite kann geändert werden. »Best Effort« ist nicht unbedingt das, was Cloud-Kunden erwarten.

6

▷ Rolle von Signalling-Protokollen: Der erwartete QoS soll signalisiert werden. Die Signale können in anderen Bandbreiten laufen, wie es in der Nicht-IP-Welt der Fall war. Bei IP werden andere Lösungen benutzt, z.B. wie bei SIP. Die Privilegierung wird schwieriger.

▷ Kontrolle der Warteschlangen: Die meisten Ressourcen erlauben mehrere Algorithmen zum priorisiertem Zugriff. Die Hauptsache ist, dass ressourcenintensivere Anwendungen die QoS von allen anderen Anwendungen nicht gefährden.

Es gibt sicherlich noch zahlreiche andere Möglichkeiten. Wichtig ist, dass mehrere Verkehrstypen von mehreren Kunden für dieselben Cloud-Ressourcen konkurrieren können. Eine faire Behandlung wird auf Grundlage der vereinbarten SLAs erwartet.

6.4 System- und Netzwerkmanagement

Cloud-Computing wird Teil von kritischen Geschäftsvorgängen werden. Viele IT-Manager meinen, dass Open Source dabei keine entscheidende Rolle spielen darf. Trotzdem wird Open Source von Cloud-Service-Providern mit Erfolg eingesetzt. Es zeichnen sich viele Erfolge auf dem Gebiet des System- und Netzwerkmanagements ab.

6.4.1 Management-Anwendungen und Performance-Monitoring

Performance ist wichtig für die Ausführung der Geschäftsprozesse der Benutzer. Sie soll stabil bleiben unabhängig davon, wie die Benutzer auf Anwendungen und Datenbanken zugreifen. Die Bandbreiten sind für mobile Benutzer, WAN-Benutzer und LAN-Benutzer nicht identisch. Auch andere Faktoren wie Lastausgleich, Protokoll- oder Netzfehler können die Performanz beeinflussen. Monitoring ist eine präventive Maßnahme zur Vermeidung von Performance-Einbrüchen. Grundsätzlich werden die KPIs überwacht und Abweichungen gemeldet. Am besten wird ein einfaches Produkt mit klar definierten Entwicklungsschnittstellen genommen. Das Basisprodukt wird vom Hersteller oder von der Community, die Zusatzentwicklungen von Kunden gepflegt. Bekannte Merkmale von diesbezüglichen Open Source-Produkten sind:

▷ Benachrichtigungsdienst, wenn Fehler oder Performanzeinbrüche auftreten

▷ Initialisierung von automatisierten Fehlerbehebungsschritten

▷ Lieferung von Performanzdaten in einfachen Berichten

▷ Aktivierung und Pflege von Logfiles für nachgelagerte Verfahren

▷ Bereitstellung einer Webschnittstelle für Abfragen und für die Konfigurierung der Ressourcen.

Beispiele sind: OpenQRM und Zenoss

6.4.2 Lastausgleich (Load Balancing)

Die Netzlast, insbesondere für das Internet, steigt dramatisch. Dadurch werden das Netz und viele Server überlastet. Die Erhöhung der Serverkapazität ist sicherlich ein möglicher Weg, aber die Verteilung der Last ebenso. Dabei spielen die optimale Auslastung, die maximierte Durchsatzrate und die beste Benutzererfahrung (z.B. Stabilität der Performanz und gute Antwortzeit) die wesentlichen Rollen. Eine gewisse Overseer-Funktion wird ausgeübt. Anhand der aktuellen Statuswerte verteilt der Overseer die Anwendungen. Es gibt zwei Alternativen: Hardware- oder Software-Balancer. Hardwarelösungen werden in Adware in Form von Application Specific Integrated Circuits (ASIC) realisiert und garantieren hohe Geschwindigkeiten bei der vorprogrammierten Verteilung. Software-Balancer sind Erweiterungen des Betriebssystems und laufen auf weitverbreiteten Plattformen. Beispiele sind:

▷ Linux Virtual Server Load Balancer

▷ DNS-basiertes Balancing Cluster

▷ Dispatcher-basiertes Balancing Cluster

6.4.3 Anwendungen für die Virtualisierung

Die Application-Virtualisierung beschreibt Softwaremethoden, die die Portabilität, Verwaltbarkeit und Kompatibilität von Anwendungen erhöhen und sie von der darunterliegenden Betriebssystemschicht abtrennen. Diese Trennung erfolgt bei Runtime. Mit dieser Virtualisierung können physikalische Ressourcen viel besser ausgelastet werden. Auch darunter laufende Betriebssysteme können leichter ausgetauscht werden, um die Effizienz erhöhen zu können. Beispiele dafür sind VMWare und Xen.

Performance Management ist ein Teil von Fault, Configuration, Accounting, Performance and Security (FCAPS). Verrechnung und Sicherheit werden in anderen Kapiteln behandelt. Fault und Performance gehören einigermaßen zusammen und wurden in diesem Kapitel diskutiert. Configuration Management ist die Verantwortlichkeit des Cloud-Service-Providers, aber gewisse Aufgaben können und werden von Benutzern wahrgenommen. Man erwartet, dass eine Kombination von Werkzeugen zum Einsatz kommt.

6.5 Praktische Beispiele der Performance-Überwachung

Die Anbieter von Mess- und Überwachungswerkzeugen sind sehr daran interessiert, ihre Produkte für Cloud-Umgebungen bereitzustellen, evtl. sogar anzupassen. Sowohl die leitenden vier Anbieter auf diesem Gebiet (BMC, CA, IBM, HP) als auch kleinere Anbieter mit speziellen Lösungen (Paessler, Datakom) haben eine wichtige Rolle zu spielen. Im Folgenden werden zwei Anwendungsbeispiele vorgestellt.

6.5.1 Cloud-Produkte von Computer Associates

Computer Associates (CA) bietet vier Produkte für Cloud-Service-Provider und Cloud-Kunden an. In dieser konkreten Suite werden die Lösungen für Amazon Elastic Compute Cloud (EC2) bereitgestellt:

Spectrum Automation Manager: Die Aufgaben des Server-Provisioning und der Konfigurierung von Anwendungen sind zeitaufwendig und teuer. Die Automatisierung dieser Aufgaben ist möglich mit Spectrum. Die Hauptmerkmale des Produktes sind:

▷ Automatisierung des Server-Provisioning

▷ Entdeckung von Konfigurationsänderungen

▷ Selbstbedienung bei des Ressourcen-Provisioning

▷ Management der Virtualisierung

Das Produkt analysiert die Performance der Infrastruktur und der Anwendungen, wodurch die Last optimal zugeteilt werden kann. Das Produkt ist in der Lage, Amazon EC2 Cloud-Ressourcen zu verwalten. Insbesondere können die folgenden Funktionen wahrgenommen werden:

▷ Provisioning von Amazon Machine Images

▷ Monitoring der Performance und Auslastung von Amazon-EC2-Instanzen

▷ Entdeckung aller vorkonfigurierten EC2-Instanzen

▷ Identifizierung der Anwendungen, die auf Amazon-EC2-Instanzen laufen

▷ Logging der Ereignisse während des Provisioning-Prozesses

▷ Identifizierung aller Änderungen, die bei den Amazon-EC2-Instanzen durchgeführt worden sind

Service Desk: Das Produkt unterstützt Problem- und Incident-Management, Änderungs- und Konfigurationsmanagement. Alle wichtigen Aspekte bei der Einhaltung von SLAs werden überwacht und dokumentiert. Auch Selbstbedienung und Remote-Bedienung sind eingebaut, wodurch sowohl Cloud-Service-Provider als auch Kunden gemeinsam arbeiten können. ITIL ist die Basis für den Funktionsumfang. Die integrierte Lösung besteht aus:

▷ Request Fulfillment

▷ Incident Management

▷ Problem Management

▷ Change Management

▷ Configuration Management mit Datenbank

▷ Mapping für die Abhängigkeit von Anwendungen von der Infrastruktur

▷ Wissensmanagement

▷ Automatisierung der Remote-Unterstützung

Amazon-EC2-Anwendungen konzentrieren sich auf folgende Hauptmerkmale:

▷ IT-Unterstützung mit höchster Qualität

▷ Schnellere Lösung von Problemen und Incidents

▷ Reduzierung der Kosten der Unterstützung

▷ Reduzierung der Service-Unterbrechungen

▷ Automatische Generierung und Fortschrittskontrolle von Änderungsaufträgen

▷ Einhaltung der ITIL-Richtlinien für Konfigurations- und Änderungsmanagement

Die Erfahrungen aus dem IT-Eigenbetrieb können weiterhin von Nutzen sein.

Wily Introscope Application Performance Monitor: Die Performance von Cloud-Anwendungen kann den geschäftlichen Erfolg entscheidend beein-

6

6

flussen. Introscope überwacht kontinuierlich die kritischen Anwendungen. Im IT-Eigenbetrieb überwachen traditionelle Monitore viele Schichten und korrelieren die Messergebnisse miteinander. In der Cloud werden aber die unteren Schichten virtualisiert, und es bleibt nur die Anwendung sichtbar.

Mithilfe von Introscope erhalten Cloud-Service-Provider Performance-Daten über die Anwendungen und auch – wenn erforderlich – über Infrastruktur-komponenten, die die Performance negativ beeinflussen könnten. Das Produkt wurde schon für Amazon EC2 mit Erfolg eingesetzt. Echtzeitdaten können im Spectrum übertragen werden, damit Entscheidungen auf Basis von aktuellen Informationen getroffen werden.

Insight Database Performance Manager: Mit diesem Produkt können komplexe Datenbanken verwaltet werden. Die Performance von Anwendungen hängt stark von der Performance der Datenbanken ab. Wenn Amazon EC2 im Einsatz ist, kann Insight beide Welten zusammen verwalten. Cloud-Service-Provider wie z.B. Amazon können mit dem Produkt Oracle, DB2, SQL-Server und Sybase überwachen. Die Skalierbarkeit des Produkts ist sehr gut – Tausende von Datenbanken können gleichzeitig verwaltet werden.

Alle vier Produkte können gemeinsam als Suite eingesetzt werden.

6.5.2 PRTG von der Paessler AG

Mit PRTG Network Monitor bietet die Paessler AG eine leistungsfähige und vielseitige Lösung zur Überwachung von Netzwerken aller Größen. PRTG Network Monitor überwacht die Verfügbarkeit von Geräten und misst die Nutzung von Bandbreiten.

PRTG Network Monitor deckt die komplette Bandbreite zeitgemäßer Netzwerküberwachung ab. Vom Verfügbarkeits-Monitoring über Bandbreiten-, Verbrauchs- und Aktivitäts-Monitoring bis hin zur Überwachung von Service Level Agreements (SLA) – eine Lösung für alles.

Die Merkmale

▷ Bandbreiten-, Verbrauchs-, Aktivitäts-, Verfügbarkeits- und SLA-Überwachung

▷ Extrem leistungsfähige Software-Engine

▷ Passend für Netzwerke jeder Art und Größe, LAN-, WAN-, WLAN- und VPN-Überwachung räumlich getrennter Netzwerke durch Probes (Agenten)

Sensoren und Protokolle

▷ Über 50 unterstützte Sensortypen wie PING, HTTP, WMI, SNMP, SMTP, POP3, FTP, RDP, DNS

▷ Analyse des Netzwerkverkehrs und -verhaltens mittels SNMP, NetFlow und Packet-Sniffing

▷ Intelligente Sensoren (z.B. automatische Erkennung und Überwachung von Multiprozessor-Systemen)

▷ Vorkonfigurierte Templates für Cisco-Router, SQL-Server, Exchange-Server, Netzwerkdrucker etc.

▷ Automatische Netzwerkerkennung und Sensorkonfiguration

▷ Individuell programmierbare Sensoren

Anzeige und Auswertung

▷ Komplett neue, schnelle und leistungsstarke Benutzeroberfläche, webbasiert und »State of the Art« durch Einsatz von Ajax und Flash

▷ Anzeige der Überwachungsdaten in verschiedenen Ansichten

▷ Schneller Überblick durch unterschiedliche Layouts der einzelnen Ansichten

▷ Hierarchische Ansichten (Gruppen, Geräte, Sensoren, Kanäle)

▷ Sortierbare Sensorenlisten (nach Alphabet, Geschwindigkeit, Typ, Kennzeichen, etc.)

▷ Ausgabe von Reports und Logfiles (detaillierte Logs aller Aktivitäten und Ergebnisse)

▷ Ansprechende Graphen (für Sensoren, Geräte und Gruppen) zur Anzeige der Überwachungsdaten verschiedener Zeiträume

▷ Individuell erstellbare »Karten« ermöglichen das Kombinieren des Überwachungsstatus mit Graphen und Tabellen in anpassbaren Layouts

Alarmierungen und Benachrichtigungen

▷ Alarmierungen nach individuell definierbaren Kriterien

▷ Regelmäßige Berichte (POP3, FTP, RDP, DNS)

6

▶ Verschiedenste Kanäle zur Benachrichtigung (E-Mail, SMS, Pager-Nachricht, HTTP Request, Syslog etc.)

Systemanforderungen und Datenablage

▶ HTTP-basierte Schnittstelle zur Anbindung an andere Applikationen

▶ Datenablage in eigener Datenbank, optimiert für Monitoring-Daten

▶ Kleiner Download, einfache Installation

▶ Einfaches Lizenzierungsmodell von Freeware bis Enterprise-Lösung

▶ Läuft unter Windows XP, Vista, Windows 7, 2003 oder 2008

▶ Web-Interface für alle gängigen Browser und das Apple iPhone

PRTG läuft im Browser, und zwar extrem schnell. Der Kunde kann sich in seinem Intranet jederzeit von jedem Rechner mit PRTG Network Monitor verbinden und in einer zentralen Verwaltungsoberfläche das gesamte Netz checken. Selbst von unterwegs kann der Benutzer sich per VPN einwählen und kurz schauen, wie der Stand ist.

Konkret für Cloud-Service-Provider steht der CloudClimate-Monitor zur Verfügung. Der PRTG-Monitor ist die Basis für das Monitoring von Amazon EC2, GoGrid CloudServern und NewServern. Die Konfiguration besteht aus einer Server-Installation (Amazon EC2) und aus zahlreichen Remote Probes für die Vermessung der Systems- und Netzwerk-Performance. Die System-Performance wird aufgeteilt auf die Vermessung der CPUs, der Speicherplatten und der Memorys. Derzeit liegen die meisten Erfahrungen mit Amazon-Cloud-Lösungen vor.

6.6 Zusammenfassung

Performance und Stabilität der Cloud-Lösung ist ausschlaggebend für das Verhältnis zwischen Providern und Kunden. In diesem Kapitel wurden die wichtigsten Metriken aufgezählt, Messpunkte vorgestellt und Messalternativen diskutiert. Die Technologie für Application Performance Management ist reif und auf anderen Gebieten bereits ausprobiert. Auch Open Source-Produkte kommen für Messungen und für die Lastzuteilung in Frage. Anpassungen sind aber erforderlich. Diese Anpassungen werden zunächst für die am meisten benutzten Cloud-Anwendungen durchgeführt.

7 Bewertungskriterien für Cloud-Dienstleister

Der Kunde trifft eine wichtige Sourcing-Entscheidung über die Inanspruchnahme von Cloud-Diensten. Bei dieser Entscheidung können Cloud-Kaufleute und Cloud-Broker behilflich sein. In jedem Fall müssen die Serviceangebote, Preise, Verrechnungsmodelle und andere Differenzierungsmaßnahmen bewertet und verglichen werden. In diesem Kapitel werden zunächst die wichtigsten Bewertungskriterien für Cloud-Service-Provider zusammengefasst. Service Level Agreements (SLA) sind für beide Parteien besonders wichtig. Die wichtigsten Merkmale, kombiniert mit praktischen Beispielen, werden in der zweiten Hälfte dieses Kapitels behandelt.

7.1 Bewertungskriterien

Im Folgenden werden einzuschließende Bewertungskriterien aufgeführt.

7.1.1 Service-Angebote

Der Dienstleiter hat einen Servicekatalog, in dem das Angebot eindeutig definiert wird. Bei SaaS und deren Untergruppen ist es etwas einfacher als bei IaaS und PaaS. Hier strebt man eine entsprechende Tiefe an; es würde nicht genügen, das Angebot als lediglich CRM- oder HR-Anwendungen zu deklarieren. Auch die Zielgruppe ist wichtig, z.B. welche Branche, welche Unternehmensgröße, welches geografisches Gebiet.

7.1.2 Einsatz virtualisierter Ressourcen

Die physikalische Realisierung der Dienste soll den Kunden bzw. deren Benutzern komplett verborgen bleiben. Benutzer sehen nur virtuelle Ressourcen. Dadurch kann der Cloud-Provider (auch der Betreiber) eine höhere Effizienz durch Optimierung seiner Infrastruktur erreichen. Die Lösung der Konsolidierung und Virtualisierung soll offengelegt werden.

7.1.3 Mandantenfähigkeit

Einzelne Ressourcen bedienen viele Benutzer. Das ist die Voraussetzung für Cloud-Provider durch bessere und ausgewogene Ressourcenauslastung, Gewinne zu erzielen. Auf der anderen Seite muss gewährleistet werden, dass sich die Mandanten gegenseitig nicht beeinflussen und die Sicherheitsvorkehrungen bezüglich der Daten und persönlichen Informationen nicht verletzt werden.

7.1.4 Service Level Agreements

Service Level Agreements (SLA) sind unbedingt erforderlich, da dadurch gegenseitige Erwartungen und Garantien schriftlich festgelegt werden. Es gibt zwar immer wieder Abweichungen und Individualisierungen, aber die Basismerkmale sind fast überall gleich. Die wichtigsten sind Verfügbarkeit, Ausfallsicherheit, Datensicherung, Eskalationswege, Benachrichtigungen, Hotline-Dienste und Maßnahmen für die Nichteinhaltung. Es wird von Cloud-Providern erwartet, mindestens drei Serviceklassen – eng gekoppelt mit den Preisen – anzubieten.

7.1.5 Benutzergesteuerte Provisionierung

In der Regel kann der Benutzer (als Option) die komplette Software und Hardware in der genutzten Cloud-Instanz konfigurieren. Dazu erhält der Benutzer (oder der Kunde) die erforderlichen administrativen Zugriffsrechte. Die juristischen Hintergründe sind komplex. Es gibt eine eindeutige Rückwirkung auf die Mandantenfähigkeit.

7.1.6 Elastizität beim Ressourcenbedarf

Kunden haben ein besonderes Interesse daran, dass sie auf starke Laständerungen flexibel und in Echtzeit reagieren können. Cloud-Service-Provider müssen klar angeben, inwieweit sie diese hohe Flexibilität – im Gegensatz zu Hosting-Diensten mit reservierten Ressourcenkapazitäten – anbieten können.

7.1.7 Ressourcenmanagement

Der Kunde möchte den Verbrauch von Cloud-Ressourcen steuern können, der Cloud-Provider möchte hingegen das Ressourcen-Management automatisieren. Von Fall zu Fall muss geprüft werden, ob hier ein Interessenkonflikt entsteht oder nicht. Auch hier sind die juristischen Hintergründe komplex. »Best Effort« und Vertrauen auf beiden Seiten genügen nicht, da kundenseitig reibungslose Geschäftsabläufe garantiert werden müssen.

7.1.8 Vertragsdauer

Mehrjährige (5 bis 7 Jahre) Outsourcing-Verträge gehören der Vergangenheit an. Sowohl die Kunden als auch die Cloud-Provider brauchen mehr Dynamik und Flexibilität. Eine zu kurze Vertragsdauer bringt allerdings Unruhe, insbesondere wenn Integration- und Anpassungsarbeiten erforderlich sind. Eine zu lange Vertragsdauer erhöht die Abhängigkeit der Kunden von den Cloud-Providern und erschwert den Austausch von Providern und die eventuelle Rückführung der Dienste in die eigene IT-Umgebung.

7.1.9 Verrechnungsmodelle

Grundsätzlich zahlt der Kunde für den Wert der Dienstleitung, entweder nutzungsabhängig nach Verbrauch oder einen Festpreis für eine gewisse Zeitdauer. Wenn nutzungsabhängig abgerechnet wird, kann der Kunde je nach seinem Geschäftsmodell den Verbrauch steuern und nach oben oder nach unten skalieren. Je exakter verrechnet wird, desto mehr Aufwand ist bei der Vermessung der Leistungen erforderlich.

7.1.10 Zertifizierungen

Immer mehr Cloud-Service-Provider werden zertifiziert. Zertifizierungen werden von unabhängigen Institutionen wahrgenommen. Derzeit werden Service-Provider auf die Vertragsinhalte, auf die Einhaltung von Service Levels und der Regeltreue (Compliance) zertifiziert. Zertifizierte Cloud-Provider haben sicherlich Vorteile bei Vertragsverhandlungen.

7.1.11 Preise (Festpreise und volumenabhängige Preise)

Je nach dem Verrechnungsmodell wird erwartet, dass Cloud-Service-Provider konkrete Zahlen nennen. Diese Zahlen sind sicherlich Differenzierungsmerkmale für die Entscheider.

7.1.12 Informierung

Cloud-Service-Provider sollen offenlegen, wo die Unternehmen sich geografisch befinden und wo Kundendaten und personenbezogene Informationen gespeichert werden. Zusätzlich müssen sie Kunden informieren, welche Datenschutzgesetze und -regeln auf dem betroffenen geografischen Gebiet gelten. Weiterhin sollen sie konkrete Informationen über Backup, Anti-Hacking, Anti-Virus und Sicherheitsmaßnahmen liefern.

7.1.13 Abhängigkeit von anderen Providern

Oft wird die Wertschöpfungskette fortgesetzt, indem Subunternehmer für spezielle Cloud-Dienste eingeschaltet werden. Alle Sicherheitsvorkehrungen müssen dann fortgesetzt und bestätigt werden.

7.1.14 Auditing

Cloud-Provider müssen ihre Prozesse und Werkzeuge für Quality Assurance und Security Assurance bekannt geben. Für Sicherheit ist z.B. der Statement of Auditing Standard (SAS) ist sehr hilfreich. Gegebenenfalls müssen die Provider ihre Bereitschaft zu einem spezifizierten Audit-Verfahren erklären. Das mag bei sehr umfangreichen Verträgen gerechtfertigt sein, aber bei sehr vielen Kunden ist es praktisch nicht durchzuführen.

7.1.15 Finanzielle Stabilität des Cloud-Providers

Unternehmen, die in Richtung Cloud-Computing denken, brauchen Stabilität und Ruhe bei der Lieferung der Dienstleistungen. Obwohl der Wechsel von Cloud-Providern oder sogar die Rückführung in die eigene IT-Umgebung möglich sein muss, ist eine Insolvenz oder Übernahme des Cloud-Providers nicht wünschenswert. Cloud-Service-Broker können in dieser Beziehung helfen, da sie sie sich auf dem Markt der Cloud Privider besser auskennen als der Durchschnittskunde.

In Kapitel 8 ist eine Bewertungstabelle als Template für die Bewertung der Cloud-Service-Provider dargestellt.

7.2 Service Level Agreements

7.2.1 Definitionen und Erklärungen

Service Level Agreements (SLA) stellen die vertragsrechtliche Konkretisierung der Dienstleistung und der Sicherheitsanforderungen dar.

Mit den Dienstleistungsverträgen wird der Gefahr begegnet, dass zwischen den Parteien Unstimmigkeiten bezüglich der Art, des Umfangs, der Beurteilung und der Bezahlung der Leistungen entstehen. Damit der Kunde (Auftraggeber) über die Qualität der Dienstleistungen aktuell und konkret informiert werden kann, sind zudem Support-Schnittstellen zum Kunden erforderlich.

Die Vereinbarungen können zwischen Serviceanbietern und Servicenehmern Teil eines gesetzlich bindenden Vertrages zwischen zwei externen Unternehmen oder zwischen zwei Abteilungen eines Unternehmens sein. Während der Abschluss von Service Level Agreements mit externen Serviceanbietern oder Dienstleistern ein normaler Bestandteil der geschäftlichen Beziehungen ist, wird dieses intern oftmals nicht mit der gleichen Selbstverständlichkeit gehandhabt. Dies kann dazu führen, dass sich der interne Serviceanbieter oder Dienstleister nicht als solcher versteht und keine zufriedenstellende Leistung erbringt.

SLAs sind mit allen relevanten Zulieferern von Dienstleistungen und Geräten in schriftlicher Form zu vereinbaren. Diese Vereinbarungen müssen den bereitgestellten Service-Level in qualitativer wie quantitativer Ausprägung festlegen und eindeutig die Verantwortlichkeiten beider Parteien definieren.

Wichtige Begriffe sind:

Quality of Service-Metriken: Sie dienen zur Quantifizierung der Güte und werden bei Service Level Agreements berücksichtigt. Bei der Wahl der QoS-Indikatoren, die bei SLAs berücksichtigt werden können, spielen folgende Kriterien eine wichtige Rolle:

▶ Wichtigkeit des Indikators für den Betrieb

▶ einfache Vermessung

▶ Lieferung von Basisdaten für das Berichtswesen

▶ Aussagefähigkeit bezüglich der Dienstleistung

▶ Wichtigkeit des Indikators für die geschäftlichen Anwendungen

Service Level Agreement: Schriftliche Festlegung der Dienstleistung und deren QoS-Indikatoren.

Service Level Management: Prozess zur Festlegung der QoS-Indikatoren, Vorbereitung und Pflege der SLAs, kontinuierliche Erfassung, Verarbeitung und Verteilung von Informationen bezüglich der QoS-Indikatoren, sowie Überwachung der Einhaltung der Bedingungen der SLAs.

Ein SLA ist nicht nur eine Liste von Dienstindikatoren, sondern wesentlich mehr. Ein SLA beinhaltet Monitoring, Berichtswesen und auch die Eskalationsschritte. Die Verantwortlichkeiten der Betroffenen müssen klar definiert werden. Für jede vereinbarte Funktion muss die verantwortliche Person bekannt sein.

Ein SLA ist eine schriftliche Vereinbarung zwischen den unterzeichnenden Instanzen. Diese Instanzen können sein:

- Cloud-Service-Provider
- Dienstleister (Betreiber)
- Kunde
- Benutzer

Das Ziel ist, ein gegenseitiges Verständnis über Dienstleistungen, Prioritäten und Verantwortlichkeiten zu vereinbaren. Ein SLA soll auch korrektive Schritte definieren, also Schritte, die zu unternehmen sind, wenn Serviceziele nicht erreicht werden. Dieser Teil soll klar festlegen, wer Probleme löst – aufgeschlüsselt nach Dienstetypen und Dringlichkeit der Lösungen. Die Konsequenzen sind meistens finanziell:

- Strafe für Nichteinhaltung
- Prämierung für überdurchschnittliche Performance

SLAs können mehrere Aspekte des Verhältnisses zwischen Service-Providern, Betreibern und Benutzern berücksichtigen. Beispiele hierfür sind:

- Qualität der Dienstleistungen
- Kundenbetreuung
- Rechnungswesen
- Implementierung von Dienstleistungen

Alle dieser Aspekte können als Unterscheidungsmerkmale zwischen Service-Providern und Betreibern benutzt werden.

7.2.2 Vorgehensweise zur Entwicklung von SLAs

Zur Entwicklung eines Service Level Agreements sind die nachfolgend dargestellten Aktivitäten erforderlich:

Entwurf der Vereinbarung: Ein für das Vertragswesen verantwortlicher Mitarbeiter informiert sich über die Funktionalität, den Anwendungszweck und die Sicherheitsanforderungen der Dienstleistung. Auf Grundlage dieser Daten werden mögliche Service-Levels erarbeitet und Ziele definiert. So unterschiedlich die spezifischen Anforderungen der Auftraggeber sind, so individuell kann jedes Service Level Agreement ausfallen.

Definition von Leistungsdaten (Metriken): Bei der Definition von Leistungsdaten sollen Werte aufgeführt werden, die nicht auslegbar, im finanziellen Rahmen erfüllbar, messbar und kontrollierbar sind.

Definition der Sicherheitsanforderungen: Für die Definition sollen die hausinternen Sicherheitsanforderungen des Auftraggebers herangezogen werden.

Abstimmung des Textentwurfs: Bevor der Vertrag dem Vertragspartner vorgelegt oder unterschrieben wird, muss er mit der Vertragsabteilung, der Rechtsabteilung und abschließend mit der Geschäftsleitung abgestimmt werden.

Unterzeichnung und Weiterentwicklung: Nach der Unterzeichnung werden die Vertragsinhalte rechtskräftig. Bei der schnellen Änderung der Kommunikationstechnologie ist es unumgänglich, Vereinbarungen für die flexible Weiterentwicklung der Vertragsgestaltung zu definieren.

7.2.3 Serviceunabhängige und serviceabhängige Metriken

Die Metriken werden hier wie folgt klassifiziert:

Verfügbarkeit für Service Access Points	Mean Time To Service Restoration
– Anwendungen	– Service Access Points
– Geräte	– Anwendungen
– Übertragungsstrecken	– Geräte
	– Übertragungsstrecken

Tabelle 7.1: Serviceunabhängige Metriken

Mean Time Between Failures – Service Access Points – Anwendungen – Geräte – Übertragungsstrecken	Mean Time To Repair – Service Access Points – Anwendungen – Geräte – Übertragungsstrecken
Mean Time of Repair – Service Access Points – Anwendungen – Geräte – Übertragungsstrecken	Verhältnis: proaktive und reaktive Fehlerentdeckung für – Service Access Points – Anwendungen – Geräte – Übertragungsstrecken
Verhältnis: präventive und reaktive Fehlerentdeckung für – Service Access Points – Anwendungen – Geräte – Übertragungsstrecken	Verhältnis: Anzahl der weitergeleiteten Probleme zur Gesamtzahl aller Probleme für – Service Access Points – Anwendungen – Geräte – Übertragungsstrecken
Einhaltung von Eskalationsprozeduren für – Service Access Points – Anwendungen – Geräte – Übertragungsstrecken	Anzahl der chronischen Probleme zur Gesamtzahl aller Probleme für – Service Access Points – Anwendungen – Geräte – Übertragungsstrecken
Help-Desk-Performance – Entgegennahme von Anrufen – Lösung von trivialen Problemen – Performance in erster, zweiten, dritter Schicht – Performance an Wochenenden – Performance an Feiertagen	Anzahl der Ausfälle für – Service Access Points – Anwendungen – Geräte – Übertragungsstrecken
Durchschnittliche Dauer der Ausfälle für – Service Access Points – Anwendungen – Geräte – Übertragungsstrecken	

Tabelle 7.1: Serviceunabhängige Metriken (Forts.)

7.2.4 Serviceabhängige Metriken

Ressourcenauslastung für – Service Access Points – Anwendungen – Geräte – Übertragungsstrecken	Mietleitungen – Bit Error Rate – Nichtverfügbare Sekunden Severely Errored Seconds Block Error Ratio
PDH-Geräte – Anzahl Probleme – Durchschnittliche Dauer der Problembehebung	SDH-Geräte – Anzahl Probleme – Durchschnittliche Dauer der Problembehebung
Frame Relay Service – Netzverzögerung Committed Information Rate (CIR) – CRC Errors – Discarded Frames – Effektiver PVC Durchsatz	ATM Service – Available Bit Rate (ABR) – Constant Bit Rate (CBR) – Unspecified Bit Rate (UBR) – Variable Bit Rate (VBR) – Netzverzögerung – Errored Cell Rate – Effektiver PVC-Durchsatz
XDSL-Dienst – Anzahl Probleme – Durchschnittliche Dauer der Problembehebung	Kabelnetz und Kabelanschluss – Anzahl Probleme – Durchschnittliche Dauer der Problembehebung
Paketvermittlungsdienst – Paketvermittlungsdienst – Durchsatzrate – Verhältnis: verworfene Pakete zur Gesamtanzahl der Pakete	IP-Dienste – Paketverzögerung in eine Richtung – Paketverzögerung in beide Richtungen – Paketverlust in eine Richtung – Paketverlust in beide Richtungen – Übertragungsdurchsatz

7.2.5 Klassifizierung von Metriken

Erhebungen von Marktforschungsfirmen zeigen, wo die Interessen der Benutzer liegen. Dementsprechend müssen sich die Diensteanbieter und Betreiber verhalten.

Einige Metriken werden noch einmal einzeln aufgelistet:

▶ Verfügbarkeit der Dienste zwischen Service Access Points (SAP)

▶ Verfügbarkeit von Netzkomponenten

▶ Verfügbarkeit von Servern

▶ Netzverzögerung

▶ Antwortzeit von Anwendungen in der Hauptverkehrsstunde und unter Spitzenlast

▶ Verfügbarkeit von Clients

▶ Serververzögerung

▶ Durchschnittliche Antwortzeit von Anwendungen

▶ Verzögerungen auf der Client-Seite

▶ Stabilität und Streuung der Anwendungsantwortzeit

▶ Prozent der Transaktionen, die innerhalb von definierten Performance-Grenzen ausgeführt werden können

Verfügbarkeit wird als Prozentsatz ausgedrückt. Sie quantifiziert die Zeit der Betriebsfähigkeit von Dienstleistungen zwischen Service Access Points. Betriebsfähigkeit bedeutet, dass die Dienstleistungen von Benutzern in Anspruch genommen werden können. Die Betriebsbedingungen werden in SLAs festgelegt.

Service Availability (%) = 100 % – UA %
UA % = (Gesamtdauer aller Ausfälle/aktive Zeit) × 100 %

Partielle Verfügbarkeit wird als Prozentsatz ausgedrückt. Sie quantifiziert die Zeit der Betriebsfähigkeit von Dienstleistungen zwischen Service Access Points. Betriebsfähigkeit bedeutet in diesem Fall, dass die Dienstleistungen von Benutzern zwar in Anspruch genommen werden können, aber die Performance abnimmt. Die Betriebsbedingungen für diesen Fall werden in SLAs festgelegt.

Mittelbare kritische Faktoren für die Messung und Berechnung der Verfügbarkeit sind:

▶ Störzettel

▶ Proaktive Tools

▷ Workforce mit Dispatch

▷ Erfahrungen und Kenntnisstand der Aufgabenträger

▷ Help-Desk-Effizienz

Die **Antwortzeit** ist einer der wichtigsten Indikatoren in Service Level Agreements. Sie kann unterschiedlich definiert werden; meistens verwendet man dafür die Dauer zwischen der Eingabe des letzten Zeichens der Anfrage und Empfang des letzten Zeichens der Antwort. Abbildung 7.1 zeigt zwei Alternativen zur Definition.

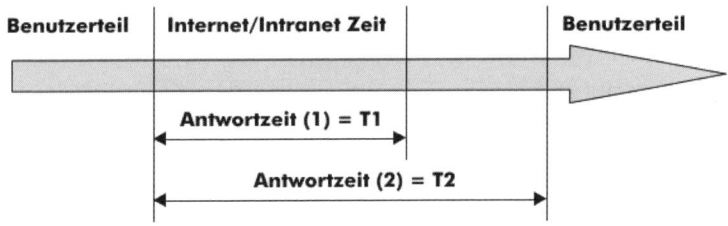

Abbildung 7.1: Definition der Antwortzeit

Die zweite Definition eignet sich besser zur Beschreibung der Arbeitszyklen von Benutzern. Der Unterschied zwischen RT1 und RT2 hängt von vielen Faktoren ab: der Durchsatzrate des Backbone-Netzes, der Durchsatzrate des Access-Netzes, Server, Anzahl von Knoten mit Datenverarbeitung, Leistung von Client-Stationen und Anwendungen.

Heute stehen die folgenden Möglichkeiten zur Vermessung der Antwortzeit zur Verfügung:

Monitoren und Analysatoren: Sie erfassen, filtern und interpretieren alle Pakete und berechnen die Antwortzeit mit großer Genauigkeit. Sie sind passiv und beeinflussen die Netzlast überhaupt nicht. Sie beobachten, wie lange ein Paket durch das Netz benötigt. Durch die genaue Analyse der Paketinhalte können auch Fehler von Anwendungen sowie ineffiziente Benutzung von Paketen entdeckt werden. Sie sind aber nicht in der Lage, die Antwortzeit bis zum Endbenutzer zu messen und auszuweisen.

Synthetische Last: Diese Tools generieren richtige Transaktionen, die die wirkliche Last nachbilden. Sie können sowohl an Servern als auch an Clients oder auch an beiden implementiert werden. Sie generieren TCP-Nachrichten oder SQL-Abfragen in Richtung Anwendungen, die auf Servern laufen. Sie messen dann die Dauer bis zur Antwort. Sie sind sehr genau und können auch die Endbenutzer-Antwortzeit erfassen und ausweisen.

Application-Agents: Sie sind in Anwendungen eingebettet und überwachen die komplette Ausführung von Transaktionen. Dadurch kennen sie alle Zeitmarken. Sie messen sowohl interne Zeiten (Server und Workstation) als auch Netzverzögerungen. Die Verarbeitung braucht eine gute Korrelation von mehreren Messungen, damit die Antwortzeit für die Endbenutzerebene ausgewiesen werden kann.

Benutzung von ARM MIBs: Application Response Measurement (ARM) definiert Application Programming Interfaces (API), die benutzt werden können, um spezielle Agents zu programmieren. Diese Agents können dann mehrere Metriken überwachen, u.a. auch die Antwortzeit. Diese MIBs bieten die vollständige Überwachung von Anwendungen an. Aber sie verlangen Modifikationen in den Anwendungen, die von Benutzern nicht gern gemacht werden.

Abbildung 7.2 zeigt die Stellen, wo diese Tools und Agents implementiert werden können.

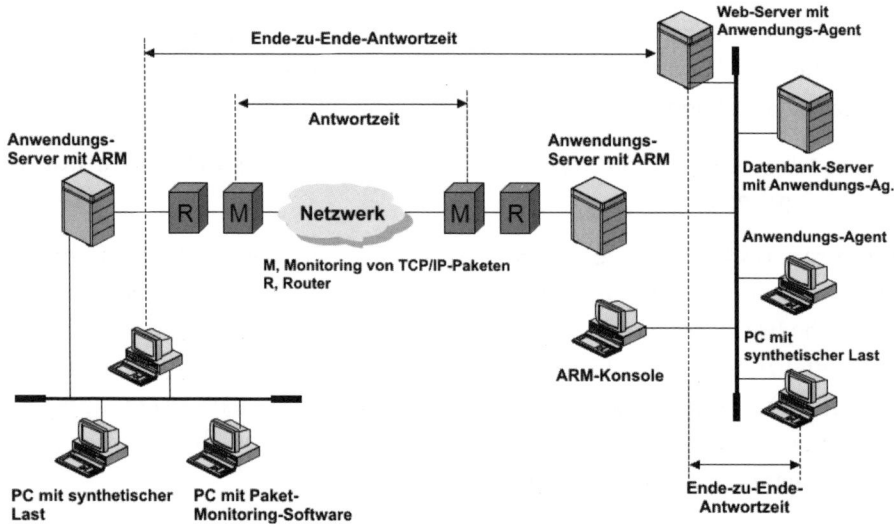

Abbildung 7.2: Implementierung von Tools und Agents zur Antwortzeitmessung

7.2.6 Der SLM-Prozess

Abbildung 7.3 zeigt eine Übersicht der wichtigsten Aktivitäten im Service Level Management-Prozess.

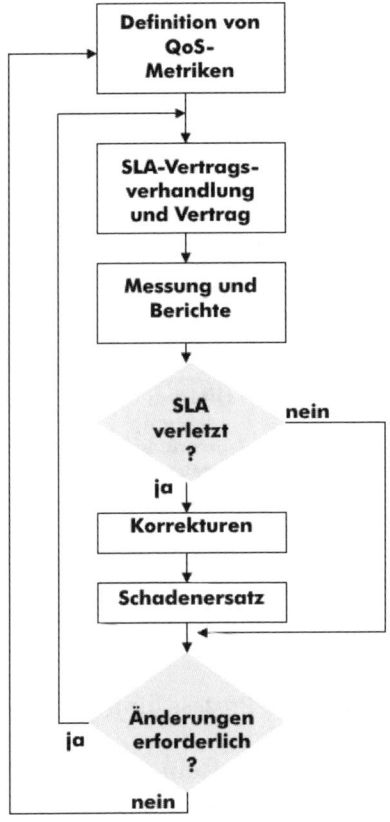

Abbildung 7.3: Prozess für das Service Level Management

Abbildung 7.4 zeigt den detaillierten Prozess für Service Level Management, einschließlich Tabellen für die Zwischenspeicherung von Daten.

SLM erfordert, dass mehrere QoS-Indikatoren kontinuierlich überwacht und vermessen werden. Je nach den Vereinbarungen mit Benutzern werden Berichte generiert und verteilt bzw. Informationen bereitgestellt. Datenquellen für SLM schließen ein:

▶ Störzettel

▶ Alarms (SNMP-Traps oder Alarme aus anderen Quellen)

▷ Logs

▷ Performance-Indikatoren, die durch unterschiedliche Tools vermessen werden

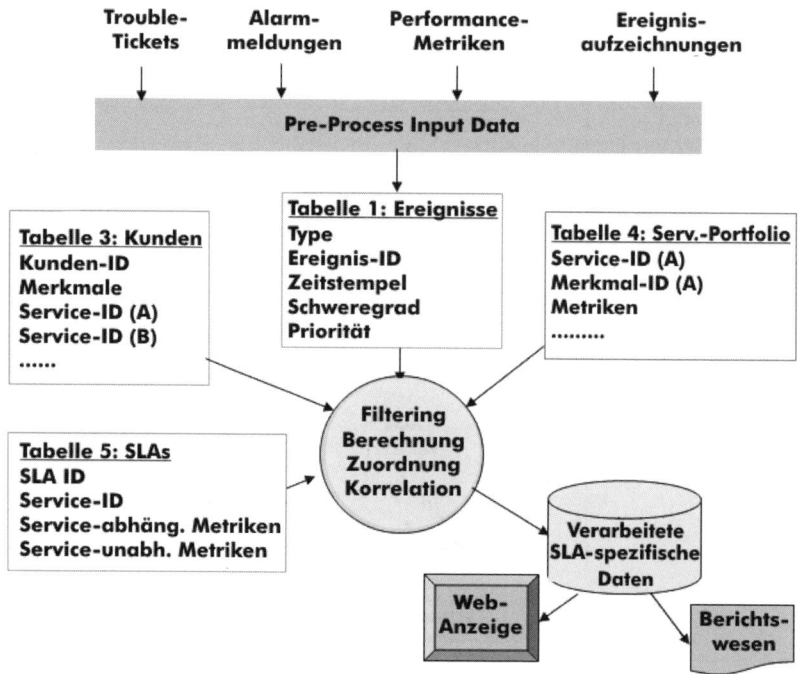

Abbildung 7.4: Detaillierter Prozess für Service Level Management

Erfasste Daten werden zunächst auf einen gemeinsamen Nenner gebracht (Abbildung 7.4). Hier werden keine komplizierten Verarbeitungen erwartet. Die Ausgabe ist eine Tabelle mit einer Reihe von Ereignissen, die dann später zur SLA-Überwachung verwendet werden.

Tabelle 1 (im Bild) ist die Basis für die Initialisierung von Eskalationsschritten. Zuerst müssen aber die Probleme klassifiziert werden (Tabelle 2 im Bild). Es gibt drei Klassen: Kritische Probleme, Hauptfehler, Nebenfehler.

Für jede Problemklasse müssen die Eskalationsschritte im Voraus ausgearbeitet und vorbereitet werden. Diese Vorbereitungsarbeit umfasst u.a:

Definition des Notfalls: Ein Notfall ist dann vorhanden, wenn kritische Probleme auftreten oder wenn mehrere Probleme in einer gewissen Kombination auftreten. Im zweiten Fall müssen nicht unbedingt alle Probleme kritisch sein.

Festlegung von Eskalationsebenen: Die Anzahl der Ebenen hängt von der Konstellation der teilnehmenden Service-Provider und Dienstleister ab. Für gewöhnlich werden zwei Ebenen für den Benutzer (Auftraggeber) und eine Ebene für jeden Service-Provider und Dienstleister vorgesehen.

Identifizierung von Personen: Für jede Ebene werden Personen genannt; auch Standort und Kommunikationsnummer werden angegeben.

Beschreibung der Prozesse: Jedes Problem triggert spezifische Eskalationsschritte, die manuelle und automatische Aufgaben beinhalten können. Auch der Zeitrahmen wird für jeden Schritt genau angegeben.

In einer anderen Tabelle (Tabelle 3 im Bild) werden die von jedem Benutzer in Anspruch genommenen Dienstleistungen aufgelistet. Die einzelnen Dienstleistungen werden in einer weiteren Tabelle (Tabelle 4 im Bild) mit den erforderlichen Indikatoren gepflegt.

Die konkreten SLAs, die soweit wie möglich standardisiert sind, werden in einer getrennten Datenbasis gepflegt. Das Interesse der Service-Provider und Benutzer ist darauf ausgerichtet, die Anzahl der unterschiedlichen SLAs auf ein Minimum zu reduzieren. Wenn Berichte generiert werden, wird diese Datenbank (Tabelle 5 im Bild) sowohl für periodische wie auch für Ad-hoc-Berichte verwendet.

7.2.7 Praktische Beispiele

Der Aufbau und die Inhalte der Service Level Agreements sollen zur Erleichterung der Nachvollziehbarkeit der Vertragsvereinbarungen einer festen Struktur folgen. Folgende Bestandteile sind zu empfehlen:

Vertragspartner: Sämtliche Vertragspartner müssen aufgeführt werden, insbesondere wenn mehrere Service-Provider und Betreiber in Frage kommen. Jede als Vertragspartner definierte Partei muss den Vertrag unterschreiben. Alle Beteiligten müssen dokumentiert werden, insbesondere in den Fällen,

7

wo in einem Vertrag mehrere Service-Provider, Dienstleister und Benutzer beteiligt sind.

Laufzeit: Übliche Laufzeiten für Service Level Agreements sind drei bis fünf Jahre. Die Laufzeit soll nach detaillierten Verhandlungen festgelegt werden.

Dienstleistungen: Alle Dienstleistungen, die der Serviceanbieter oder der Dienstleister zu erbringen haben, sind detailliert beschrieben, weshalb ein Pflichtenheft empfohlen wird. Die Beschreibungen sollen auch eine Quantifizierung der Dienstleistungen und Metriken zur Messung der Leistung beinhalten. Weitere Vertragsbestandteile sind Regelungen für Notfallsituationen, Definitionen der Reaktionszeit in Störfällen und Eskalationsprozeduren zur Information der relevanten Ansprechpartner auf beiden Seiten.

Optionale Dienstleistungen: Auch alle optionalen Dienstleistungen sollen identifiziert werden, die der Service-Provider bei Bedarf zur Verfügung stellen kann.

Definition der Ausfälle: Exakte Definition der Ausfälle, die die Erfüllung der Service Level Agreements nicht beeinträchtigen.

Serviceangebot Es muss definiert werden, wann der Service zur Verfügung steht, für welche Funktionen und für welche Standorte.

Metrics: Konkretisierung der serviceabhängigen und -unabhängigen Metriken

Verantwortlichkeiten der Auftraggeber: Schriftliche Bestätigung, dass der Auftraggeber den Service-Provider oder Dienstleister in seine Räumlichkeiten lässt und dass er bei der Fehlerentdeckung und bei der Entstörung behilflich ist.

Berichtswesen und Überprüfung: Über erbrachte Dienstleistungen und Abweichungen muss ein Berichtswesen geführt werden. Es muss vereinbart werden, in welchen Abständen und in welchem Detaillierungsgrad der Serviceanbieter oder der Dienstleister zu berichten hat.

Vertragsänderungen: Es sollte eine Regelung getroffen werden, wie Änderungen des Vertrages zu handhaben sind, in welchen Fällen ein neuer Vertrag geschlossen werden muss und wann eine Eintragung in den bestehenden

Vertrag als ausreichend angesehen werden kann. Auch die berechtigten Personen werden schriftlich festgelegt.

Ergänzungen und Verfeinerungen: Fortschritte in der Technologie können bewirken, dass Service Level Agreements neu definiert werden müssen. Insbesondere können sich Erwartungen bezüglich der Performance ändern, wenn modernere Geräte und/oder neuere Übertragungstechniken installiert werden.

Verwaltung von Änderungen: Die Benutzerorganisation kann sich ändern, z.B. Fusionen, Ausgliederungen, Akquisitionen, wodurch sich auch die geschätzten und vereinbarten Lastprofile ändern. Auch die Einführung von neuen Anwendungen können die Lastverteilung und als Ergebnis die Performance ändern. Alle diesbezüglichen Änderungen müssen genau dokumentiert werden. Diese Dokumentation dient als Verhandlungsgrundlage.

7

Schadenersatz: Es muss definiert werden, welche Leistungen der Serviceanbieter oder der Dienstleister zu erbringen hat, wenn er die Vertragsleistungen nicht erbringt. Eine Möglichkeit ist die prozentuelle Minderung der laufenden Zahlungen.

Vereinbarung an Messtools: Festlegung, welche Tools und Techniken durch die Vertragspartner benutzt werden.

Eskalationsprozeduren: Genaue Festlegung der Aufgaben, Personen, Prioritäten und zeitliche Grenzen für Eskalationsfälle.

Kommunikation: Wahl der Kommunikationsmethode zwischen Vertragspartnern wie Telefon, Telefax, Brief, E-Mail, SMS oder eine Kombination von allen.

Zahlungsmodalitäten: Die Art der Bezahlung wird im Vertrag festgehalten. Unterschieden wird in der Regel zwischen der Begleichung einer monatlichen Pauschale oder der Zahlung pro erbrachter Dienstleistung.

Dabei müssen folgende Faktoren beachtet werden:

▷ Die Leistungen der Vereinbarung müssen erfüllbar sein.

▷ Die Maßstäbe des definierten Quality of Service müssen von beiden Seiten akzeptiert werden.

▷ Der erwartete Leistungsgrad muss quantitativ messbar sein. Wenn eine Leistung nicht gemessen werden kann, darf diese kein Bestandteil des Service Level Agreements sein.

7.2.8 Klassifizierung von SLAs

Es gibt grundsätzlich zwei Alternativen für Service Level Agreements aus dem Blickwinkel des Service-Providers und Betreibers.

Individuelle SLAs

Große und finanzstarke Benutzer können mit ihren Dienstleistern und Service-Providern individuelle SLAs aushandeln. Sie haben wahrscheinlich mit ihren internen Anwendern andere SLAs abgeschlossen und möchten, dass die unterschiedlichen SLAs doch irgendwie ähnlich aufgebaut werden. Es ist verständlich, aber erschwert die Administration, da viele und unterschiedliche SLAs verwaltet werden müssen. Der Service-Provider muss ja nach der Vereinbarung unterschiedlich reagieren. Vertragsmanagement und Echtzeitzugriff auf Verträge ist außerordentlich wichtig.

Standardisierte SLAs

Kleinere und mittlere Benutzer können kaum auf individuelle SLAs hoffen. Der Service-Provider wird wahrscheinlich den Standardvertrag durchsetzen. In diesem Fall muss aber jeder Indikator genau definiert werden, da sie in unterschiedlichen Umgebungen gedeutet und interpretiert werden. Auch in diesem Fall sind Vertragsmanagement und Echtzeitzugriff auf Verträge wichtig. Es ist anzustreben, dass viele Benutzer die Indikatoren identisch interpretieren und dass identische oder wenigstens ähnlich SLA-Tools eingesetzt werden können.

Zusammengefasst: SLAs sind entweder allgemeingültig, robust und einfach oder spezifisch, flexibel und komplex.

Es gibt mehrere Dimensionen von Service Level Agreements. Zur Zertifizierung von SLAs von Cloud-Service-Providern werden entweder horizontale oder vertikale SLAs angeboten. Die beiden Achsen der Dimensionen sind:

Y-Achse: Service-Lebenszyklen werden repräsentiert.

▷ Ressourcenauslastung (einschließlich Billing)

▷ Service Assurance

▷ Service Fulfillment

X-Achse: Cloud Service Portfolios werden repräsentiert.

▷ IaaS, PaaS, SaaS, MaaS, CaaS, DaaS, BaaS

Abbildung 7.5 zeigt diese Dimensionen.

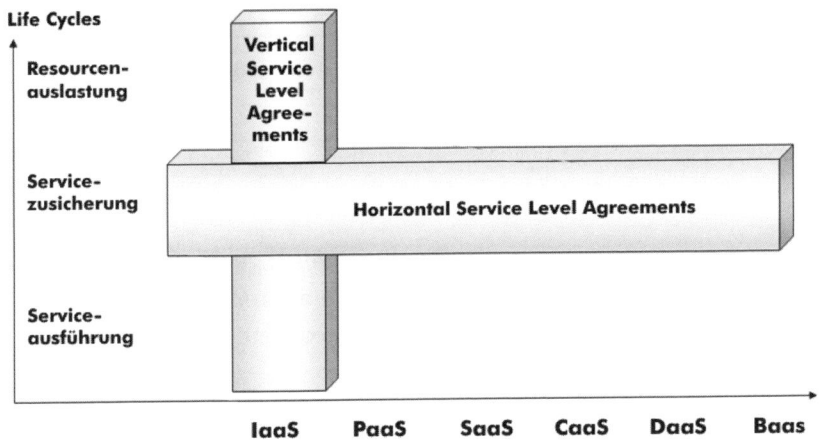

Abbildung 7.5: Horizontale und vertikale Dimensionen eines SLA

7.3 Vertikale Erweiterung von SLAs

Vertikale SLAs werden für einzelne Dienste, aber meistens für alle Lebenszyklen abgeschlossen. Dadurch werden automatisch mehrere Metriken benutzt. Zu den typischen Metriken wie Verfügbarkeit, Verweilzeiten und Fehlerraten kommen neue hinzu wie z.B. Bereitstellungsdauer von Diensten, Security-Metriken und Verrechnungsparameter.

7.3.1 Zeitliche Festlegung der SLA-Gültigkeit

Abbildung 7.6 zeigt ein Beispiel für die zeitliche Gültigkeit von SLAs. Ausfälle außerhalb der vereinbarten Zeiten beeinträchtigen nicht die vereinbarte Serviceverfügbarkeiten.

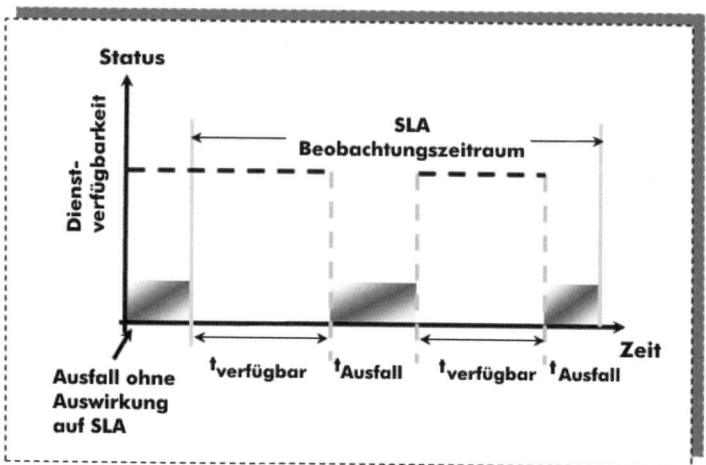

Abbildung 7.6: Zeitliche Dimension der Serviceverfügbarkeit

Abbildung 7.7 zeigt, wie man die Standorte festlegen muss, für welche die Serviceverfügbarkeit vereinbart wird. Ausfälle an anderen Standorten beeinträchtigen nicht die vereinbarte Serviceverfügbarkeit.

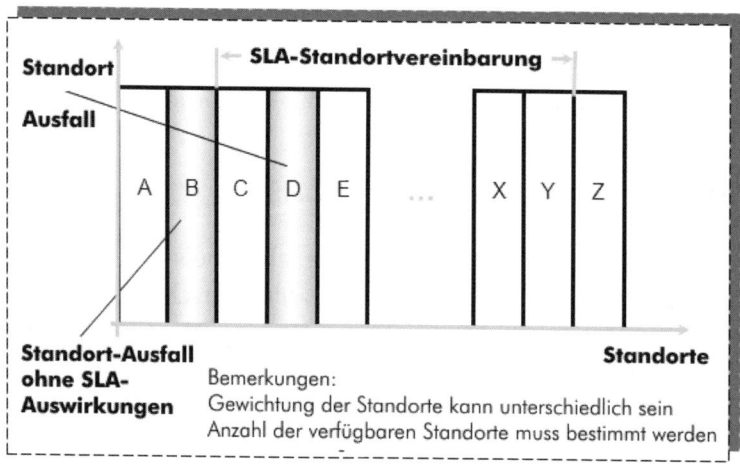

Abbildung 7.7: Standortdimension der Serviceverfügbarkeit

Abbildung 7.8 zeigt, wie man alle Funktionen spezifizieren muss, die Bestandteil eines SLAs sind. Andere Funktionen beeinträchtigen nicht die Serviceverfügbarkeit.

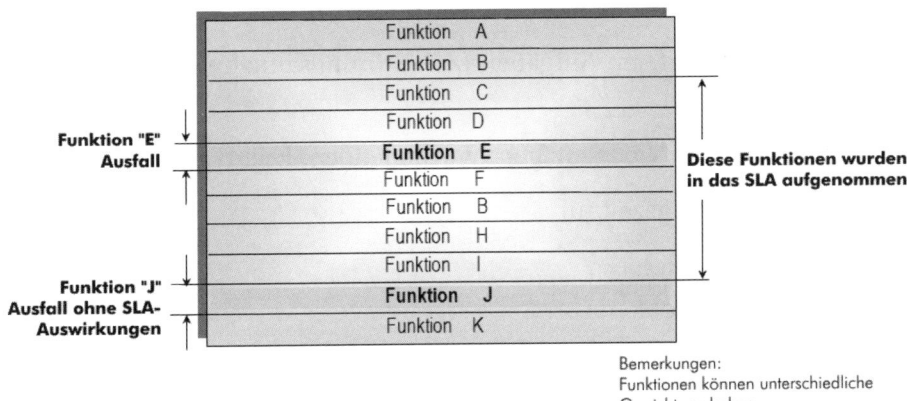

Abbildung 7.8: Funktionendimension der Serviceverfügbarkeit

7.3.2 Beispiel für eine allgemeine Servicevereinbarung

Der Vertrag wird zwischen A (Auftraggeber) und B (Auftragnehmer) abgeschlossen.

Allgemeine Angaben

▷ Ort und Datum

▷ Ziele des Service Level Agreement

▷ Laufzeit des Service Level Agreement

▷ Prioritäten im Service Level Agreement

▷ Standorte

▷ Organisationseinheiten

▷ Anwendungen

▷ Dienstzeiten zur Erbringung der Dienstleistung (7 x 24 x 365)

Exakte Definition der Ausfälle, die die Erfüllung der Dienstleistung nicht beeinträchtigen:

▷ Wetter, Sabotage, Verbrechen

▷ Vorbeugende Instandhaltung

Help-Desk-Dienste

Definition der erwarteten Aufgaben (z.B. Störungsannahme, Diagnose, Auskunft, Weiterleitung).

Dienstleistungen an Wochentagen, Wochenenden, Feiertagen

Erwartete Entstörungszeit für

- Zentrale Probleme
- Dezentrale Probleme
- Geräteprobleme (aufgestellt am Standort des Kunden)

Verantwortlichkeiten des Auftraggebers

- Sicherung des Zuganges
- Hilfe bei der Entstörung

Metriken

Übernahme von Service Assurance und Klassifizierung nach mindestens drei Kriterien

▶ Wichtigkeit

▶ Messbarkeit

▶ Beeinträchtigte Dienstleistungen

Eskalationsprozesse

▶ Klassifizierung von Problemen

▶ Festlegung der Gewichtung

▶ Definition des Begriffs: Notfall

▶ Festlegung der Eskalationsebenen

▶ Angabe der Personen

▶ Beschreibung des Prozesses (automatische und manuelle Schritte)

Vereinbarung über einzusetzende Messtools

▶ Festlegung der Messmethode (kontinuierliche Messungen oder Stichproben)

▷ Festlegung der Zielgenauigkeit

▷ Auswahl der Tools

▷ Berücksichtigung zusätzlicher Ausgaben für Sondermessungen

Berichtswesen

▷ Liste der periodischen Berichte

▷ Liste der Quasi-Echtzeitberichte

▷ Webzugriff zu Informationen

Finanzielle Vereinbarungen

▷ Preis für die Dienstleistung

▷ Regelung für die Nichteinhaltung der Vereinbarungen und Schadensersatzansprüche

▷ Zahlungsmodi

▷ Regelungen für verspätete Zahlungen

Autorisierung und Verantwortlichkeiten

▷ Wer ist unterschriftsberechtigt?

▷ Wer hat den Vertrag verfasst?

▷ Wer ist berechtigt zu modifizieren?

Änderungsmanagement

▷ Kommunikationswege zwischen den Parteien

▷ Telefon, Telefax

▷ E-Mail

▷ Briefform

7.3.3 Rolle von SLAs für Settlements zwischen Cloud-Service-Providern

Heutige Schwierigkeiten

Nur wenn der Kunde die erbrachte Leistung selbst nachvollziehen kann, wird sein Vertrauen in die Wahl seines Cloud-Service-Providers bestätigt. Das gilt auch für Service-Provider selbst, wenn sie miteinander Geschäfte abwickeln. Verlorene Mandanten können andererseits nur schwer monetär erfasst werden, die tatsächlichen und negativen Auswirkungen solcher Mandantenverluste auf zukünftige Geschäftsentwicklung dürften leicht nachvollziehbar sein.

Die derzeitigen Schwierigkeiten können wie folgt zusammengefasst werden:

▶ Es gibt immer noch viele Diskussionen über die Definition der Verfügbarkeit. Wenn die Zeiträume lang genug gewählt werden, können die Durchschnittswerte ohne Weiteres eingehalten werden. Wenn ein kritischer Tag vorkommt, wo viele Benutzer durch Ausfälle betroffen werden, wird das SLA insgesamt gesehen immer noch eingehalten.

▶ Komplexe SLAs erfordern sehr zeitaufwendige Verhandlungen zwischen Technikern und Anwälten. SLAs müssen kurz und bündig sein. Am besten benutzt man vorgefertigte Verträge mit Ausnahme von sehr komplizierten Fällen, wo eine individuelle Verhandlung erforderlich ist. Beim Settlement ist dies der Fall.

▶ Garantierte Service-Levels über mehrere Cloud-Service-Provider können nur sehr schwierig realisiert werden. Ende-zu-Ende-SLAs, die eine sogenannte Versorgungskette repräsentieren, wären die ideale Lösung. Aber sie können nur sehr schwierig verhandelt werden, insbesondere in Europa, wo praktisch in jedem Land unterschiedliche Gesetze gelten.

▶ SLAs von Cloud-Service-Providern müssen mit den gültigen SLAs der Mandanten in Einklang gebracht werden. Die internen SLAs der Mandanten wurden mit den eigenen Benutzern abgeschlossen.

Hilfe von SLAs bei Settlements

SLAs können ein faires und gegenseitig akzeptierbares Settlement – vor allem mit konkreten Messdaten – sehr gut unterstützen. Settlements sind geschäftliche Vereinbarungen zwischen Cloud-Service-Providern, die denselben Mandanten mit ihren Dienstleistungen unterstützen.

Der mit den Mandanten generierte Umsatz muss nach geschäftlichen Regeln aufgeteilt werden. Die Kriterien hierfür sind:

▶ Genauigkeit: Settlements sollen auf konkret gemessenen Mengen basieren und eine sinnvolle Detailliertheit aufweisen.

▶ Einfachheit: Settlements sollen einfach verständlich und sehr leicht implementierbar sein. Das spricht für die Benutzung von einfachen Metriken.

▶ Periodizität: Die Periodizität, für die die Settlements vereinbart werden, sollte in einem sinnvollen Verhältnis stehen. Erfahrungswerte liegen zwischen einer Woche und bis zu drei Monaten.

Da sich das erste und zweite Kriterium widersprechen, sind Kompromisslösungen gefragt.

SLAs werden im Interesse der Mandanten vereinbart. Mandanten fordern durchgehende SLAs (End-to-End), wodurch mehrere Service-Provider eingeschlossen werden. Die Multi-Provider-Modelle werden in anderen Arbeitspaketen behandelt. Auch hier gilt grundsätzlich:

▶ Bilaterale SLAs zwischen Mandant und Cloud-Service-Providern: Hier werden die SLAs kaum benutzt, da sie individuell abgeschlossen worden sind. Settlements werden zwar getroffen, aber der Einfluss von SLAs ist minimal.

▶ Mandant und ein leitender Cloud-Service-Provider schließen ein SLA ab: Es gibt weitere SLAs zwischen dem leitenden Service-Provider und weiteren Service-Providern (als Unterauftragnehmer). Hier haben die SLAs einen großen Einfluss auf Settlements, da sie hierarchisch aufgebaut werden. Eine SLA-Verletzung kann eine Kettenreaktion nach oben auslösen.

In SLAs vereinbarte Metriken können als Basis für die Verrechnung zwischen Cloud-Service-Providern dienen. Diese Metriken sind:

▶ Durchsatz: Übertragene Bytes, Nachrichten, Transaktionen in beide Richtungen

▶ Störungsstatistiken, die die Verfügbarkeit bestimmen

▶ Performance-Metriken, die die Servicegüte bestimmen

▶ Security-Metriken, die die Sicherheit in Netzsegmenten der Service-Provider bestimmen

Die Überwachung von SLAs geschieht mithilfe von Messungen, die durch standardisierte und zertifizierte Tools ausgeführt werden. Sie ermitteln Durchsätze, Fehlerraten, Antwortzeiten, Verzögerungen und eventuell auch Security-Verletzungen. Wenn dieselben Metriken zu Settlements zwischen

7

Cloud-Service-Providern verwendet werden, spart man an zusätzlichen Erfassungstools und an der Generierung von zusätzlichen Berichten.

Settlements zwischen Service-Providern funktionieren wie folgt:

- Erfassung der Verkehrsmengen am Peering-Point (Übergabepunkt) zwischen Cloud-Service-Providern in beide Richtungen.

- Die generierten Verrechnungssätze, die aus den Verkehrsmessungen abgeleitet werden, werden gegenüber dem Partner ausgewiesen und in Form einer Rechnung präsentiert.

- Da die präsentierten Rechnungen von beiden Seiten kommen, werden sie gegenseitig quantifiziert, und es wird nur der Unterschied der Rechnungsbeträge weiter verfolgt und beglichen. Für diese Angelegenheit ist Electronic Bill Presentation and Payment (EBPP) ideal.

- Wenn andere Metriken aus den SLAs Ausnahmeregelungen erfordern, werden sie beim Settlement berücksichtigt. Durch Nichteinhaltung der eigenen Vereinbarungen werden finanzielle Konsequenzen gezogen.

Um Vorgänge besser zu unterstützen, werden webbasierte Dienste angeboten und implementiert. Im Rahmen von EBPP wird empfohlen, Zugriffe auf präsentierbare Views, Ergebnisse und Zwischenergebnisse vorzubereiten und zu implementieren.

Zusammengefasst kann festgestellt werden:

- SLAs objektivieren die Settlements zwischen Service-Providern.

- SLAs bieten gewisse Grunddaten an, die bei Settlements übernommen werden können.

- SLAs bieten auch Ausnahmefälle im Rahmen des SLA-Managements an, die einen Einfluss auf Settlements haben.

- Eine Verknüpfung ist wichtig und muss bei der Zertifizierung von SLAs beachtet werden.

Diesbezüglich gibt es wenige Beispiele, da Cloud-Service-Provider die Settlement-Regeln nicht veröffentlichen. Ein Overseer (eine Person oder Instanz, die von beiden Seiten einstimmig gewählt wird) wird aber Einsichtsrechte erhalten – als Bestandteil der Zertifizierung der Cloud-Service-Provider.

Aufgaben des Overseers

Zusätzlich zu den bekannten Aufgaben für den Overseer kommt aus dem Bereich der SLA-Zertifizierung noch Folgendes dazu:

▶ Festlegung der Vertragsmuster für Service Level Agreements: Der Overseer prüft den Mustervertrag und führt eventuelle Änderungen durch. Der Overseer legt fest, welche Punkte für die Zertifizierung obligatorisch sind.

▶ Festlegung des zugelassenen Service Level Management-Prozesses: Der Overseer prüft den empfohlenen SLM-Prozess (oder die SLM-Prozesse) und führt eventuelle Änderungen durch. Der Overseer legt fest, welche Abweichungen vom Kernprozess zulässig sind.

▶ Festlegung der aktiven und passiven Messpunkte: Der Overseer prüft den Vorschlag für die aktiven und passiven Messpunkte auf Basis der Netzlandschaft, der vorhandenen und geplanten Messtools und der Fähigkeiten und Fertigkeiten der weltweit verfügbaren Aufgabenträger.

▶ Festlegung der Administrationsgrenzen, wenn mehrere Cloud-Service-Provider in Frage kommen: Der Overseer prüft die Peering-Alternativen zwischen mehreren Cloud-Service-Providern und die Administrationsgrenzen auf Grundlage der Konfiguration des Peering-Points, vorhandenen und geplanten Management-Tools und der Fähigkeiten und Fertigkeiten der weltweit verfügbaren Aufgabenträger.

▶ Begutachtung der zusätzlichen Zertifizierungskriterien für die Lieferanten von QoS und SLA-Tools: Der Overseer prüft alle Zertifizierungskriterien und führt eventuelle Änderungen durch.

▶ Zertifizierung von Lieferanten: Der Overseer zertifiziert die Lieferanten der Management-, Administrations- und Messtools auf Grundlage ihrer technologischen Fähigkeiten und deren finanzieller Stabilität.

▶ Begutachtung der Ergebnisse der Vereinheitlichung der Serviceklassen: Der Overseer bewertet alle Vorschläge, die zur Vereinheitlichung der Serviceklassen von Cloud-Service-Providern eingerichtet worden sind. Anhand der Ergebnisse wird der Overseer die Cloud-Service-Provider zertifizieren. Im negativen Fall kann ein bereits erteiltes Zertifikat widerrufen werden.

▶ Schlichtung bei Settlement-Problemen: Der Overseer übt seine Schlichterrolle aus, wenn sich Cloud-Service-Provider, die denselben Kunden beliefern, nicht einigen können. Der Overseer trifft seine Entscheidung auf Basis der Verrechnungssätze, die im oder um den Peering-Point erfasst werden.

▶ Festlegung der Strafen, falls erforderlich: Der Overseer legt die Höhe der Strafe (Schadensersatz) fest, in dem Alternativen aus dem gültigen SLA bewertet werden. Der Overseer wiegt ab, welche Maßnahmen die Interessen beider Parteien am besten vertreten.

▶ Schlichtung bei SLA-Problemen: Der Overseer übt seine Schlichterrolle aus, wenn sich Mandant und der bzw. die Cloud-Service-Provider nicht über SLA-Probleme einigen können. Der Overseer entscheidet auf Basis von Messdaten, die von den Beteiligten bereitgestellt werden.

▶ Klärung der gegenseitigen Zugriffsrechte auf Messdaten: Der Overseer legt fest, wer und wie (lesend/schreibend) auf Messdaten zugreifen darf. Diese Rechte können auch als Option in die SLAs aufgenommen werden.

7.4 Zusammenfassung

Die wohl größte Herausforderung für Unternehmen beim Cloud-Computing besteht darin, den geeigneten Cloud-Service-Provider zu finden. Sie müssen sich hierzu intensiv mit den von ihm angebotenen Services und seiner tatsächlichen Leistungsfähigkeit befassen. Kann er zum Beispiel individuelle Bedürfnisse bedienen? Wie gut kennt er sich mit branchenspezifischen Anforderungen aus? Große Cloud-Service-Provider erbringen identische Leistungen für eine Vielzahl von Kunden. Durch die sich daraus ergebenden Skaleneffekte können sie Technologien einsetzen, die für ein einzelnes Unternehmen kaum erschwinglich wären. Es müsste darüber hinaus Personal mit den richtigen Fachkenntnissen vorhalten und das Wissen der Mitarbeiter regelmäßig in Schulungen aktualisieren. Über den Provider kaufen Kunden das Fach- und Branchen-Know-how gleich mit ein. Das macht sich insbesondere bei der Sicherheit schnell bezahlt. Die Angreifer kennen sich mit den neuesten Werkzeugen meist perfekt aus. Hier mitzuhalten erfordert einen beträchtlichen finanziellen und personellen Aufwand.

Die Wahl der Cloud-Service-Provider ist eine wichtige Entscheidung für die Kunden, die Cloud-Services in Anspruch nehmen wollen. Die Entscheidung hängt von vielen Faktoren ab. Die Anzahl der Serviceangebote nimmt ständig zu. Auch die Komplexität, insbesondere wenn gebündelte Dienste – eine Kombination von IaaS, PaaS und SaaS – angeboten werden. In diesem Kapitel wurden zunächst die wichtigsten Bewertungskriterien zusammengestellt. Kunden haben dann die Aufgabe, die konkret in Frage kommenden Kriterien zu wählen und zu gewichten. Danach folgt die Bewertung; Kapitel 8 gibt dafür einige konkrete Beispiele. Im zweiten Teil wurden wichtige Aspekte eines SLA erörtert. Nicht nur die wichtigsten Metriken, sondern auch vertragliche Einzelheiten wurden diskutiert. Die Template-Beispiele helfen, schneller einen wirksamen Vertrag zu entwerfen und zu verabschieden.

7

8 Typische Profile von Dienstleistern

Bereits seit Jahren sind Computerarchitekturen im Einsatz, die Gemeinsamkeiten zu denen des heutigen »Cloud-Computing« aufweisen, wie z.B. die Client-Server-Technologie

»X-as-a-Service« – das neue Paradigma beinhaltet bedarfsorientierte Skalierbarkeit, Flexibilität, nutzungsorientierte Abrechnungsmodelle und optimierte Investitionskosten Diese Merkmale haben heute zweifelsohne Auswirkungen auf IT-Umgebungen. Dieses neue Anforderungsprofil und die entsprechenden Informationstechnologien führten zur Entwicklung eines Konzepts, das allgemein mit dem vagen Begriff »Cloud-Computing« umschrieben wird. Mit dem Cloud-Computing steht eine ständig verfügbare und geografisch unabhängige Plattform für das Angebot an Rechenleistung zur Verfügung, die für unterschiedliche Anwendungen genutzt werden kann. Abbildung 8.1 zeigt ein Schichtenmodell, in dem auch die Serviceangebote eingezeichnet sind.

8

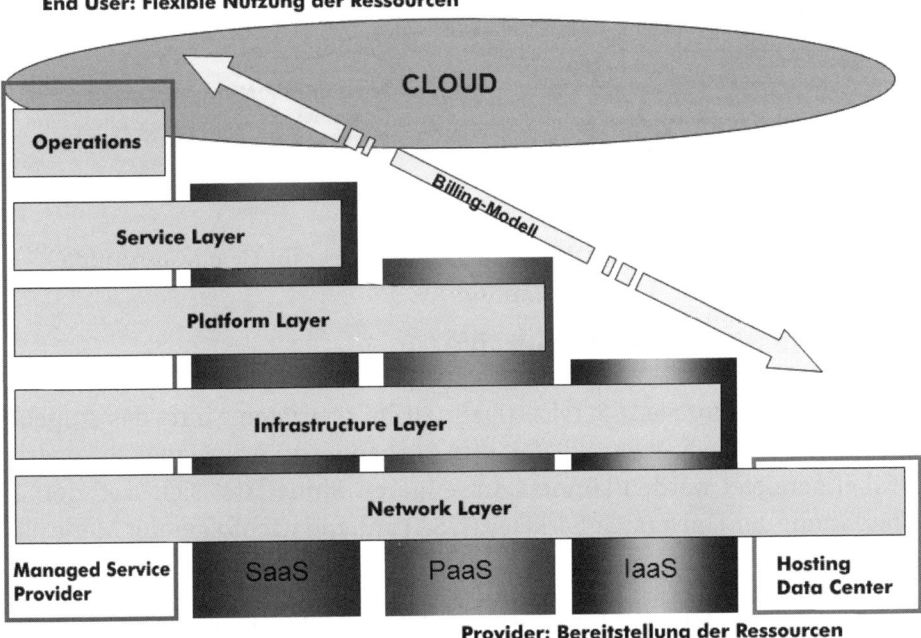

Abbildung 8.1: Übersicht der Cloud-Leistungen

Die Bandbreite angebotener Dienstleistungen des Cloud-Computings reicht vom Angebot einer Infrastruktur (Infrastructure-as-a-Service) bzw. Plattformen (Platform-as-a-Service) bis hin zur Bereitstellung vollwertiger Applikationen (Software-as-a-Service).

In diesem Kapitel werden mehrere Cloud-Service-Provider identifiziert, von denen manche etwas ausführlicher analysiert werden. Abbildung 8.2 zeigt die sechs Domänen, die einzeln beschrieben werden.

8

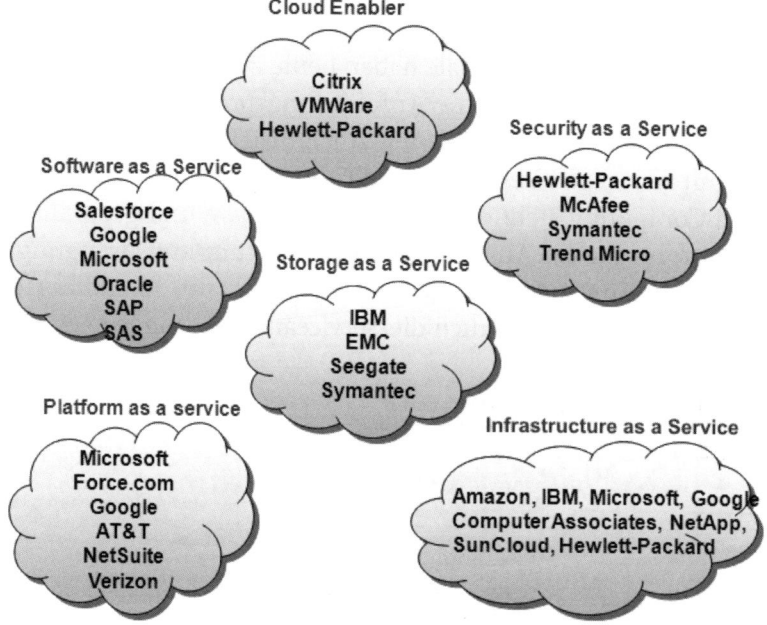

Abbildung 8.2: Übersicht der wichtigsten Anbieter für Cloud-Computing

8.1 Infrastructure-as-a-Service

Unter Infrastructure-as-a-Service (IaaS) ist im weitesten Sinne das Angebot von Speicherplatz, Netzkapazitäten und Rechenleistung zu verstehen, welche flexibel gemietet werden können. Im engeren Sinne lässt sich IaaS gemäß einer Studie der Universität Berkeley (USA) anhand nachfolgender Merkmale charakterisieren:

▶ Grenzenlose Hardwareressourcen, die dem Cloud-Benutzer jederzeit zur Verfügung stehen.

▶ Anwenderorientierung: erlaubt es dem Cloud-Benutzer, genau dann Hard-wareressourcen zu mieten, wenn das Wachstum seines Unternehmens es verlangt.

▶ Effektive Abrechnung der gemieteten Hardwareressourcen, z.B. stunden-weise Abrechnung der Prozessorleistung bzw. tageweise Abrechnung der Speicherplatznutzung.

Der IaaS-Provider stellt Hardwareressourcen in Form einer Dienstleistung über die Public Cloud, also über das Internet zur Verfügung. Die Techniken der Servervirtualisierung, die in den Data-Centern der IaaS-Provider genutzt werden, ermöglichen die verbesserte Ausnutzung vorhandener Rechenkapa-zitäten, um so individuell auf die Bedürfnisse des IaaS-Users zu reagieren.

Die Grundidee von Infrastructure-as-a-Service ist nicht neu. In früheren Zei-ten war es der Mainframecomputer im Rechenzentrum, auf dem die eigentli-che Rechenleistung und die Speicherung von Daten an einer zentralen Stelle erfolgte. Der Mainframecomputer wurde durch schnellere und leistungsfähi-gere Server in sogenannten Serverfarmen und die Terminals durch Thin-Cli-ents abgelöst. Dieses Konzept kann man als Vorstufe des IaaS-Gedanken betrachten. Bei IaaS wird die gesamte Hardware vom IaaS-Provider betrieben.

Aus diversen Studien geht hervor, dass für kleinere und mittelständische Unternehmen das Mieten der tatsächlich erforderlichen Ressourcen eine große Kosteneinsparung darstellt. Der Grund: Durch IaaS wird jeweils nur die IT-Leistung bezahlt, die man auch wirklich verbraucht. Aktuell ist der Markt überschaubar aufgeteilt. Es gibt zwar zahlreiche Hosting-Unterneh-men, die sich zum Ziel gesetzt haben, Privatpersonen oder kleinen Unterneh-men preiswerte Webserver zur Verfügung zu stellen. Anbieter, die hingegen die komplette Palette (Speicherplatz, Rechenleistung, Netzkapazitäten) anbie-ten, gibt es nur wenige. Als Marktführer ist hier die Firma Amazon zu nen-nen, welche im Jahr 2008 mit der »Amazon Elastic Compute Cloud« das erste detaillierte Konzept auf den Markt brachte.

8.1.1 Amazon

Das US-amerikanische Unternehmen Amazon bietet unter dem Dach der Amazon Web Services (AWS) eine ganze Reihe IaaS-Dienste an. Diese Dienste basieren auf der gleichen technischen Infrastruktur, die Amazon zum Betrieb seines globalen Netzwerks von Webseiten benötigt. Die AWS bestehen insgesamt aus vier Bausteinen: dem Simple Storage Service (S3), der

Elastic Compute Cloud (EC2), der SimpleDB (SDB) und dem Simple Queue Service (SQS). Als wesentliches Merkmal der AWS ist hier zu nennen, dass jeweils nur die Funktionen (z.B. Rechenleistung oder Speicherplatz) in Rechnung gestellt werden, die auch tatsächlich in Anspruch genommen wurden. Im Folgenden sollen die wesentlichen Funktionen der einzelnen Dienste untersucht werden.

Amazon S3

Der Amazon Simple Storage Service richtet sich in erster Linie an Unternehmen und stellt über Standard-Webservice-Schnittstellen Speicherplatz zur Verfügung. Dateien werden in Form von »Objects« in der Speicherplattform abgelegt. Ein Objekt setzt sich aus der eigentlichen Datei (z.B. PDF-Datei) und den sogenannten Metadaten zusammen. Unter Metadaten sind Zusatzinformationen wie zum Beispiel der Dateityp oder das Änderungsdatum zu verstehen. Die Größe eines Objects darf zwischen einem Byte und fünf Gigabyte liegen. Jedes Object wird durch einen sogenannten Key eindeutig identifiziert.

Die Speicherung der Daten wird in Buckets organisiert. Diese lassen sich am besten mit den Verzeichnissen bzw. Ordnern eines Windows-Betriebssystems vergleichen. Des Weiteren ist die geografische Region mit anzugeben, in der der Bucket erzeugt werden soll, derzeit entweder in den USA oder innerhalb der Europäischen Union.

Der Name des Buckets und der Key eines jeden Objects werden gemeinsam dazu verwendet, eine eindeutige Identifizierung innerhalb S3 zu gewährleisten. Der Zugriff auf die Objects erfolgt über die Protokolle HTTP, HTTPS oder BitTorrent.

Amazon S3 bietet ein Berechtigungskonzept hinsichtlich der Authentifizierung und Benutzerautorisierung. Eine detaillierte Beschreibung des Konzepts würde jedoch den Rahmen dieser Arbeit sprengen. Die Datenintegrität wird durch eine digitale Signatur mit einem geheimen Schlüssel gewährleistet.

Das Preismodell der S3 gliedert sich in drei nachfolgende Kriterien (die Abrechnung erfolgt auch in Europa in US-Dollar):

▷ Belegter Speicherplatz pro Monat

▷ Menge des Datentransfers pro Monat

▷ Anzahl der Webservice Anfragen

Amazon EC2

Unter der Amazon Elastic Compute Cloud definiert sich ein Service, der auf Anfrage Rechenleistung zur Verfügung stellt. Dabei bietet Amazon verschiedene virtuelle Serverklassen an, welche Instanzen genannt werden. Die nachfolgende Tabelle gibt eine Übersicht über die zur Verfügung stehenden Instanzen.

Instanz	CPU	RAM	Festplattenspeicher	CPU-Architektur
Small Instance	1 EC2 CU	1,7 GB	160 GB	32 Bit
Large Instance	4 EC2 CU	7,5 GB	850 GB	64 Bit
Extra Large Instance	8 EC2 CU	15 GB	1690 GB	64 Bit
High-CPU Medium Instance	5 EC2 CU	1,7 GB	350 GB	32 Bit
High-CPU Extra Large Instance	20 EC2 CU	7 GB	1690 GB	64 Bit

Tabelle 8.1: Amazon EC2-Serverklassen

Die angebotenen Instanzen sind virtuelle Server, die auf der Xen-Technologie basieren. Es werden verschiedene AMIs (Amazon Machine Images) der virtuellen Server angeboten. Die Images unterscheiden sich durch das verwendete Betriebssystem. Zur Auswahl stehen diverse Linux-Distributionen oder Windows Server 2003. Des Weiteren ist in den Images verschiedenste Anwendungssoftware eingebunden. Weiterhin besteht die Möglichkeit, eigene Images zu erstellen und auf den Instanzen einzusetzen. Die CPU-Leistungen der Instanzen werden in einer besonderen Einheit gemessen, der EC2 CU. CU steht dabei für »Compute Unit«, die Leistung einer CU ist äquivalent zu einem 1.0 GHz bis 1.2 GHz AMD-Opteron- bzw. Intel-Xeon-Prozessor.

Die Datenspeicherung auf den virtuellen Servern ist flüchtig; das bedeutet: Nach Abschaltung oder Neustart einer Instanz sind die Daten verloren. Zur persistenten Speicherung ist die S3 oder das EBS (Elastic Block Store) vorgesehen. Unter EBS sind mountbare Festplatten zu verstehen, die jeweils in eine Instanz eingehängt werden können.

Die Amazon EC2 bietet diverse weitere Funktionen, z.B. die Protokollierung und Überwachung der laufenden Instanzen, die automatische Erzeugung weiterer Instanzen und die Vergabe einer festen öffentlichen IP-Adresse.

Die Verwaltung der EC2, das bedeutet das Starten und Stoppen der Instanzen sowie die Nutzung der weiteren Funktionen, kann über zwei verschiedene Wege erfolgen. Mit der AWS Management Console stellt Amazon eine benutzerfreundlich webbasierte Verwaltungskonsole zur Verfügung, die eine Konfiguration per Mausklick ermöglicht. Des Weiteren besteht die Möglichkeit, die Services der EC2 über eine webbasierte API-Schnittstelle anzusprechen.

Amazon SimpleDB

Amazon Simple DB bietet die wesentlichen Kernfunktionen einer Datenbank als Webservice an und ist in erster Linie als Ergänzung zu den Services S3 und EC2 anzusehen. Die SimpleDB baut dabei nicht auf einer festgelegten Datenbankstruktur auf. Die Daten werden in sogenannten Domains (vergleichbar mit einem Excel-Arbeitsblatt) in Form von Attribut-Wert-Paaren gespeichert. Attribute sind dabei als Spaltenköpfe anzusehen. In einer Domain können maximal 256 Attribute angelegt werden. Zeilen werden in der SimpleDB als Items bezeichnet.

Komplexe Datenbankfunktionalitäten gibt es bei SimpleDB nicht, generell eignet sich der Service auch nicht zum Speichern großer Datenmengen. Die Daten können jedoch bequem nach S3 exportiert werden. Über eine eigene Datenbanksprache (ähnlich wie SQL) können Querys abgesetzt werden. Das Konzept der SimpleDB ist auf Schnelligkeit ausgelegt; Amazon garantiert eine maximale Abfragedauer von 5 Sekunden.

Amazon SQS

Der Amazon Simple Queue Service (SQS) ist ein Nachrichtendienst für die verschiedenen Amazon Webservices. SQS verspricht eine schnelle und stabile Kommunikation. Ein typischer Anwendungsfall ist ein automatisierter Arbeitsablauf, bei dem mehrere Prozesse ineinander greifen und bei dem mehrere Komponenten untereinander kommunizieren.

Auf der Webseite von Amazon ist ein Beispiel für die Nutzung von SQS angegeben, anhand dessen das Prinzip deutlich wird. Der nachfolgende Absatz beschreibt eine kleine Abwandlung des genannten Beispiels.

Die Amazon Webservices S3, EC2 und SQS werden dazu genutzt, um eine Musikdatei in ein anderes Format zu konvertieren. Die Datei wurde zuvor über eine Webseite hochgeladen und in S3 gespeichert. Als Erstes wird eine

Nachricht (*the request message*) erzeugt und in der Eingangsnachrichtenwarteschlange von SQS abgelegt. Diese Nachricht enthält einen Verweis zum Ablageort der Musikdatei und eine Angabe für das gewünschte Zielformat. Die Musikdatei soll durch eine EC2-Maschine konvertiert werden. Die Konvertierung wird durch den Rechner aufgrund der Angaben in der Nachricht durchgeführt und das Erzeugnis wieder in S3 gespeichert. Abschließend wird eine Nachricht (*the response message*) mit einem Link zur konvertierten Musikdatei erzeugt. Diese Nachricht wird in der Ausgangsnachrichtenwarteschlange von SQS abgelegt. Die Webseite beobachtet während des gesamten Vorgangs die Ausgangsnachrichtenwarteschlange und ist so informiert, wenn die Konvertierung gelaufen ist.

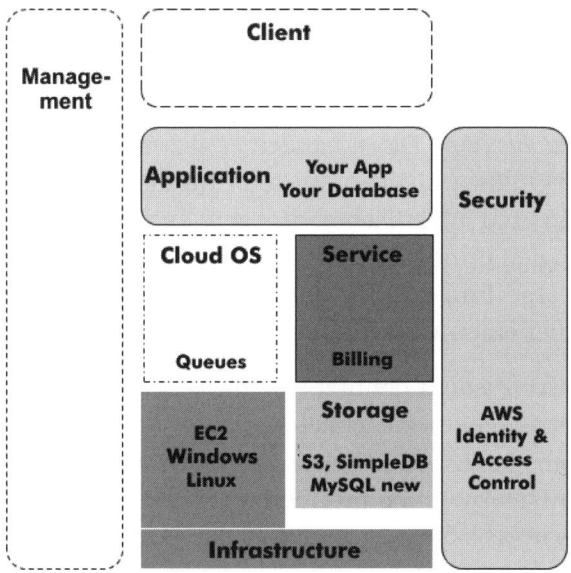

Amazon: Service für VMs und Cloud-Storage

Abbildung 8.3: Module der Amazon Cloud-Services

Abbildung 8.3 zeigt noch einmal die Komponenten zusammen. Bestandteile der Amazon-Cloud sind:

▶ Elastic Computer Cloud (EC2) mit virtuellen Windows- und Linux-Instanzen

▶ Simple Storage Service (S3)

▶ Database (SimpleDB, relationales MySQL)

▷ Amazon Simple Queue Service (SQS)

▷ Amazon Flexible Payment Service (FPS)

▷ Amazon Identity

Die Management-Funktionen können wie folgt charakterisiert werden:

▷ WS-basiertes VM-Management

▷ Verfügbarkeitszonen sind Instanzen an verschiedenen Orten.

▷ Elastische IP-Adressen (statische IP-Adressen werden dynamisch verschiedenen Instanzen zugeordnet)

8.1.2 IBM Cloud-Services

Die neuen IBM Cloud-Services beinhalten die folgenden Komponenten:

Bluehouse: IBM startet eine kostenlose Open-Beta-Version für Bluehouse (*http://bluehouse.lotus.com*). Dabei handelt es sich um das Angebot von Social Networking und Online Collaboration Tools für die sichere Zusammenarbeit in Unternehmen und über Firmengrenzen hinweg. Die Suite gehosteter Online-Technologien ermöglicht den Austausch von Dokumenten und Kontakten, gemeinsame Projektarbeit, Online-Meetings sowie den Aufbau von Communities über einen Web-Browser mittels Cloud-Computing.

Bluehouse kann von jedem genutzt werden, der mit externen Gruppen wie Geschäftspartnern, Agenturen, Zulieferern oder Kunden zusammenarbeiten möchte. Vor allem kleine und mittelständische Unternehmen sowie Abteilungen in größeren Unternehmen profitieren von dieser kostengünstigen SaaS-Plattform (Software-as-a-Service) inklusive des Austauschs von Dokumenten und Präsentationen, unabhängig von Ort oder Internetverbindung. Eine Vor-Ort-Installation oder Support sind nicht mehr nötig. Die in mehreren Sprachen verfügbare Software ermöglicht es Unternehmen jeder Größe, ihren Platz in der globalisierten Welt zu finden und die Möglichkeiten eines globalen Netzwerkes von Mitarbeitern, Partnern und Kunden voll auszuschöpfen. In Kürze bietet IBM die Integration von Sametime Unyte mit Lotus Notes und Lotus Sametime an, womit die Nutzer mit nur einem Klick aus ihrem E-Mail- oder Instant-Messaging-Programm heraus an Web-Konferenzen teilnehmen können. Lotus Sametime Unyte ist unter *www.sametimeunyte.com* erhältlich.

IBM Rational Policy Tester OnDemand: Die Risiken des Internets werden mithilfe von automatisierten Web Content Scannings minimiert und damit Compliance-Anforderungen hinsichtlich Datenschutz, Qualität und Erreichbarkeit gemeistert. Die Software ist auf Jahresbasis im Abo erhältlich.

IBM Rational AppScan OnDemand: Die Software scannt Webanwendungen auf Sicherheitslücken. Kunden erkennen damit mögliche Risiken sofort und ohne zeit- und kostenintensive Trainings und Ressourcen.

Telelogic Focal Point: Hierbei handelt es sich um Portfolio und Product Management Software, die Produktideen auf Basis übergreifender Unternehmensziele sammelt, analysiert und priorisiert. Die Software sorgt für eine bessere Kommunikation von Produktmanagement, Entwicklung, Marketing und anderen beteiligten Gruppen durch zentrale Speicherung der jeweiligen Produktinformationen.

8

IBM Service Management Center for Cloud-Computing

Eine IBM-übergreifende Lösung, die die erforderlichen operativen Systeme bereitstellt, auf deren Basis Unternehmensrechenzentren sich die Effizienz von Cloud-Computing zunutze machen können. Sie umfasst die Werkzeuge und Verfahren, die für die Verwaltung des gesamten Lebenszyklus von Cloud-Services benötigt werden: von der Servicedefinition bis zum Abschalten des Services. Das IBM Service Management Center unterstützt nicht nur die Einrichtung virtueller Ressourcen, sondern auch die Optimierung virtueller Operationen. Die Tasks für virtualisierte Server, Speicher- und Netzressourcen werden automatisiert. Die Visualisierung der virtuellen Umgebungen sorgt für höhere Serviceverfügbarkeit und konsolidierte Operationen.

Verwaltung des Lebenszyklus von Cloud-Services

Eines der ersten Angebote im IBM Service Management Center für Cloud-Computing ist der Tivoli Service Automation Manager, der Entwurf, Implementierung und Verwaltung von Services wie Middleware, Anwendungen, Hardware und Netzen automatisiert. Diese neue Software automatisiert nicht nur die betroffenen manuellen Vorgänge, sondern unterstützt Unternehmen, die die Organisation ihres Rechenzentrums in ein Cloud-Modell umwandeln. Tivoli Service Automation Manager umfasst Funktionen für die Anforderung, Verwirklichung und Verwaltung vollständiger Software-Stacks für das Rechenzentrum. Dies betrifft Definition, Angebot, Anforderung und automatisierte Einrichtung des Stacks und schließt auch die Verwaltung der Umgebung ein. Tivoli Service Automation Manager stellt diese Leistungsmerkmale für das Rechenzentrum bereit, egal ob es um ein Entwicklungs-, Test-, Vorbereitungs- oder Produktionssystem geht. Die Lösung stellt anpassbare, automatisierte Best Practices für den Aufbau und die Verwaltung einer solchen Umgebung zur Verfügung. So sollen die Implementierungskosten der IT-Services gesenkt werden.

Cloud-Sicherheitsmanagement

Sicherheit ist heutzutage eines der zentralen Anliegen in Cloud-Umgebungen. Wenn Kunden cloudbasierte Services einrichten und bereitstellen, müssen sie umfassende Sicherheitsfunktionen für die Cloud implementieren. Tivoli vereinfacht die Absicherung der Cloud: Drei Sicherheitsangebote stellen zielgerichtete Funktionen in den Bereichen Identität und Zugriff, Daten und Anwendungssicherheit sowie Sicherheit für z/OS bereit.

▷ Tivoli Identity and Access Assurance verwaltet, sichert und überwacht den Benutzerzugriff auf Ressourcen und ermöglicht die Compliance-Prüfung.

▷ Tivoli Data and Application Security schützt Daten und Anwendungen durch überprüfbare Zugriffskontrollen, differenzierte Berechtigungen und das Management von Verschlüsselungsschlüsseln.

▷ Tivoli Security Management for z/OS automatisiert effiziente Sicherheitsverwaltung, auf Richtlinien basierende Benutzerverwaltung, Sicherheitsüberwachung und Erstellung von Konformitätsberichten auf dem Mainframe.

Diese Gruppe von Paketen stellt die Funktionen bereit, die für die Erfüllung der Sicherheitsanforderungen in der Cloud erforderlich sind.

8.1.3 Weitere Anbieter

Auch andere Firmen bieten Cloud-Services für die Infrastruktur an. Dazu gehören Computer Associates und NetApp.

Computer Associates

Die NetQ9 Monitoring Suite und Data Center Automation von Carratts kann die Funktionsbreite vom Spectrum Automation Manager (siehe ausführlicher im Kapitel 6) erhöhen. Dadurch kann man die Infrastruktur von Private und Public Clouds nahtlos überwachen.

NetApp

Data OnTap8 ist die Cloud-Computing-Infrastruktur von NetApp. Die Lösung zeichnet sich durch gutes Datenmanagement und eine tiefere Integration mit Managementsystemen des Rechenzentrums des IT-Eigenbetriebs aus. Das Produkt unterstützt eine nahtlose Kommunikation zwischen Speicher-, Server- Netzwerk- und Anwendungsebenen.

Mit den Lösungen von NetApp für das Storage- und Datenmanagement sollen Kunden Marktvorteile schnell und bei hervorragender Kosteneffizienz erreichen können. Aufgrund der einfachen Architektur gehört NetApp heute zu den am schnellsten wachsenden Anbietern von Storage- und Datenmanagement. Kunden auf der ganzen Welt entscheiden sich für NetApp-Produkte..Sie profitieren von zahlreichen Lösungen für Business-Applikationen, Storage für virtuelle Server, Disk-to-Disk-Backup und weiteren Innovationen.. Das Produkt unterstützt mehrere Betriebssysteme.

8

Data ONTAP 8 bietet eine einheitliche, skalierbare Plattform für virtualisierte Umgebungen (NAS, SAN, Multi-Tier, Multi-Protokoll, mandantenfähig).

Data ONTAP 7G bietet eine virtualisierte Datenumgebung mit einer benutzerfreundlichen Oberfläche, über die Kunden virtuelle Storage-Volumes erstellen, Änderungen vornehmen und eine optimale Storage-Auslastung erzielen können.

Data ONTAP GX kombiniert die zentralen Bausteine von Data ONTAP 7G mit einem fortschrittlichen verteilten File System für die hohen Performance-Anforderungen von HPC- und Digital Media-Applikationen, die auf großen Linux®-, UNIX®- und Windows®-Clustern ausgeführt werden.

Die NetApp Management Software schließt folgende Suites ein:

Sanscreen Suite

- ermöglicht Migration und Konsolidierung
- Kapazitätsplanung
- Server-Virtualisierung
- Erstellung von Storage-Berichten

▷ unterstützt im Praxiseinsatz 500 bis zu 70.000 Fibre Channel Ports und über 50 PB.

Application Suite

▷ Applikationskonsistente Snapshot Backups

▷ Extrem schnelles Recovery nach Fehlern oder Ausfällen

▷ Mit der Disaster Recovery-Lösung integriert

Server Suite

▷ Vereinfachte Bereitstellung und dynamische Neuzuweisung von Storage Assistenten helfen beim Mappen und Managen der Speicherbereitstellung.

▷ Unterstützung der Systemkonsolen von Drittherstellern für das Management von NetApp Storage.

Data Suite

▷ Software für das Management von Backups und Replizierungen in festplattenbasierten NetApp-Datensicherungsumgebungen

▷ Automatische Datensicherungseinstellungen

▷ Skalierbare File Server-Visualisierung

▷ Transparente Migration und Konsolidierung auf NetApp Storage

▷ Unterbrechungsfreier Datenzugriff für Anwender bei Ausfällen

Storage Suite

▷ Zentralisiertes Storage- und Konfigurationsmanagement

▷ Rollenbasierte Zugriffssteuerung

▷ Detailliertes Asset-Management

▷ Zentralisierte Überwachung und Berichterstellung

▷ Auslastungsberichte auf Dateiebene

▷ Visualisierung, Überwachung sowie Performance- und Asset-Management für FC SAN

▷ Storage-Ressourcen-Management für heterogene Umgebungen

8.2 Platform-as-a-Service

Unter Platform-as-a-Service (PaaS) versteht man den Ansatz, eine integrierte Laufzeitumgebung (und evtl. auch Entwicklungsumgebung) als Dienst zur Verfügung zu stellen, für den der Nutzer on demand zahlen muss. Ein bekanntes Beispiel dafür ist die Google App Engine.

Als einer der führenden Cloud-Computing-Anbieter vermarktet Google seit April 2008 unter der Bezeichnung »App Engine« auch einen PaaS-Dienst. Eine neue Applikation wird direkt in der Entwicklungsumgebung des Anbieters erstellt. Die technische Ausgestaltung dieser Entwicklungsumgebung variiert dabei von Anbieter zu Anbieter (z.B. zu verwendende Programmiersprache). Nach der Erstellung der Applikation kann diese unmittelbar in der Laufzeitumgebung getestet werden.

Während die Anbieter von SaaS- und IaaS-Dienstleistungen geradezu aus dem Boden schießen, wird der PaaS-Markt derzeit nur von wenigen Anbietern bedient.

Der größte Nachteil der derzeit am Markt befindlichen PaaS-Lösungen besteht in der noch nicht vorhandenen Standardisierung der Services. Jeder Anbieter setzt auf seine eigene Lösung. Entscheidet man sich daher als Softwareentwickler für einen Anbieter, so bindet man sich auch für die spätere Produktivphase an diesen. Es ist heute nicht ohne Weiteres (oder nur mit großem Aufwand) möglich, eine fertig erstellte Applikation zu einem anderen Anbieter zu transferieren. Erst wenn diese Möglichkeit gegeben ist, kann PaaS als wirkliche Alternative zu herkömmlicher Softwareentwicklung betrachtet werden.

Während bei einer lokalen Softwareentwicklung aus einer breiten Palette von Programmiersprachen, Bibliotheken und Entwicklungsumgebungen gewählt werden kann, werden diese Rahmenbedingungen von den PaaS-Anbietern vorgegeben. Eine Wahl besteht somit nicht bzw. nur noch in sehr geringem Maße. Damit sind die Möglichkeiten der Entwickler sehr eingeschränkt

Eine weitere Schwierigkeit besteht im Transfer von teilweise seit Jahren unveränderter, unternehmensspezifischer Software. Diese ist vermutlich nur in sehr wenigen Fällen in eine cloudbasierte Lösung zu verwandeln, da der Aufwand hier in der Regel den Nutzen übersteigen dürfte. Somit wird es auf absehbare Zeit vermutlich immer eine parallele Existenz von lokaler und cloudbasierter Software geben.

8.2.1 Microsoft Azure

Anwender und Entwickler wünschen sich maximale Flexibilität hinsichtlich des Aufbaus und Betriebs von IT-Funktionen. Sie wollen sich individuell entscheiden können, welche Anwendungen bzw. Teile von Anwendungen vor Ort auf verschiedenen Servern und Endgeräten, bei Hostern oder in der Cloud betrieben werden. Darüber hinaus sollen Lösungen, die sich über verschiedene Betriebsarten erstrecken, einfach integriert werden können. Diesem Wunsch entspricht Microsoft durch eine Plattform, die für Anwendungen und Anwendungskomponenten eine Wahlfreiheit des Betriebsmodells bietet und aufgrund der Durchgängigkeit der Technologie und der konsequenten Unterstützung von Standardschnittstellen die Integrationen verteilter IT-Funktionen erleichtert. Azure ist der Teil der Gesamtplattform, der Cloud-Computing auf Basis der Microsoft-Technologie ermöglicht.

Azure ist eine Plattformlösung, die die Denkweise der Programmentwicklung mit ändern soll. Diese Änderung geht in Richtung der bewussten Inanspruchnahme von Cloud-Ressourcen, wenn die entwickelte Anwendung in die Betriebsphase geht. Azure bietet auch die erforderliche Infrastruktur an, deren Nutzung nutzungsabhängig verrechnet wird. Die Microsoft-Infrastruktur ist voll virtualisiert und kann von mehreren Benutzern (auch Tenants genannt) verwendet werden. Auch Systems Management ist mit eingeschlossen, das innerhalb der Infrastruktur FCAPS-Aufgaben ausführt. .

Windows Azure ist das neue Cloud-Computing-Angebot von Microsoft, mit dem Unternehmen, IT-Dienstleister, Softwarehersteller und Entwickler Websites, Webanwendungen und Webdienste sowie Speicherplatz sehr einfach, hoch verfügbar und skalierbar in Microsoft-Rechenzentren bereitstellen können. Windows Azure vereinfacht die Administration. Windows Azure zeichnet sich durch Kosteneffizienz, eine sehr hohe Verfügbarkeit und Skalierbarkeit über mehrere Server sowie über eine extrem einfache Bereitstellung und ein automatisches Management von IT-Lösungen aus.

Das verbrauchsorientierte Bezahlmodell von Windows Azure berechnet nur tatsächlich genutzte Serverzeit, sodass Unternehmen nun IT-Lösungen ohne Vorabinvestition in Hard- und Software bereitstellen und später einfach nach Bedarf neue Rechnerpower dazu schalten können. Rechenzentren werden weltweit zur Verfügung gestellt, sodass Anwendungen auch an mehreren Standorten bereitgestellt werden können, um optimale Performance für den Endanwender zu gewährleisten.

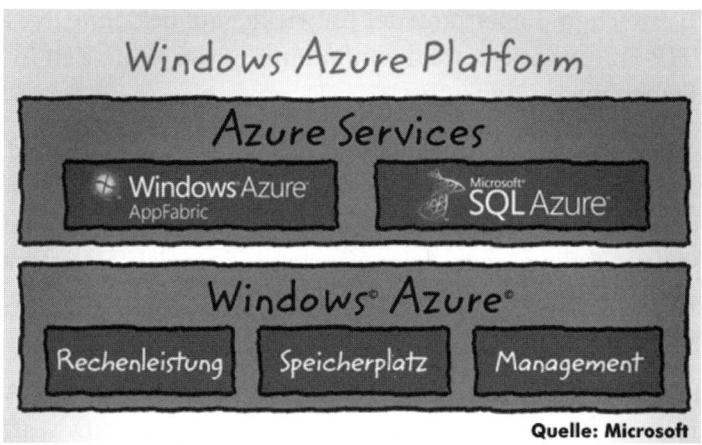

Quelle: Microsoft

Abbildung 8.4: Die Azure-Plattform von Microsoft

8

SQL-Azure wird für die Cloud umkonfiguriert. Entwickler können Prozeduren und SQL-Programme bei Microsoft ablaufen lassen. Dadurch übernimmt Microsoft die Administration der Datenbank gegen Gebühr. Azure befindet sich in ständiger Weiterentwicklung mit neuen Funktionen wie z.B. mehr APIs, Berichtswesen, Portabilität von .NET-Anwendungen nach Azure und Business Analytics.

Die Windows Azure Platform umfasst weitere Dienste wie z.B. SQL Azure, welches relationale Datenbanken hochverfügbar in der Cloud bereitstellt. Mit dem Service Bus der Windows Azure Platform AppFabric lassen sich ferner herkömmliche IT-Systeme, die *in house* bereitgestellt werden, mit einbinden – ganz gleich ob diese in Java, .NET oder PHP oder anderen Sprachen entwickelt wurden.

Die Azure Service Platform wurde von Grund auf neu entwickelt, um Offenheit und Interoperabilität sicherzustellen. Sie soll die Art und Weise verändern, wie Unternehmen arbeiten oder wie Konsumenten ihre Information erhalten und das Internet bedienen. Kunden können insbesondere wählen, ob sie Anwendungen als cloudbasierte Internet-Dienste oder auf Servern im eigenen Rechenzentrum installieren oder beide Möglichkeiten kombinieren wollen.

Die Windows Azure Platform hilft Entwicklern, Anwendungen für das Web und internettaugliche Geräte einfach und schnell zu erstellen. Die Service Platform bietet die Flexibilität, Auswahl und Kontrolle, um Benutzer und

Kunden zu erreichen. Dabei kann der Entwickler auf bekannte .NET-Fähigkeiten und PHP-Frameworks zurückgreifen, und muss keine Zeit in Administrationsaufgaben investieren.

Tausende von Entwicklern nutzen bereits das .NET-Framework und die Visual Studio-Entwicklungsumgebung. Mit Windows Azure können Entwickler dieselben Kenntnisse einsetzen, um Cloud-Anwendungen zu erstellen, die direkt in Visual Studio geschrieben, getestet und implementiert werden können. Ebenfalls können sie Anwendungen implementieren, die in PHP geschrieben sind.

Anwendungen können mit einem Mausklick auf die Windows Azure Platform gebracht werden. Änderungen können schnell ohne Downtime vorgenommen werden. Zum Testen können Anwendungen direkt von Visual Studio in einen Staging-Server-Bereich deployed werden, wo die Tests direkt auf der Windows Azure Platform durchgeführt und später die Anwendung einfach im Produktionsbereich upgedatet werden können.

Windows Azure basiert auf Standards. Die Service-Plattform unterstützt Standardprotokolle wie HTTP, REST, SOAP, RSS, AtomPub. Benutzern können so Services und Anwendungen von Drittanbietern in einer Vielzahl unterschiedlicher Technologien und Betriebssystem nutzen und integrieren.

Als Cloud-Service-Provider hat Microsoft schon mit Investitionen in die eigene Infrastruktur vorgesorgt. Das ganze Geschäftsmodell der Firma wird sich durch Cloud-Computing ändern. Microsoft stellt Kunden und Partnern einen Marktplatz für Cloud-Anwendungen zur Verfügung. Kunden können nun Anwendungen aus diesem Dienstkatalog auswählen und direkt aus den Microsoft-Rechenzentren beziehen. Partner können in diesen Marktplatz ihre eigenen Lösungen einstellen.

Abbildung 8.5 zeigt noch einmal die Komponenten der Microsoft-Cloud:

▶ Services (Search, Maps, Marktplatz)

▶ Anwendungen (OfficeLive, OfficeOnline, CRM, SharePoint, Communicator)

▶ Azure (.Net Runtime, Relationale Datenbank, Entity-Group Transaktionen, Datensynchronisierung)

▶ Silverlight

Managementfunktionen konzentrieren sich auf:

▶ Fabric Controller und AppFabric

▶ Automatisierte Service-Upgrades

▶ Logging und Diagnosen

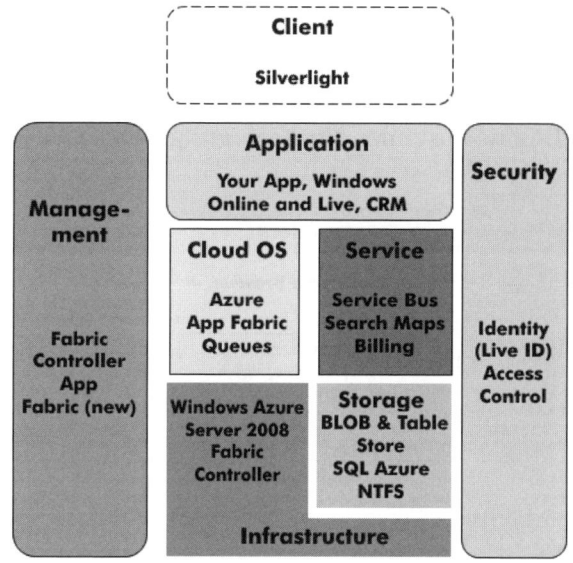

Microsoft Windows Azure: Software Platform für
Cloud und On-Premise

Abbildung 8.5: Module der Microsoft Cloud-Services

8.2.2 Google AppEngine

Google vermarktet seit April 2008 unter der Bezeichnung App Engine auch
einen PaaS-Dienst. Google stellt den Interessenten dabei eine komplette Entwicklungsumgebung (Google Web Toolkit) zur Verfügung, die auf der gleichen technischen Basis basiert wie die hauseigenen Google Apps. Das Software Development Kit (SDK) wird samt Webserver geliefert, damit ein lokaler
Test der Anwendungen möglich ist.

Dies bietet zwar den Vorteil einer bereits zu Genüge erprobten Plattform, hat
allerdings den Nachteil einer sehr spezifischen Gestaltung der Entwicklungs-
komponenten. So wird zur Datenbankabfrage die Google Query Language
(GQL) und für die Anwendungsentwicklung die objektorientierte Skriptspra-

che Python eingesetzt. Der Funktionsumfang von Python wurde zudem eingeschränkt, da u.a. die Funktion zur Dateierstellung unterbunden wurde. Auf diesem Weg zwingt Google die Anwender dazu, die Google-Datenbank zur Datenspeicherung zu verwenden. Über die Nutzung von Application Programming Interfaces (APIs) ist es möglich, Dienste wie Google Mail, URL Fetch oder Image Manipulation in der Anwendung zu nutzen.

Das Preismodell ist sehr einfach gehalten und orientiert sich am belegten Speicherplatz und auf den Zugriffszahlen der Applikation. Bis zu einem Speicherbedarf von 500 MB und 5 Millionen Page Views im Monat stellt Google die App Engine kostenlos zur Verfügung.

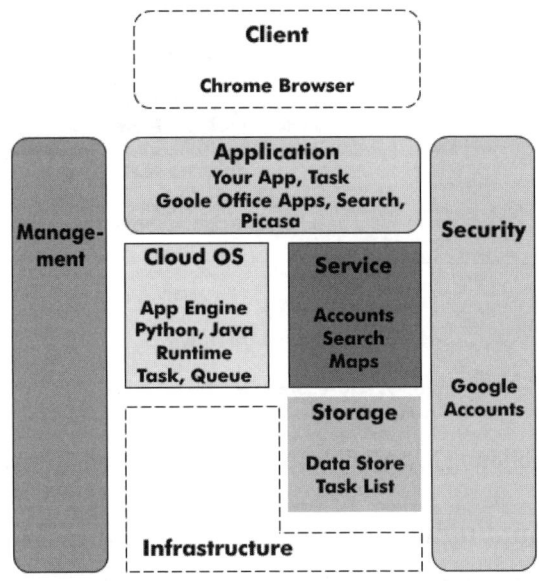

Google: Cloud Services für Standard IT

Abbildung 8.6: Module der Google Cloud-Services

Abbildung 8.6 zeigt die Komponenten der Google-Cloud:

▶ Services: Search, Maps

▶ Anwendungen (Mail & Kalender, Collaboration mit Text, Tabellen, Video)

▶ AppEngine

▶ DataStore

▶ Chrome Browser

Die Managementfunktionen konzentrieren sich auf:

▷ Sandbox

▷ URL Fetch

▷ Memcache

▷ Terminierung von Tasks und Warteschlangen

8.2.3 Force.com

Ein weiteres Schwergewicht im SaaS-Bereich ist Salesforce. Diese bieten unter Force.com seit dem Sommer 2007 auch eine PaaS-Plattform an.

Den Kunden werden dabei Entwicklungs- und Collaboration-Tools sowie ein Marktplatz genanntes AppExchange für die fertigen Anwendungen angeboten. Dort stehen derzeit rund 800 Anwendungen zur Verfügung. Als Sprache für die Anwendungen verwendet Salesforce Apex.

Ein Beispiel für eine Anwendungsmöglichkeit stammt von JobScience, einem US-Jobvermittler aus der Gesundheitsbranche. Diese verwendeten ursprünglich nur die CRM-Lösung von Salesforce. Nachdem es bei einigen anderen Anwendungen aber zu Problemen kam, migrierten sie ihr gesamtes Geschäftsprinzip zu Salesforce respektive Force.com. Dafür benutzten sie 20 bereits fertige Applikationen aus der AppExchange und erstellten 11 neue Applikationen.

Der Zugang zu Force.com ist an einen Enterprise Edition oder Unlimited Edition Account bei Salesforce.com geknüpft. Es ist nicht möglich, diesen separat zu erwerben. Für Kunden der Enterprise Edition belaufen sich die Gebühren auf $ 20 pro User und Monat und für Kunden der Unlimited Edition auf $ 25 pro User und Monat.

8.2.4 Andere Anbieter

Auch andere Firmen bieten Cloud-Lösungen für Plattformdienste an. Dazu gehören:

NetSuite:

ERP-Anwendungen wurden immer von mächtigen Softwareanbietern für sehr große Unternehmen entwickelt. Diese Lösung bietet integrierte ERP,

CRM und E-Commerce-Anwendungen für kleine und mittelgroße Unternehmen an. Die Benutzer können die Anwendungen bei Bedarf benutzen und zahlen nutzungsabhängig. Bezüglich des Funktionsumfangs sind die Softwareprodukte vergleichbar mit denen von Oracle und SAP.

NetSuite OneWorld richtet sich an international agierende Unternehmen, die alle Business-Prozesse mit Niederlassungen und Tochtergesellschaften in Echtzeit abwickeln möchten. Durch die Erfüllung der umfassenden Zertifizierungsanforderungen in Deutschland haben multinationale Unternehmen die Gewähr, dass die Accounting-Standards der NetSuite-OneWorld-Lösung den deutschen Vorschriften entsprechen.

Merkmale sind:

▷ Die komplette Software für Rechnungswesen und Warenwirtschaft (ERP), Customer Relationship Management (CRM) und E-Commerce in einem einzigen System

▷ Transparenz in alle Aspekte der Geschäftsprozesse in Echtzeit

▷ Massive Einsparungen in Wartungs- und Lizenzkosten dank der On-Demand-Software-Infrastruktur

▷ Echtzeit-Dashboards für alle Mitarbeiter

▷ Jederzeit und von überall Zugriff auf alle benötigten Informationen

Financials und ERP: NetSuite Financials vereinfacht die Back-Office-Prozesse. Finanzmanagement, Bestandsführung, Auftragsabwicklung, Projektmanagement, Service, Fakturierung und Personalwirtschaft werden über ein einfach zugängliches ERP-System abgewickelt.

CRM+: NetSuite CRM+ geht weit über die Verwaltung der Kundeninteressenten hinaus, es umfasst auch die gesamte Abwicklung mit den Kunden vom Auftragseingang über die Lieferung bis hin zum Service. Die Mitarbeiter aus Vertrieb, Marketing, Service und Administration erhalten eine 360-Grad-Sicht auf die Kunden mit reichhaltigen Analysemöglichkeiten.

E-Commerce: Leistungsstarke Website- und Online-Shop-Funktionen sind heute Voraussetzungen für den Erfolg jedes Unternehmens. Die eCommerce-Plattform von NetSuite bietet eine dynamische, datenbankbasierte Website und einen Online-Shop, mit denen die Produkte online genauso einfach angeboten werden können wie über traditionelle Kanäle. Durch die integrierten Software für CRM, Warenwirtschaft und Rechnungswesen will Net-Suite seinen Kunden ein umfassendes personalisiertes Online-Kauferlebnis bieten, und damit sollen E-Commerce-Prozesse perfekt kontrollierbar werden.

NetSuite SuiteCloud ist die für branchenspezifische Anwendungsentwicklungen designte Cloud-Computing-Plattform. SuiteCloud bietet Kunden, Partnern und Entwicklern eine Umgebung für kunden- und branchenspezifische Erweiterungen sowie die Automatisierung von Geschäftsprozessen. In der SuiteCloud wird die SaaS-Technologieinfrastruktur sowie eine robuste Entwicklungsumgebung mit dem NetSuite Business Operating System in der On-Demand Business Suite kombiniert. Sie erlaubt es unabhängigen Entwicklungspartnern (ISVs), Industrielösungen auf Basis der NetSuite-Plattform zu entwickeln und zu vermarkten. Zusätzlich kann das rasch wachsende Netzwerk von Partnern und Entwicklern genutzt werden, die Anwendungen auf der SuiteCloud-Plattform erstellen, indem sie das SuiteCloud Developers Network und das SuiteApp.com-Anwendungsverzeichnis verwenden.

NetSuite OneWorld bietet multinationalen Konzernen komplette Steuer- und Buchungskontrollfunktionalität für die Finanzverwaltung in Deutschland.

AT&T:

AT&T hat als Telecommunications Service Provider viele Möglichkeiten, Dienste für Cloud-Computing anzubieten. Die Grundlagen bilden:

▷ eine mächtige, physikalische Netzwerkinfrastruktur, die alle Bandbreitenanforderungen erfüllen kann,

▷ IT-Ressourcen, die im Laufe der Jahre als Silos aufgebaut worden sind, aber nicht vollständig ausgenutzt werden,

▷ Anwendungssoftware, die entweder selbst entwickelt oder gekauft worden ist,

▷ viele Erfahrungen mit Betrieb von IT-Ressourcen,

▷

AT&T bietet IaaS, SaaS und in gewissen Fällen IT-as-a-Service an.

Das Angebot heißt: Synaptic Compute-as-a-Service. Dieser Dienst garantiert den Zugriff zu virtualisierten Servern. Es wird nutzungsabhängig abgerechnet. AT&T ist verantwortlich für die virtuelle Infrastruktur, die aus Servern, Speichermodulen und Netzkomponenten besteht. Der Kunde ist verantwortlich für die eigene Datenbasis und für die eigenen Anwendungen.

Verizon:

Ähnlich wie AT&T bietet auch Verizon Cloud-Computing mit nutzungsabhängiger Verrechnung an. In diesem Modell wird der Schwerpunkt auf die Selbstbedienung gelegt, damit beim Provider weniger Personal gebraucht wird. Computing-as-a-Service bietet Kunden und deren Benutzern die Möglichkeit, einfachere Standardaufgaben kostengünstig auszuführen.

8.3 Software-as-a-Service

Das Software-as-a-Service-Modell (SaaS) unterscheidet sich im Vergleich zur Nutzung lokaler Softwareinstallationen hinsichtlich der technischen Voraussetzungen und der Nutzungsbedingungen. Die technische Architektur grenzt sich durch die zentrale Ausführung der Applikationen auf Servern ab. Somit können die Systemvoraussetzungen auf Seiten des Anwenders auf die Installation eines kompatiblen Browsers reduziert werden.

Die Auslagerung unternehmensinterner Anwendungen auf fremde Infrastrukturen offenbart bei erster Betrachtung viele Vorteile. Der Aufbau und die Administration einer IT-Infrastruktur werden auf einen Drittanbieter verlagert und bringen somit Kosteneinsparungspotenziale mit sich

Der Anbieter stellt neben der Software auch die technische Infrastruktur zur Verfügung und übernimmt z.B. mit der Bereitstellung von Datenbackups oder der Wartung der Hardware auch Administrationsaufgaben. Die Qualität der Produkte wird sich laut den Ergebnissen einer Studie des Marktforschungsinstituts Forrester in den kommenden Jahren bis hin zur Marktreife verbessern. Einzig CRM-Lösungen und Web-Conferencing Systeme haben einen hohen Qualitätsstandard erreicht.

Die Anzahl der Anwendungen erhöht sich ständig. Die folgende Liste zeigt die potenziellen Möglichkeiten der Zukunft:

▶ Customer Relationship Management

▶ Web Conferencing und Online-Meetings

▶ Groupware und Projektmanagement

▷ HR-Lösungen wie Personalverwaltung

▷ Web2.0-Lösungen

▷ Enterprise Resource Management

▷ Finanzbuchhaltung

▷ Office-Lösungen

▷ Branchenspezifische Einzellösungen

Vorteile

▷ Die Produkteinführungszeiten von SaaS-Lösungen reduzieren sich deutlich von mehreren Monaten bis Jahren hin zu wenigen Wochen. Hinzu kommt ein schneller Roll-out der Lösung auf globaler Ebene.

▷ Die Aufwendungen für IT-Leistungen verschieben sich von CAPEX zu OPEX.

▷ IT-Ressourcen werden für Kernprozesse des Unternehmens freigesetzt.

▷ Durch Standardisierung und Automatisierung von IT-Leistungen werden Kosten reduziert.

▷ Standardisierung der SaaS-Anwendungen sowie simultanes Update der Applikationen bewirkt, dass alle Anwender der Anwendung grundsätzlich mit der gleichen Softwareversion arbeiten.

▷ Das Risiko für die Einführung von Softwareanwendungen geht vom Kunden zum Applikationsbereitsteller über relativ flexible Wechselmöglichkeit des Application Providers.

▷ Lizenz-, Wartungs- und Upgradekosten sind alle Bestandteil einer »Pay-as-you-go«-Lösung.

▷ Abrechnung zur Zeit in Form von Abonnementsmodellen

Nachteile

▷ SaaS-Applikationen sind hochstandardisiert und nahezu nicht individualisierbar.

▷ Speicherung der Daten (im Fall von Public Cloud-Lösungen) außer Haus und Abtretung der Informationskontrolle

▷ Der Zugang zum Internet bedeutet Zugang zur Applikation und umgekehrt.

▷ »Vendor Lock-In« möglich, aber reduzierter im Vergleich zu On-Premise-Lösungen.

▷ Bei der Integration mehrerer SaaS-Lösungen in die heterogene Systemlandschaft des Kunden wird die IT komplexer.

Der Erfolg des Geschäftsmodells »Software-as-a-Service« hängt maßgeblich von der Qualität des Produktes, der Akzeptanz der Unternehmen und Beseitigung derzeitiger Risikofaktoren aus Sicht des anwendenden Unternehmens ab.

Es steht jedoch außer Frage, dass Software-as-a-Service-Ansätze bzw. die Geschäftsmodelle erst dann zum Erfolg geführt werden können, wenn Unternehmen vielfältige Informationen über genutzte Infrastruktur der Produkte bereitgestellt und der Missbrauch der Daten ausgeschlossen werden kann. Der Zugang zu vertraulichen Informationen eines Unternehmens kann dessen Existenz beeinträchtigen.

8.3.1 Saleforce.com

Salesforce.com bietet vier unterschiedliche Lizenzmodelle bzw. Editionen, die sich unter anderem hinsichtlich der maximalen Benutzeranzahl und des angebotenen Funktionsumfangs unterscheiden. Die angebotene Produktpalette adressiert unterschiedliche Unternehmensgrößen, sodass das Geschäftsmodell auf unterschiedliche Kundengruppen übertragen werden kann. Die Spanne reicht von der »Group« für kleine Unternehmen bis hin zur »Unlimited«-Edition für Großunternehmen. Die Nutzungsgebühren sind von der gewählten Edition abhängig und monatlich zu entrichten. Der Erfolg des Geschäftsmodells kann an verschiedenen Faktoren festgestellt werden. Zum einen verzeichnet Salesforce.com trotz anhaltender Auswirkungen der Wirtschaftskrise zweistellige Wachstumsraten, zum anderen konnten in der Vergangenheit zahlreiche Großunternehmen für die Nutzung des Salesforce-CRM gewonnen werden. Darunter befinden sich nicht nur Unternehmen des IT-Bereichs wie zum Beispiel Dell, sondern ebenfalls Unternehmen anderer Branchen, die nicht aus dem IT-Umfeld stammen, wie z.B. der Versicherungskonzern Allianz.

Abbildung 8.7 zeigt die Komponenten der Salesforce-Cloud:

▷ Sales und Service Cloud

▷ Marktplatz (AppExchange) für Verkäufer

▷ Custom Cloud auf der Basis von Force.com

▷ Force-Bausteine für Integration

▷ Programmierung mit der Apex-Sprache

Managementaufgaben schließen ein:

▷ Drei weltweite Rechenzentren für Hosting

▷ Sandbox

▷ Real-time Upgrades

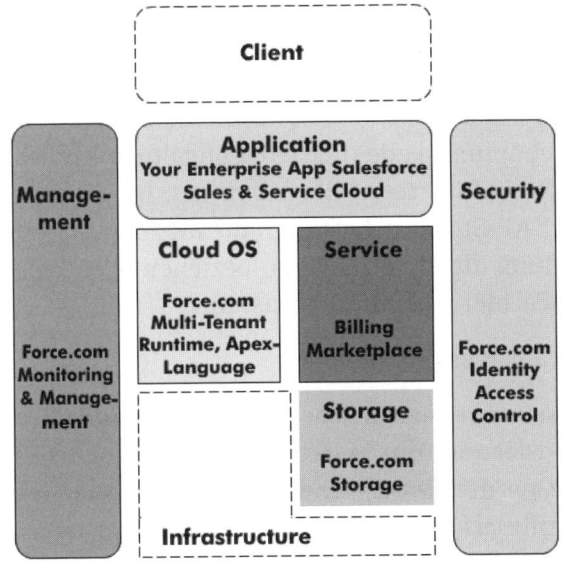

Salesforce.com: Geschlossene Cloud-Anwendungsplattform

Abbildung 8.7: Module der Salesforce Cloud-Services

8.3.2 Microsoft

Die SaaS-Anwendungen wie SharePoint Online, Exchange Online, Dynamics CRM und Office 2010 werden durch die Business Productivity Online Suite (BPOS) angeboten. Es handelt sich um traditionelle Software, die bedarfsgerecht benutzt und nutzungsabhängig verrechnet wird. Office 2010 wird viele

Möglichkeiten anbieten und geht mit Google Apps in Konkurrenz. Der Preis wird kritisch, ebenso die Bündelung mit anderen Anwendungen unter BPOS. Browserbasiertes Word ist ein sehr wichtiger Teil von Office. Die Option ist sehr wertvoll für die Collaboration.

Es gibt sehr viele Firmen, die Software-as-a-Service anbieten. Im Folgenden werden noch weitere Beispiele genannt.

8.3.3 SAP

Mit mehr als 35 Jahren erfolgreicher Zusammenarbeit mit Unternehmen jeder Größe weiß SAP, wie unterschiedlich die Anforderungen an betriebswirtschaftliche Software sind. Daher bietet SAP sorgsam aufeinander abgestimmte, branchenspezifische Bausteine in unterschiedlichen Betriebsmodellen an. Je nach SAP-Lösung haben dabei SAP-Partner einen unterschiedlichen Anteil an der SaaS-Wertschöpfungskette So beschränkt sich beispielsweise bei SAP Business All-in-One der Anteil der SAP primär auf die Bereitstellung der Lösung in einem SaaS-Mietmodell, und alle anderen Bereiche in der Wertschöpfungskette (Betrieb, Consulting, Anbieter der Gesamtlösung) werden von SAP-Partnern übernommen. Im Gegensatz dazu hat der Kunde etwa mit SAP Business ByDesign die Möglichkeit, entweder die komplette Dienstleistung direkt von SAP zu beziehen oder Teile der Wertschöpfungskette über Partner ausführen zu lassen.

▶ SaaS für SAP Business All-in-One

Mit SAP Business All-in-One entscheidet sich der Kunde für eine zukunftssichere Mittelstandslösung vom Marktführer. Inzwischen kommen fast 40 % der SAP-Kunden aus dem Mittelstand. Bei einem Umsatz von unter 200 Mio. Euro haben sie oftmals weniger als 10 Systemnutzer. SAP Business All-in-One-Lösungen sind für mittelgroße Unternehmen konzipiert, die ihre stark branchenspezifischen Geschäftsabläufe umfassend in einer einzigen flexiblen, integrierten und erweiterbaren Geschäftsanwendung abdecken möchten. Die Softwarelösung kombiniert die Stärken von SAP ERP einschließlich technologischer Basis mit den bewährten Prozess- und Implementierungsmethoden für mittelständische Betriebe, den sogenannten SAP Best Practices. Der Einführungsaufwand liegt bei SaaS mit einem vorab ausgefüllten Fragebogen bei wenigen Tagen. SAP verfügt über 660 Branchenlösungen, davon mehr als 80 in Deutschland. Weltweit hat SAP 1.100 Business-Partner, davon ca. 200

in Deutschland. Für eine optimale Ausrichtung der SAP Business All-in-One-Lösungen auf die vielschichtigen Bedürfnisse und Problemstellungen des Mittelstands erfolgen der Vertrieb und die Betreuung der Mittelstandskunden über SAP-Partnerunternehmen.

▷ SAP BusinessObjects OnDemand-Angebote

Mit SAP BusinessObjects OnDemand-Angeboten können Unternehmensdaten mit Markt- und Finanzdaten Dritter verglichen werden, Berichte über das Web freigegeben und unternehmensweite Prozesse mit Geschäftsanwendungen automatisiert werden. Die SAP BusinessObjects OnDemand-Angebote im Einzelnen:

▷ crystalreports.com

crystalreports.com bietet webbasiertes Verteilen von Berichten. Ohne dass die Installation beziehungsweise der Betrieb und Wartung einer Business Intelligence-Umgebung notwendig ist, können Benutzer jederzeit Standardberichte oder interaktive Analysen einstellen und anderen Benutzern sowie Benutzergruppen zugänglich machen. Dies beinhaltet auch interaktive Dashboards, die mit Crystal Xcelsius erstellt worden sind. Die Sicherheit im Zugriff und bei der Verteilung der Inhalte ist gegeben; Informationen werden verschlüsselt übertragen (zertifiziert nach SAS 70 Type II).

▷ Business Applications OnDemand

Dieses Angebot unterstützt Unternehmen dabei, ihre Abläufe zu automatisieren, optimal zu verwalten und besser zu verstehen. Entstanden aus den Lösungen des OnDemand Pioneers Nsite überwachen und automatisieren die Business Applications OnDemand zentrale Geschäftsprozesse. Sie beinhalten Konfigurations-, Angebots-, Preisfindungs- sowie Genehmigungsprozesse, die mit den erforderlichen Dashboards geliefert werden, was das Monitoring stark vereinfacht. Die Nsite Quote- und Proposal-Managementlösungen wurden bereits für die Nutzung mit Salesforce und AppExchange zertifiziert, weitere Lösungsanbindungen sind in Vorbereitung.

▷ SAP BusinessObjects BI OnDemand

Auslagern der BI- und Data Warehousing-Infrastruktur auf eine gehostete Plattform für eine sofortige Auswertung von Daten. SAP BusinessObjects BI OnDemand hostet die gesamte Datawarehouse- und Business Intelligence-

Infrastruktur. Unternehmen, die diesen Service nutzen wollen, können automatisiert ihre Daten über gesicherte Verbindungen in das System laden. Die Daten können auch von unterschiedlichen Quellen und Systemen stammen. Innerhalb von OnDemand werden die Daten in einem benutzerspezifischen Datawarehouse abgelegt. Des Weiteren wird der komplette BI-Layer zur Analyse der Daten und zum Reporting mit aufgenommen. Ähnlich wie bei Crystalreports.com steht eine webbasierte Oberfläche zum Aufruf und der Nutzung von Standardunternehmensberichten, webbasierten Ad-hoc-Abfragen und interaktiven Dashboards zur Verfügung. Die Nutzer des Services können sich ganz auf die Informationsgewinnung konzentrieren und müssen keine Datenbank- und Business-Intelligence-Infrastruktur für Analyse und Reporting ihrer Unternehmensdaten selbst vorhalten.

▶ SAP-CRM-On-Demand-Lösung

Die CRM-On-Demand-Lösung von SAP ist eine einfach zu bedienende, über Internet zu nutzende Lösung mit einem zeit- und nutzerabhängigen Abrechnungsmodell, was einen schnellen und gewinnbringenden Einsatz garantieren soll. Funktional deckt die SAP-CRM-On-Demand-Lösung Vertriebs-, Marketing- und Servicefunktionalitäten ab und kann online – ohne spezielle SAP-Vorkenntnisse – konfiguriert und administriert werden.

Integrationsmöglichkeiten zu bestehenden SAP-ERP-Systemen auf Kundenseite sind selbstverständlich. Die On-Demand-Lösung ist gebaut für die CRM-Anforderungen des Large Enterprise Segments und baut auf derselben Architektur auf, nutzt dasselbe Datenmodell und hat dieselbe Benutzeroberfläche wie SAP CRM. So können Kunden nahtlos von der bedarfsabhängigen Lösung zur lokalen SAP-CRM-Lösung wechseln, wenn ihre Geschäftsentwicklung es erfordert – ohne Datenverlust, Betriebsunterbrechungen oder kostspieliges Change-Management.

Die CRM-On-Demand-Lösung wird in einem »Isolated-Tenancy«-Modell betrieben – ein Modell mit abgesicherter Verfügbarkeit: Es kombiniert die hohe Verfügbarkeit und das geringe Risiko des Einmandantensystems mit dem Effizienzgewinn und der schnellen Inbetriebnahme der Mehrmandantenarchitektur.

▶ Zusammenfassung SaaS bei SAP

SAP ist mit seinen SaaS-Modellen auf langfristige stabile Partner- und Kundenbeziehungen ausgerichtet. Dabei bietet SAP – in einigen Modellen auch gemeinsam mit Partnern – den Kunden von Beginn an einen zukunftssicheren Wachstumspfad in Abhängigkeit der weiteren Unternehmensentwicklung. So kann z.B. ein SaaS-System für SAP Business All-in-One um weitere Softwarebausteine (SaaS oder Eigenbetrieb) erweitert werden oder eine spätere Umstellung auf vollständigen Eigenbetrieb erfolgen.

8.3.4 Siemens AG

Bereits seit 1999 stellte Siemens für externe und interne Kunden auf globaler Ebene unterschiedlichste Anwendungen als zuverlässige und hochsichere SaaS-Dienste über das Netz bereit, alle basierend auf vertraglich vereinbarten Serviceleveln und nutzungsabhängiger Abrechnung. Die erschließbaren Synergien aus der Bereitstellung dieser SaaS-Dienste für global agierende Kunden mit teilweise hoher Nutzeranzahl kommen allen Kunden gleichermaßen zugute. Dies gilt ebenso für das über die Zeitachse erworbene, breite SaaS-Wissens- und -Erfahrungsspektrum.

Aus der Bandbreite des Siemens-Portfolios sind nachstehend die im SaaS-Modell bereitgestellten Collaboration Services erläutert, welche alle darauf ausgerichtet sind, die Arbeitseffizienz zu steigern, Arbeitsabläufe zu optimieren und operative Kosten zu senken. Die Siemens SaaS Services werden im Folgenden vorgestellt.

▷ Liveservices

Diese Enterprise Content-Management- (ECM) und Dokumentenmanagementlösung basiert auf der Applikation Livelink for Enterprises der OpenText Inc. und wird in unterschiedlichen Ausprägungen bereitgestellt. Kunden haben die Wahl zwischen einem Standard-SaaS-Dienst mit fest definiertem Funktionsumfang oder einer individuellen SaaS-Variante, welche je nach Kundenanspruch individuell ausgeprägt wird. Je nach Bedarf kann zwischen unterschiedlichen Login-Prozeduren gewählt werden. Als webbasierte Plattform unterstützt Liveservices solche Funktionalitäten wie in Tabelle 8.2.

Liveservices	
Collaboration	Task Management Workflows News and News Channels

Tabelle 8.2: Siemens Liveservice-Funktionalitäten

Liveservices	
Document Management	Version Management Tracking and Auditing Document Change Management
Knowledge Management	Information Retrieval Discussions and Urgent Requests Polling and Surveys

Tabelle 8.2: Siemens Liveservice-Funktionalitäten (Forts.)

▶ Netviewer@ Siemens

Der SaaS-Dienst Netviewer@Siemens als Realtime Collaboration-Lösung erlaubt die Durchführung hochsicherer Web Conferencing Sessions, welche im Standard bereits bis zu 100 Teilnehmer erlauben und auf bis zu 500 Teilnehmern pro Session skaliert werden kann. Auch hier wird neben einem Standardangebot eine Individuallösung angeboten, welche je nach Kundenbedarf für die unterschiedlichsten Einsatzszenarien konfiguriert, erweitert und integriert werden kann.

▶ Project Server on Demand

Project Service on Demand (PSoD) basiert auf der Microsoft Enterprise Content Management-Lösung und unterstützt Kunden in der Durchführung von Projekten entsprechend der beim Kunden eingeführten Projektmanagementmethode. Kunden wird eine gemeinsam nutzbare, integrierte Projektmanagementplattform bereitgestellt, welche die nachstehend beschriebenen Kernfunktionalitäten abdeckt. Wie die vorgenannten Services kann auch PSAoD auf kundenindividuelle Anforderungen angepasst und mittels vorhandener Schnittstellen mit bereits existierenden Kundensystemen vernetzt werden.

Elemente im Projektmanagementprozess:

▶ Project Risk and Issue Management

▶ Project Document Management

▶ Ressource Management

▶ Project Reporting Standards

Eine besonders hervorzuhebende Funktionalität bietet das PSoD-Cockpit, welches zu jeder Zeit und zu jedem Projekt den aktuellen Projektstatus hinsichtlich der Einhaltung definierter Projektmeilensteine, der Kosten-Trend-Analyse sowie der Erreichung von Quality Gates widerspiegelt.

8.3.5 IBM

IBM als Anbieter von SaaS-Technologien wie Software, Hardware und Services sieht für das SaaS-Konzept eine schnell anwachsende Akzeptanz beim Endkunden, ganz entsprechend dem massiven globalen Trend der stetig zunehmenden Zahl von Internetnutzern, internetfähigen mobilen Endgeräten und internetbasierenden Anwendungen speziell auch für Unternehmen. IBM treibt diese Entwicklung voran und fokussiert dabei auf vier strategische Bereiche:

▷ Hilfe bei der Erstellung von SaaS-Angeboten

▷ Vertrieb von eigenen SaaS-Anwednungen

▷ Entwicklung von SaaS-Lösungen

▷ Hilfe bei der Einführung von SaaS-Produkten bei Kunden

▷ Das SaaS-Partnerprogramm der IBM speziell für ISVs

IBM als Technologieanbieter sieht die Partner als wesentlichen Kanal im SaaS-Umfeld. Die IBM bietet beispielsweise für unabhängige Entwicklungspartner (ISVs), die in das SaaS-Geschäftsmodell auf Basis der IBM-Technologien einsteigen wollen, umfangreiche Technologie- und Marketingunterstützung für das jeweilige SaaS-Angebot des Anbieters.

Insbesondere bietet die IBM dem ISV Softwaretechnologien mit speziellen SaaS-Mietpreismodellen, speziell entwickelt für die Anbieter von SaaS-Anwendungen, um den ISVs den Einstieg ins wachstumsträchtige SaaS-Geschäft zu erleichtern. Das bedeutet konkret, der ISV kauft die Software nicht, sondern bezahlt in niedrigen gleichen Beträgen für die Nutzung der Software als Mietmodell. Dies schont die Eigenkapitaldecke des ISVs und ermöglicht dem ISV, von Beginn an marktfähige Endkundenpreise für seine SaaS Applikation anzubieten.

Im Serviceumfeld stellt die IBM dem ISV hochsichere und hochverfügbare On-Demand-Rechenzentrumsinfrastrukturen (Cloud) entweder über spezielle SaaS-Hosting-Partner oder über IBM-eigene Rechenzentren weltweit zur Verfügung, basierend auf IBM-Hardware und -Software.

Dabei ermöglicht die IBM den Vertriebspartnern wie beispielsweise den Distributoren oder Hosting-Partnern der IBM, die notwendigen SaaS-Technologien wie Software, Hardware und Services und auch die SaaS-Programme der IBM im Markt zu platzieren, damit diese und deren Kunden am dynamisch wachsenden SaaS-Markt erfolgreich partizipieren können.

SaaS-Angebote der IBM für Endkunden

Für mittelständische Unternehmen bietet die IBM über die SaaS Business-Plattform Zugriff auf SaaS-Anwendungen verschiedener Anbieter. Dazu baut die IBM mit den SaaS-Anbietern mit deren Anwendungen ein SaaS-Partnernetzwerk auf, mit aktuell über 200 ISVs weltweit, mit wachsender Zahl auf der Plattform. Alternativ kann der Kunde auch eine vorkonfigurierte, beim Kunden installierte Appliance auf Basis von IBM-SaaS-Technologien, in Kombination mit den Anwendungen der SaaS-Anbieter, sicher nutzen und darauf hochperformant zugreifen.

Darüber hinaus offeriert die IBM dem Kunden eigene, auf Lotus Software basierende SaaS-Angebote wie beispielsweise Lotus Live Engaged, speziell zu den Themen Online-Zusammenarbeit, Austausch von Informationen und Web Conferencing zwischen Mitarbeitern, Partnern und Kunden. Ebenfalls können die SaaS-Angebote der IBM in das SaaS-Angebot des ISVs integriert werden.

Cloud-Computing und Cloud-Services der IBM

Für Unternehmen mit komplexen, beispielsweise globalen Strukturen, Netzwerken und Organisationen wird es zunehmend auch interessant, eigene Rechenzentrumsnetzwerke mit SaaS-Anwendungen aufzubauen. Die Optimierungsmöglichkeiten effizienter Rechenzentren unter Einsatz moderner Virtualisierungstechnologien führt zu signifikanten Einsparungen von Energiekosten und dem damit verbundenen CO_2-Ausstoß und vermindert den ressourcenintensiven Aufwand im Betrieb. Dazu liefert die IBM Know-how und zukunftsweisende Technologien bei der Einführung und dem Aufbau sicherer und hochverfügbarer kundeneigener Clouds für Unternehmen, deren SaaS-Anwendungen und der Prozesseinbindung zu Kunden und in weltweite Lieferanten-, Partner- und Vertriebsstrukturen.

8.3.6 Andere Anbieter

Hewlett-Packard

HP Cloud Assure ist eine der ersten Lösungen, die bei der Verbreitung von Cloud-Lösungen hilft. Diese SaaS-Angebote werden von HP und deren Partnern angeboten. Cloud Assure besteht aus Application Security Center, Performance Center und Business Availability Center. Diese Module werden als SaaS den Benutzern einzeln oder gebündelt angeboten.

Oracle

Das SaaS-Angebot von Oracle geht auf die Funktionalität der Siebel-CRM-Lösung zurück. Nach der Akquisition werden die CRM-Varianten durch Oracle vertrieben. Es gibt die CRM-Lösung für den IT-Eigenbetrieb mit traditioneller Lizenzierung und die On-Demand CRM-Cloud-Alternative mit nutzungsabhängiger Verrechnung.

Statistical Analysis Software (SAS)

Die Firma ist bekannt für statistische Analysen, Datenbanken, Berichtswesen und Business Analytics. Von einfachen Berichten bis zu komplexen Analysen können Anwendungen über die Cloud angeboten werden. Auch Hosting-Modelle werden in der Zukunft unterstützt, wo auch die Daten durch den Anbieter gepflegt werden.

8.4 Speicher-as-a-Service

EMC: Atmos und AtmosonLine sind die Produkte der Cloud-Lösungen. Sie garantieren Skalierbarkeit, Elastizität und dadurch Kostenersparnisse für Kunden. AtmosonLine ist der internetbasierte Speicherdienst, der auf einer Information Management Platform von EMC läuft.

IBM: Smart Business Storage Cloud ist ein private Cloud Service, der in der Lage ist, mehrere Petabytes von Daten und Milliarden von Dateien zu verwalten. Die Basis ist eine Blade-Server-Architektur. Es gibt zwei Alternativen:

▷ IBM implementiert und verwaltet die Speicherhierarchie bei den Kunden oder

▷ die Daten werden bei IBM durch IBM verwaltet.

Die erste Alternative braucht Backup-Sicherheit, die wiederum bei IBM durch IBM implementiert und verwaltet werden kann.

Seagate: Seagate ist eigentlich ein Broker, der mit VARs und MSPs zusammenarbeitet. Das geschieht im Interesse der Kunden, die das Management von Daten in der Cloud in Auftrag geben. Die Speicher-Cloud heißt i365. Softwarefirmen werden darin unterstützt, Anwendungen unmittelbar für die i365-Speichercloud zu schreiben.

8.5 Security-as-a-Service

McAfee: Durch Merger und Akquisitionen hat die Firma in den unterschiedlichen Clouds Fuß gefasst. Das Portfolio besteht aus einem cloudbasierten E-Mail-Gateway, Web Security-Modulen, E-Mail-Archivierung und Backup-Optionen. Die Produkte werden durch Tausende von Partnern vertrieben.

Symantec: Die Firma bietet cloudbasiertes Backup für Unternehmen unterschiedlicher Größe. VARs können das Symantec Protection Network weiterverkaufen. Symantec Hosted Service beinhaltet auch eine cloudbasierte Plattform, die Daten und Informationen sichert und verwaltet. Die Informationsverteilung kann mehrere Kommunikationsformen benutzen.

Trend Micro: Das Smart Protection Network war eine der ersten Cloud-Lösungen überhaupt. Virtualisierte Ressourcen werden mit dem Web Gateway Security Produkt geschützt. Insbesondere, Server werden mit Deep Security 70 abgeschirmt.

8.6 Cloud Computing Enabler

8.6.1 Citrix

Im Unterschied zu proprietären Lösungen anderer Virtualisierungsanbieter basiert das neue Cloud Solution-Portfolio von Citrix auf einem offenen Framework. Das ermöglicht es Cloud-Anbietern, ihre eigenen Innovationen in die jeweilige Lösung zu integrieren. Diese offene Technologie besitzt eine hohe Kompatibilität zwischen den einzelnen Schichten. Damit können Unternehmen ihre bestehenden Investitionen inklusive der Virtualisierungstechnologien und -tools Dritter gewinnbringend einsetzen.

Citrix kümmert sich um die praktischen und businessorientierten Cloud-Services, die für den jeweiligen Kunden am sinnvollsten sind. Dieses Konzept kommt den aktuellen Bedürfnissen der Kunden entgegen und ist zentraler Bestandteil einer jeden Lösung. Mit diesen Technologien lassen sich die Grenzen herkömmlicher Rechenzentren und Netzwerke öffnen und Anwendungs-Workloads ohne kostspielige Updates bestehender Infrastrukturen erweitern. Die Citrix Cloud-Lösungen beinhalten folgenden Funktionsumfang:

▷ **On-Boarding** ermöglicht eine nahtlose, sichere Migration bestehender Anwendungen und Workloads in Cloud-Infrastrukturen.

▷ **Entwicklung und Test** beinhaltet Funktionen des Application Lifecycle Management nach Bedarf. Das spart Zeit und Kosten für das Einrichten und Bereitstellen neuer Infrastrukturen.

▷ **Disaster Recovery** setzt Services in den Bereichen Virtualisierung, Storage, Datenreplizierung und -orchestrierung wirksam ein, um die cloudbasierte Bereitstellung von Disaster-Recovery-Services zu unterstützen.

▷ **Compliance** unterstützt Kunden aus regulierten Branchen bei der Erfüllung der strengen Compliance-Anforderungen und bietet eine präzise Kontrolle über sensible zentralisierte Daten. Ziel ist die Reduzierung von Compliance-Kosten.

▷ **On-Demand-Applikationen** verwandeln herkömmliche Windows-Unternehmensanwendungen in ein Software-as-a-Service (SaaS)-Angebot.

▷ **On-Demand-Desktops** ermöglicht Unternehmenskunden die Bereitstellung kompletter virtualisierter Windows-Desktops aus der Cloud heraus.

▷ Durch **On-Demand-Demos** können Softwareunternehmen ihren Bestandskunden und potenziellen Neukunden Produktdemonstrationen über das Internet ohne Installation, Download oder Konfiguration zur Verfügung stellen.

Citrix Cloud Center (C3) bietet Cloud-Anbietern eine vollständige Palette an Infrastrukturkomponenten, um cloudbasierte Services zu hosten, zu verwalten und bereitzustellen. C3 beinhaltet eine Referenzarchitektur, die die individuellen Funktionen mehrerer Citrix-Technologien verbindet. So entsteht eine

8

leistungsfähige, dynamische, sichere und hochverfügbare, servicebasierte Infrastruktur, die ideal für die On-Demand-Bereitstellung von Infrastruktur- und Anwendungsservices geeignet ist. Diese Architektur besteht aus vier Kernkomponenten:

Plattform – basierend auf Citrix XenServer™ Cloud Edition: Die neue Xen-Server Cloud Edition ist eine leistungsfähige Lösung für virtuelle Infrastrukturen, die speziell für Umgebungen von Service-Providern optimiert ist. Sie verbindet die Skalierbarkeit von Xen® Hypervisor mit leistungsfähigen Managementfunktionen und Technologien zur Bereitstellung dynamischer Workloads. Das ermöglicht Cloud-Anbietern, jede Kombination aus Windows- und Linux-Umgebungen zu hosten, zu managen und bei Bedarf zu skalieren. Die XenServer Cloud Edition basiert auf einem nutzungsabhängigen Abrechnungsmodell. Service-Provider können damit ihren Kunden Preise anbieten, die nach dem tatsächlichen Verbrauch berechnet werden.

Bereitstellung – basierend auf Citrix® NetScaler®: Mit der richtlinienbasierten AppExpert™ Engine stellt Citrix NetScaler den Cloud-Nutzern über das Internet cloudbasierte Ressourcen bereit. Dabei lassen sich Performance und Sicherheit kontinuierlich optimieren, indem die Anzahl der verfügbaren virtuellen Maschinen oder Server an die dynamischen Workload-Anforderungen und die Infrastrukturverfügbarkeit angepasst wird. Damit können Cloud-Anbieter Workloads über große, verteilte Cloud-Umgebungen hinweg steuern und den Traffic bei Ausfällen im Netzwerk oder im Rechenzentrum zu alternativen Kapazitäten – sowohl intern als auch extern – umleiten. Mit NetScaler können auch die Serveranforderungen in großen Cloud Centern drastisch reduziert werden, indem die Backend-Server von der Verarbeitung von Protokollen und Transaktionen entlastet werden. Die bewährte NetScaler-Architektur ist für hochskalierbare Webanwendungen in Multi-Tenant-Umgebungen konzipiert. NetScaler stellt tagtäglich für etwa 75 % aller Internetanwender Webservices bereit.

Brücke – basierend auf Citrix Repeater: Immer mehr große Unternehmen testen derzeit welches Potenzial cloudbasierte Services für ausgewählte Bereiche ihrer Infrastruktur- und Anwendungs-Hosting-Strategie bieten. Das stellt erhöhte Anforderungen an die Cloud-Anbieter. Sie müssen eine zuverlässige, sichere und nahtlose Brücke zwischen gehosteten Cloud-Services und unternehmenseigenen Services realisieren. Im Laufe der Zeit wird die C3-Lösung um verschiedene offene Schnittstellen erweitert werden, mit denen die Kunden virtuelle Maschinen und Anwendungsressourcen einfach und problemlos in ein cloudbasiertes Rechenzentrum und auch wieder zurück verlagern können. Die Repeater-Technologie wird für diese Unternehmensbrücke eine entscheidende Rolle spielen, da sie den Anwendungstraffic zwischen der Cloud und dem Rechenzentrum beschleunigt und optimiert – auch über große Distanzen.

Orchestrierung – basierend auf Citrix Workflow Studio™: Citrix Workflow Studio bietet umfassende Orchestrierungs- und Workflow-Funktionalität, mit der die Produkte des C3-Portfolios dynamisch gesteuert und automatisiert und in die Geschäfts- und IT-Richtlinien des Unternehmens integriert werden können. Mit Workflow Studio können die Kunden ihre Infrastruktur dynamisch steuern – und bisher unverbundene Prozesse und Produkte integrieren und in einem zentralen, leistungsfähigen, orchestrierten und geschlossenen System zusammenführen. Auf diese Weise können Cloud-Anbieter viel einfacher hocheffiziente Clouds zur Verfügung stellen, die je nach aktuellem Bedarf die Ressourcen automatisch hoch- oder herunterskalieren. Auch Hardware-Ressourcen werden dort bereitgestellt, wo die Anwender sie am meisten benötigen. Und wenn sie nicht gebraucht werden, werden sie im Sinne der Energieeffizienz einfach deaktiviert.

8.6.2 VMWare

Die Produkte von VMWare sind bekannt als eine Plattform für die Virtualisierung von Hardware-Ressourcen. Es wird eine dünne Softwareschicht zwischen Hardware und Betriebssystem geschoben. Diese Software nennt man Hypervisor. Seine Aufgaben sind:

▷ Trennung der physischen Ressourcen (HW) von den logischen Ressourcen (SW)

▷ Dynamische Zuteilung dieser Ressourcen an die unterschiedlichen Betriebssysteme

▷ Dynamische Zuteilung dieser Ressourcen an die unterschiedlichen Anwendungen

▷ Errichtung von voneinander völlig unabhängigen virtuellen Maschinen

▷ Kontinuierliche Überwachung des Betriebs, insbesondere die Auslastung der Ressourcen

Daraus resultiert ein sehr wirtschaftlicher Betrieb von Private und Public Clouds.

VCloud bringt eine neue Plattform für Cloud-Computing. Diese Plattform ist nicht von der Größe der Kunden abhängig. Sie kann sowohl für Private als auch für Public Clouds eingesetzt werden. Neue Services können durch die angebotene Kombination von Anwendungen, Infrastrukturkomponenten, eCO-Systeme der Cloud-Service-Provider und vCloud-Technologien kreiert, angeboten und implementiert werden.

Das Open Virtualization Format (OVF) ist die Basis. OVF ist plattformunabhängig, effizient, erweiterbar und für folgende Zwecke gut geeignet:

▶ Formatierung und Verteilung von Softwaremodulen

▶ Verteilung von Sicherheitssoftware für virtuelle Maschinen

▶ Erhöhung der Mobilität von virtuellen Maschinen

VCloud (Abbildung 8.8) unterstützt praktisch alle Anwendungen und mehrere Betriebssysteme und ermöglicht eine sinnvolle Kombination von Cloud-Services mit Komponenten des IT-Eigenbetriebs. Die vCloud-Technologie bringt Kunden, Cloud-Service-Provider und Software-Anbieter zusammen. Folgende Möglichkeiten sind für die Unternehmen verfügbar:

▶ Leichte Migration von Anwendungen vom IT-Eigenbetrieb zur Cloud und auch zurück, wenn erforderlich.

▶ Nahtlose Fortsetzung des Betriebs in der Cloud ohne Software neu schreiben zu müssen.

▶ Inanspruchnahme von mehreren Diensten durch ein Ecosystem auf Partnerschaftsbasis.

VCloud ist eine Cloud-Lösung, bei der die führende Technologie von VMWare, ein umfassendes Technologie-Ökosystem und die Cloud-Service-Provider zusammenwirken, um die Kompatibilität für sämtliche interne und externe Anwendungen in der Cloud zu ermöglichen. VCloud erweitert Cloud-Computing um Merkmale, um den Anforderungen von Unternehmen an Performance, Zuverlässigkeit auf Produktionsebene sowohl intern als auch extern gerecht zu werden.

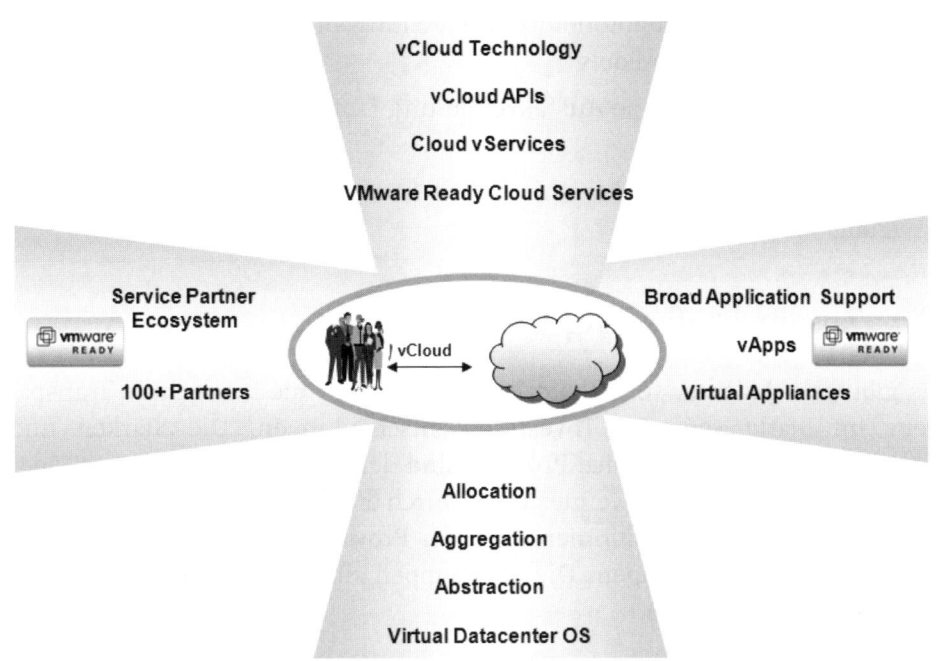

Abbildung 8.8: VmWare vCloud

VMWare vSphere verschiebt virtuelle Maschinen im laufenden Betrieb von einem physischen Server auf einen anderen ohne Auswirkungen auf die Anwender. Mit Vmotion bleibt die IT-Umgebung im Betrieb. Die Vmotion-Technolgie nutzt die vollständige Virtualisierung von Servern, Speichern und Netzwerken, um komplette virtuelle Maschinen im laufenden Betrieb unverzüglich von einem Server auf einen anderen zu verschieben. Vmotion steuert den Zugriff auf die Speicher virtueller Maschinen über das VMWare-Cluster-Dateisystem. Bei einem VMotion-Vorgang werden der aktive Speicher und der präzise Ausführungszustand einer virtuellen Maschine über ein sehr schnelles Netz von einem physischen Server auf einen anderen übertragen. Der Zugriff auf den Festplattenspeicher der virtuellen Maschine wird unmittelbar auf den neuen physischen Server umgelenkt. Da auch das Netz virtualisiert wird, behält die virtuelle Maschine ihre Netzwerkidentität und ihre Verbindungen bei, sodass ein nahtloser Migrationsvorgang sichergestellt wird. Vmotion bietet folgende Möglichkeiten:

▷ Durchführung von ausfallsicheren und für den Anwender völlig transparenten Live-Migrationen

> Kontinuierliche und automatische Zuteilung virtueller Maschinen innerhalb von Ressourcen-Pools

> Hardwarewartung ohne Ausfallzeiten und Unterbrechung des Geschäftsbetriebs

> Verlagerung virtueller Maschinen von Servern mit Fehlfunktionen oder mangelhafter Leistung

8.7 Zusammenfassung

Es gibt viele Anbieter von Cloud-Leistungen. Aber die mangelnde Transparenz im Markt verzögert Investitionsentscheidungen. Die Stärken und Schwächen der Cloud-Service-Provider sind derzeit für Entscheidungsträger vielfach unklar und wenig vergleichbar. Durch die Globalisierung gibt es noch keine differenzierten Positionierungen der Provider nach Zielgruppen, Geografie und Dienstleistungen. Die Zielgruppen sind mehr oder weniger klar (Quelle: ExpertON2010):

> Kleine Unternehmen (1–99 PCs)

> Mittelständische Unternehmen (100–999 PCs)

> Großunternehmen (> 1000 PCs)

> Softwareentwicklungsunternehmen

> Neue Firmen (Start-Ups und Inkubatoren)

Diese Gruppen haben sehr unterschiedliche Interessen bei Anwendungen, Plattformen und Infrastrukturkomponenten.

Die Mehrzahl der Cloud-Service-Provider sind nordamerikanische Weltfirmen wie z.B. Microsoft, Google und Amazon. Viele von ihnen spielen auf mehreren Gebieten eine wichtige Rolle. Je komplexer das Cloud-Angebot und je größer das Unternehmen, desto wahrscheinlicher ist es, dass Systemintegratoren wie z.B. IBM, Hewlett-Packard, Siemens, AT&T, T-Com oder T-Systems mit Komplettlösungen werben. Klare Vergleichskriterien wurden im Kapitel 7 beschrieben. Die hier folgende Tabelle (Tabelle 8.3) hilft Unternehmen, den Request for Information-Prozess zu starten. Danach arbeiten sie mit einer Short-Liste, die dann als Grundlage für Request for Proposal dient.

Objektive Benchmarks für Cloud-Service-Provider können von unabhängigen Beratungsfirmen erwartet werden.

Bewertungs-kriterien	1	2	3	4	5	6	7	8	9	10	11	12	13	14	15
1 SaaS Salesforce, GoogleApps															
2 Storage-aaS EMC															
3 Platform-aaS Google, Force.com															
4 IaaS Amazon, Microsoft, IBM															
5 MaaS CA, HP, IBM BMC															
6 SecaaS McAfee, Symantec, TrendMicro															
7 ITaaS IBM, HP, T-Com, Siemens															

Tabelle 8.3: Bewertungsmatrix für Cloud-Service-Provider

1. Service-Angebote	9. Verrechnungsmodelle
2. Einsatz virtualisierter Ressourcen	10. Zertifizierungen
3. Mandantenfähigkeit	11. Preise (Festpreise/volumenabhängige Preise)
4. Service Level Agreements (SLAs)	
5. Benutzergesteuerte Provisionierung	12. Informierung
6. Elastizität beim Ressourcenbedarf	13. Abhängigkeit von anderen Providern
7. Ressourcenmanagement	14. Auditing
8. Vertragsdauer	15. Finanzielle Stabilität des Cloud-Providers

9 Rechtliche Grundlagen des Cloud-Computings

Cloud-Computing und damit die Auslagerung von IT-Infrastrukturen und Applikationen sowie von Geschäftsprozessen mit hohem IT-Anteil ist kein neuer strategischer Ansatz. Die Outsourcing-Bewegungen der vergangenen Jahre haben vielmehr alle Teile der Unternehmen erfasst. Durch die Auslagerung von Unternehmens-IT und/oder Prozessen erhoffen sich viele Unternehmen kostensenkende Effekte. Dies steht aber nicht mehr alleine im Fokus der Entscheidungsfindung für oder gegen Cloud-Computing. Themen wie Innovation und kontinuierliche Qualitätsverbesserung gewinnen verstärkt an Bedeutung.

Auch die Anforderungen der Unternehmens-IT nehmen in einem komplexeren und globalisierten Umfeld zu. Hierfür gilt für Unternehmen (Organisation, Prozesse und Informationssysteme), dass sie sich flexibel an sich ständig ändernde Rahmenbedingungen anpassen.

International aufgestellte Unternehmen müssen eine wachsende Zahl an verschiedenen juristischen, politischen oder gesellschaftlichen Regeln und Rahmenbedingungen einhalten (Compliance).

9.1 Die rechtliche Verantwortung kann nicht extern vergeben werden!

Die Verhältnisse zwischen Partnern müssen klar geregelt werden. Das ist Sache der Anwälte von Kunden und Cloud-Service-Providern. Die meisten Vertragspunkte werden in SLAs festgelegt. Dort gibt es zwei Tendenzen:

▷ Kundenanwälte versuchen, den Cloud-Service-Provider festzunageln, und manchmal stellen sie unvertretbare und unerfüllbare Anforderungen in Bezug auf die Haftung.

▷ Provideranwälte sind an weichen Verträgen interessiert, wo Verpflichtungen oft mit »Best Effort« abgeschwächt werden sollen.

Risiken bei Cloud-Computing sind vielfältig, die sowohl für die Cloud-Provider als auch für die Kunden greifen können. Einige sind: Datenschutz, Regeltreue, Backup, Business Continuity.

In diesem Kapitel werden einige Risikofaktoren etwas näher erläutert.

Abbildung 9.1: Die mysteriöse CLOUD

9.2 Abstimmung der rechtlichen Linien

Die Verantwortlichkeiten in Cloud-Service-Verträgen müssen eindeutig geklärt werden. Service Level Agreements helfen bei der Vereinbarung von messbaren Metriken, die die Servicegüte für beide Vertragspartner definieren. Es gibt klare Leistungsübergabepunkte, an denen der Kunde, der Provider oder beide die Messungen vornehmen.

Bei Cloud-Lösungen steigt die Freiheit der Kunden, technisch hochwertige und finanziell vertretbare Alternativen zu wählen. Gleichzeitig steigt aber auch die Abhängigkeit von einer Technik, die der Anbieter und nicht der Kunde kontrolliert.

Cloud-Provider müssen sich, soweit es möglich ist, auf die technische Integration von Standardanwendungen in die IT-Umgebung konzentrieren.

Dadurch können viele aufwendige Untersuchungen und Prüfungen vermieden werden.

Die Frage der Verantwortung ist leichter zu lösen, wenn es sich um überblickbare Ressourceneinheiten wie Rechner und Speicher handelt. Schwieriger wird es bei gebündelten Diensten, bei denen mehrere Serviceebenen kombiniert werden. Wenn Geschäftsprozesse verzögert oder beeinträchtigt werden, muss der Kunde wenigstens wissen, wer verantwortlich ist und wer bei der Lösung des Problems helfen kann.

Theoretisch können Haftungsregelungen die Risiken eingrenzen, aber der Kunde will stabile Dienstleistungen und weniger den Schadenersatz.

9.3 Vertragliche Aspekte

9

Beim Einsatz von Cloud-Computing gibt es Risiken, die in den Verträgen und SLAs mit den Providern berücksichtigt werden müssen.

Fehlende Transparenz: Durch die Virtualisierung ist es für den Kunden nicht mehr feststellbar, *wo* sich seine Daten genau befinden (Lokation) und *wie* mit diesen umgegangen wird. Branchenspezifische Anforderungen an Sicherheitsüberprüfungen werden nur sehr schwer umsetzbar. Das ist die Grundlage für die daraus resultierenden Probleme.

Vermengung von Kunden/Diensten/Daten: Durch das Teilen von Ressourcen findet eine Vermengung von Kunden, Diensten und Daten statt, wodurch ungleich klassifizierte Wirtschaftsgüter in *gleicher* Weise behandelt werden. Verliert ein Wirtschaftsgut seine Integrität, kann sich dies unmittelbar auf die anderen Anlagen auswirken. Beteuerungen eines Anbieters, einen sicheren und geschützten Umgang der Daten durchzusetzen, können oftmals aufgrund der fehlenden Transparenz nicht verifiziert werden.

Verlust der Kontrolle über Daten/Prozesse: Die fehlende Transparenz und das Teilen der Ressourcen führen dazu, dass ein Verlust über die Nutzdaten und Aktivitäten stattfindet. Ein Anbieter könnte diese unerlaubt selbst weiterverwenden oder an einen Mitbewerber oder eine Behörde weiterreichen.

Abhängigkeit vom Anbieter: Man ist in direkter Weise vom Angebot und der Qualität des Dienstleisters abhängig. Ausfälle des Dienstes können sich als sofortige Einbuße der Produktivität auswirken.

Schwierigkeit von Backups: Das Erstellen von Backups könnte maßgeblich erschwert sein. Nur mit erheblichem Aufwand lassen sich diese selbstständig umsetzen. Will man dies nicht in Kauf nehmen, ist man diesbezüglich vom Anbieter abhängig. Die kompetente Umsetzung dieses Prozesses unter Einhaltung branchen- bzw. unternehmensspezifischer Vorhaben lässt sich oftmals nur schwer durchsetzen.

Schwierigkeit bei Migration: Durch komplexe Abhängigkeiten und Inkompatibilitäten ist ein Wechsel zu einem anderen Anbieter nur mit sehr viel Aufwand möglich. Die Abhängigkeit vom Partner führt zu einer ständigen Trägheit. Bei Differenzen in der Zusammenarbeit ist man lange Zeit der Willkür des Partners ausgesetzt.

Juristische Konflikte bezüglich Datenschutzes: Es ist denkbar, dass sich eine Cloud über verschiedene Länder erstreckt. Diese können ihrerseits unterschiedliche Rechtsgrundlagen aufweisen. Durch ein dynamisches Verteilen eines Dienstes ins Ausland können juristische Probleme auftreten (z.B. bei Exportverbot oder beim Datenschutz).

Juristische Eigenverantwortung: Ein Unternehmen kann sich durch das Auslagern seiner Daten und seiner Prozesse nicht von der Eigenverantwortung freimachen. Selbst eine strukturierte Evaluation und Prüfung des Partners sowie eine solide vertragliche Vereinbarung lassen ein derartiges Abtreten von Verantwortung nicht zu.

Know-how-Verlust: Das Auslagern von Prozessen und Technologien wird meist umgesetzt, um Kosten bei den internen Ressourcen zu sparen. Der Abbau von ausgebildetem Personal hat längerfristig den Verlust von Know-how und Kompetenzen zur Folge. Im schlimmsten Fall ist bei Verhandlungen und Problemen kein internes Personal mit entsprechendem Sachverstand vorhanden. Ein etwaiges Insourcing gestaltet sich dann als Neuaufbau einer gesamten Abteilung (inkl. Personal, Prozesse, Strukturen).

Zentraler Angriffspunkt: Obschon Cloud-Computing als Distributed Computing verstanden wird, wird damit ein zentraler Angriffspunkt geschaffen. Je mehr Mechanismen in eine spezifische Cloud ausgelagert werden, desto fokussierter kann sich ein Angreifer dieses Konstruktes annehmen. Eine Kompromittierung der Cloud hat theoretisch die Kompromittierung sämtlicher ausgelagerter Mechanismen zur Folge.

9.4 Haftungsfragen

In diesem Abschnitt werden die neuen Regeln, die Sicherstellung eines Datenschutzniveaus und ein Leitfaden zur Datenübermittlung zusammengefasst.

9.4.1 Neue Regeln für Verträge mit Datenverarbeitern außerhalb der EU

Am 5. Februar 2010 hat die EU-Kommission eine neue Fassung der »Standardvertragsklauseln für die Übermittlung personenbezogener Daten an Auftragsverarbeiter in Drittländern« beschlossen. Standardvertragsklauseln sind ein häufig genutztes Instrument, um datenschutzrechtliche Anforderungen umzusetzen, wenn personenbezogene Daten in einem Land außerhalb der EU und des Europäischen Wirtschaftsraumes (EWR) genutzt oder verarbeitet werden. Am 15. Mai 2010 traten die bisher gültigen Standardklauseln außer Kraft.

Die Entscheidung ist relevant für alle Unternehmen, die Lieferanten, Kunden oder Konzerngesellschaften außerhalb der EU Daten zur Verfügung stellen. Vor allem Verträge zu Outsourcing, Cloud-Computing, Software as a Service oder ASP mit Anbietern außerhalb der EU sind betroffen (z.B. in Bezug auf CRM-, ERP- oder Personalverwaltungssysteme).

9.4.2 Sicherstellung eines »angemessenen Datenschutzniveaus«

Die Sicherstellung eines »angemessenen Datenschutzniveaus« ist in § 4b Absatz 2 Satz 2 des Bundesdatenschutzgesetzes (BDSG) geregelt, der den Artikel 25 Abs. 1 der EU-Datenschutzrichtlinie 95/46/EG umsetzt. Ohne »angemessenes Datenschutzniveau« dürfen personenbezogene Daten nicht übermittelt bzw. kein Zugriff darauf gewährt werden. Verstöße können mit bis zu € 300.000 Geldbuße geahndet werden (§§ 43 (2) Nr. 1, (3) BDSG).

Um die neuen Standardklauseln unternehmensintern umzusetzen, empfiehlt sich folgendes Vorgehen:

▷ Bestehende Verhältnisse zur Auftragsdatenverarbeitung mit Unternehmen außerhalb der EU und des EWR identifizieren.

▷ Zugrunde liegende Verträge sichten, bewerten und nach Wichtigkeit ordnen.

▶ Entscheiden, welche Verträge auf die neuen Klauseln umgestellt werden sollen bzw. erstmalig durch Standardvertragsklauseln ergänzt werden müssen.

▶ Vertragspartner anschreiben, um Aufnahme neuer Klauseln vorzubereiten bzw. Unterauftragsverhältnisse zu klären.

▶ Langfristig: Sicherstellen, dass zukünftige Verträge (soweit erforderlich) die neuen Klauseln enthalten.

9.5 EU-Datenschutz für Cloud-Computing

Für Cloud-Services im geschäftlichen Umfeld eignen sich besonders Service-Provider aus der Europäischen Union. Mit der Richtlinie 95/46/EG zum Schutz natürlicher Personen bei der Verarbeitung personenbezogener Daten und zum freien Datenverkehr hat die EU einen Mindeststandard für den Datenschutz und die Datensicherheit eingeführt. So setzt zum Beispiel jede Übermittlung personenbezogener Informationen die vorherige Einwilligung des Betroffenen voraus. Auftragsdaten dürfen nur in den Grenzen der EU beziehungsweise des Europäischen Wirtschaftsraums (EWR) verarbeitet werden. Öffentliche Institutionen verknüpfen Vergaben oft mit einer Datenverarbeitung im eigenen Land. Erstaunlicherweise gibt es selbst in den USA bislang keine festgeschriebenen Richtlinien zum Datenschutz. Dort sind nur spezielle Arten der Verarbeitung verboten. Behördenakten beispielsweise sind von jedem Bürger problemlos abrufbar.

Das Wissen, wo die Daten liegen, hat darüber hinaus noch einen anderen Aspekt: Manche Großunternehmen wollen ihre Daten und Anwendungen in einem ausfallsicheren Rechenzentrum wissen, das auch von der geografischen Lage her vor Naturkatastrophen (Erdbeben, Stürmen, Überschwemmungen etc.) gut geschützt sind. Ein internationaler Mineralölkonzern bezieht deshalb bereits bewusst Cloud-Computing-Services aus München.

9.5.1 Leitfaden Übermittlung personenbezogener Daten – Inland, EU-Länder, Drittländer

BITKOM geht mit dem Leitfaden »Übermittlung personenbezogener Daten« auf die zunehmende Vernetzung von Geschäftsbeziehungen ein.

Die Publikation des BITKOM-Arbeitskreises Datenschutz bietet praktische Hilfestellung für den täglichen Gebrauch und berücksichtigt die jeweiligen rechtlichen Anforderungen beim Datentransfer.

9.6 Wo liegen die Daten?

Zu großer Unsicherheit im Cloud-Computing führt auch ein Faktor, der sich vom klassischen Outsourcing grundsätzlich unterscheidet: Der Benutzer weiß im Normalfall nicht, auf welchen Systemen, in welchem Rechenzentrum und vor allem in welchem Land der Cloud-Service-Provider seine Daten speichert. Überschreiten die Daten Ländergrenzen, erfüllen sie möglicherweise nicht mehr die Anforderungen an die Sicherheit oder die rechtlichen und branchenspezifischen Auflagen. So ist es in Frankreich und Polen nicht erlaubt, Finanzdaten außerhalb des Landes zu betreiben. In den USA und anderen Ländern fallen Sicherheitstechnologien wie Verschlüsselung unter das Kriegswaffenkontrollgesetz und sind daher nur in Ausnahmefällen zulässig. Häufig ist auch nicht geregelt, wer im Fall eines Datenverlusts im Staat XY die Haftung trägt und wie diese aussieht.

Weiterhin bestehen Risiken durch unterschiedlich gestaltete Gesetzgebungen zum Beispiel beim Abhören oder bei unbemerkten Zugriffen. In einigen Staaten können Behörden jederzeit ohne Vorwarnung abhören oder auf die Daten zugreifen. Manch ein internationaler Cloud-Service-Provider verzichtet deshalb bewusst darauf, in bestimmten Ländern ein eigenes Rechenzentrum zu errichten. In der Private Cloud von T-Systems kann der Nutzer darüber hinaus selbst bestimmen, wo er seine Daten abgelegt haben möchte.

9.7 Rechtliche Hinweise an Unternehmen

Einige Beispiele werden hier aufgezählt, die im Zusammenhang mit Cloud-Services stehen können.

9.7.1 Erhebung von personenbezogenen Daten

Prüfen Sie vor der Gestaltung von Vertragsformularen, welche Informationen Ihrer Kunden Sie wirklich benötigen! Beachten Sie, dass der Zweck der Datenverarbeitung *konkret festzulegen* ist. Kennzeichnen Sie freiwillige Angaben, denn Fairness gegenüber den Kunden zahlt sich aus.

Festlegung von Verarbeitungszwecken

Grundsätzlich ist es schon aus Beweiszwecken zu empfehlen, Verarbeitungs-
zwecke schriftlich festzulegen. Verarbeiten Sie eine Vielzahl von gleich gear-
teten Datenkategorien, kann dies auch in der Verfahrensübersicht nach § 4e
BDSG geschehen.

Gruppenzugehörigkeit bei Werbeansprache

Die E-Mail-Adresse, die Telefonnummer, die Telefaxnummer und das genaue
Geburtsdatum unterliegen nicht dem Listenprivileg des § 28 Abs. 3 Nr. 3
BDSG! Eine Gruppenzugehörigkeit liegt nicht vor, wenn Sie mehrere Eigen-
schaften in einen Sammelbegriff zu verknüpfen suchen.

Widerspruch gegen Werbung bereits bei Vertragsschluss

Ermöglichen Sie Ihren Kunden *bereits bei Vertragsschluss*, der Verwendung
ihrer Daten zu Werbezwecken zu widersprechen. Hierzu bedarf es lediglich
einer Textzeile und eines Ankreuzkästchens, z.B. »Falls Sie unsere Werbung
wünschen, kreuzen Sie bitte das nebenstehende Kästchen an«.

Benachrichtigungspflicht nach § 33 BDSG

Werden erstmals personenbezogene Daten für eigene Zwecke **ohne Kenntnis
des Betroffenen** gespeichert, ist der Betroffene von der Speicherung, der Art
der Daten, der Zweckbestimmung und der Identität der verantwortlichen
Stelle zu benachrichtigen.

Verändert sich der Verarbeitungszweck wesentlich, so löst dies ebenfalls
eine Benachrichtigungspflicht aus. Eine Benachrichtigungspflicht entfällt
insbesondere, wenn eine Speicherung ausdrücklich gesetzlich vorgesehen
ist. Das gilt auch für gesetzliche Aufbewahrungspflichten (z.B. steuerrele-
vante Daten).

Auskunftserteilung

Das Auskunftsrecht soll den Betroffenen unter anderem in die Lage versetzen
zu beurteilen, ob alle über ihn gespeicherten Daten rechtmäßig gespeichert
sind. Sie müssen daher die konkret gespeicherten Daten mitteilen.

Einwilligungsklauseln für die Nutzung zu Werbezwecken

Ist für eine bestimmte Datenverarbeitung oder Nutzung zu Kundenbindungszwecken die Einwilligung des betroffenen Kunden erforderlich, genügt es nach der Rechtsprechung in der Regel nicht immer, eine Streichoption anzubieten (Unzulässigkeit eines bloßen Opt-out). Die Rechtsprechung billigt hingegen regelmäßig nur Erklärungen, bei denen sie Werbefaxe oder Werbeanrufe ausdrücklich wünschen.

Wenn Kunden über ihre Zufriedenheit befragt werden sollen

Nach der Rechtsprechung ist die telefonische Kontaktaufnahme mit Endverbrauchern, z.B. durch Call Center, ohne deren ausdrückliche Einwilligung (Opt-in) regelmäßig unzulässig. Überlassen Sie es dem Kunden zu entscheiden, ob er Ihnen eine Rückmeldung über Ihren Service geben will! Formulieren Sie eine Einwilligungserklärung, bei der der Kunde sich für oder gegen eine Kundenzufriedenheitsbefragung entscheiden kann. Erfahrungsgemäß trägt dies erheblich zur Akzeptanz der Befragung bei.

9

Automatisierte Einzelentscheidung/Scoringverfahren

Bei **negativen Entscheidungen** müssen nach § 6a Abs. 2 Nr. 2 BDSG geeignete Maßnahmen gewährleisten, dass die **berechtigten Interessen des Betroffenen** gewahrt werden. Eine Interessenwahrung liegt insbesondere vor, wenn der Betroffene die Möglichkeit hat, seinen Standpunkt geltend zu machen und die verantwortliche Stelle ihre Entscheidung daraufhin erneut überprüft. Es können auch Aspekte vorgetragen werden, die in dem automatisierten Verfahren nicht berücksichtigt wurden. Nach § 6a Abs. 3 hat der Betroffene das Recht auf Auskunft bezüglich des logischen Aufbaus der automatisierten Verarbeitung der ihn betreffenden Daten. Die verantwortliche Stelle ist allerdings nicht verpflichtet, Angaben zur Gewichtung der gescoreten Daten sowie ihrer wechselseitigen Abhängigkeit zu machen, weil sie eine erhebliche Beeinträchtigung der Privatsphäre bedeutet.

Erstellung von Kundenprofilen – Data Warehouse, Data Mining

Führen die Auswertungen des Kundenverhaltens und der durch Scoring oder soziodemografische Bewertungen gewonnenen Erkenntnisse dazu, den Kunden nicht nur einer bestimmten Zielgruppe zuzuordnen, sondern in seinem über das konkrete bzw. vermutete Konsumverhalten hinausgreifenden Persönlichkeitsprofil abzubilden, besteht ein Konflikt mit datenschutzrechtlichen Grundsätzen. Die Zusammenführung von verschiedenen Kundendatenbeständen, die auf einer Vielzahl unterschiedlicher Zweckbestimmungen basieren, in einem Datenpool zwecks möglicher Personalisierung und gezielter Werbeansprache ist mit der jeweiligen ursprünglichen Zweckbestimmung nicht vereinbar.

Nach herrschender Meinung sind der Aufbau von Data Warehouses und die darauf aufsetzende Personalisierungstechnik des Data Mining nur mit Einwilligung des Betroffenen erlaubt. Etwas anderes ist es, wenn es sich um anonymisierte Daten handelt.

Soziodemografische Adressbewertungen (Daten über soziale Struktur in Wohnbereichen)

Die Zulässigkeit der Bewertung des Kunden hiermit hängt davon ab, dass nur solide Aussagen und nicht zur Diskriminierung bestimmter Bevölkerung- und Wohngebietsgruppen führende Daten Verwendung finden.

Kundenbindungssysteme (Bonuskarten)

Soweit die Verarbeitung personenbezogener Daten der Abwicklung des Rabattvertrages dient, ist dies datenschutzrechtlich legitimiert. Die Speicherung und Verarbeitung von weiteren personenbezogenen Daten und die Verwendung dieser Daten zu Werbezwecken ist nach Auffassung der Datenschutzaufsichtsbehörden nur mit Einwilligung der Betroffenen erlaubt.

9.8 Internationale Regeltreue (Compliance)

Durch die Globalisierung wird angenommen, dass die meisten Kunden und Cloud-Service-Provider in mehreren Ländern tätig sind. Deswegen werden die wichtigsten internationalen Richtlinien zusammengefasst.

9.8.1 Safe Harbor Principles

Die Safe Harbor Principles sind:

▶ Informationspflicht

▶ Sicherheit

- Datenintegrität
- Wahlmöglichkeit
- Auskunftsrecht
- Durchsetzung
- Weitergabe

Bei Safe Harbor (Sicherer Hafen) handelt es sich um eine zwischen der EU und den USA im Jahre 2000 getroffene Vereinbarung, die gewährleistet, dass personenbezogene Daten legal in die USA übermittelt werden können. Ausgangspunkt für diese Vereinbarung bilden die Vorschriften der Art. 25 und 26 der Europäischen Datenschutzrichtlinie, nach denen ein Datentransfer in Drittstaaten verboten ist, die über kein dem EU-Recht vergleichbares Datenschutzniveau verfügen. Dies trifft auf die USA zu, da es dort keine umfassenden gesetzlichen Regelungen zum Datenschutz gibt, die dem europäischen Standard entsprechen. Allerdings sieht Art. 25 Abs. 6 der Richtlinie vor, dass die Kommission der Europäischen Gemeinschaft die Angemessenheit des Datenschutzes in einem Drittland feststellen kann, wenn diese bestimmte Anforderungen erfüllt.

Um den Datenaustausch zwischen der EU und einem ihrer wichtigsten Handelspartner nicht zum Erliegen zu bringen, wurde deshalb nach einem Weg gesucht, wie Daten legal in die USA transferiert werden, auch wenn dort kein dem Niveau der EU vergleichbarer Datenschutzstandard vorliegt. Zur Überbrückung der Systemunterschiede wurde das Safe-Harbor-Modell entwickelt. Nachdem das US-Handelsministerium (Department of Commerce, DoC) am 21. Juli 2000 die unten aufgeführten 7 Prinzipien und Antworten auf 15 häufig gestellten Fragen (Frequently Asked Questions, FAQ) veröffentlicht hatte, erließ die Europäische Kommission am 26. Oktober 2000 eine Entscheidung, nach der in den USA tätige Organisationen über ein angemessenes Datenschutzniveau verfügen, wenn sie sich gegenüber der Federal Trade Commission (FTC) öffentlich und unmissverständlich zur Einhaltung der Prinzipien und der in den 15 häufig gestellten Fragen enthaltenen Hinweise verpflichten.

Im Vorfeld der Entscheidung der Europäischen Kommission vom 26. Juli 2000 verabschiedete die Artikel-29-Datenschutzgruppe anlässlich ihrer Sitzung am 16. Mai 2000 in Brüssel einstimmig ihre Stellungnahme 4/2000 WP 32 zu Safe Harbor.

9

In den USA tätige Unternehmen, die unter die Aufsicht der FTC fallen, können gemäß der Vereinbarung dem Safe Harbor beitreten, indem sie sich öffentlich verpflichten, bestimmte Prinzipien einzuhalten und die dazu gehörenden verbindlichen häufig gestellten Fragen beachten. Auch wenn der Beitritt zum Safe Harbor freiwillig ist, sind die Unternehmen danach verpflichtet, sich an die Grundsätze des Safe Harbor zu halten, und müssen dies der FTC jährlich mitteilen. Falls ein Unternehmen gegen diese Grundsätze verstößt, kann die FTC entsprechende Maßnahmen ergreifen wie etwa die Datenverarbeitung stoppen oder Sanktionen verhängen.

Die Safe-Harbor-Vereinbarung sieht vor, dass Unternehmen die folgenden sieben Prinzipien einhalten müssen, um ein angemessenes Datenschutzniveau vorweisen zu können:

1. Informationspflicht: Die Unternehmen müssen die Betroffenen darüber unterrichten, welche Daten sie für welche Zwecke erheben und welche Rechte die Betroffenen haben.

2. Wahlmöglichkeit: Die Unternehmen müssen den Betroffenen die Möglichkeit geben, der Weitergabe ihrer Daten an Dritte oder der Nutzung für andere Zwecke zu widersprechen.

3. Weitergabe: Wenn ein Unternehmen Daten an Dritte weitergibt, muss es die Betroffenen darüber und die unter 2. aufgeführte Wahlmöglichkeit informieren.

4. Zugangsrecht: Die Betroffenen müssen die Möglichkeit haben, die über sie gespeicherten Daten einzusehen und sie ggf. berichtigen, ergänzen oder löschen zu können.

5. Sicherheit: Die Unternehmen müssen angemessene Sicherheitsvorkehrungen treffen, um die Daten vor unbefugtem Zugang oder vor Zerstörung und Missbrauch zu schützen.

6. Datenintegrität: Die Unternehmen müssen sicherstellen, dass die von ihnen erhobenen Daten korrekt, vollständig und zweckdienlich sind.

7. Durchsetzung: Die dem Safe Harbor beigetretenen Unternehmen verpflichten sich zudem, Streitschlichtungsmechanismen beizutreten, sodass die Betroffenen ihre Beschwerden und Klagen untersuchen lassen können und ihnen im gegebenen Fall Schadensersatz zukommt.

Zusätzlich sieht die Vereinbarung vor, dass die Unternehmen 15 häufig gestellte Fragen zu beachten haben. In den Antworten zu diesen Fragen werden die Prinzipien näher erläutert.

Das US-Handelsministerium führt ein Verzeichnis derjenigen Unternehmen, die sich, um in den Genuss der Vorteile des Systems zu kommen, öffentlich zu den Grundsätzen des Safe Harbor verpflichtet haben. Dieses Verzeichnis wird auf der Webseite des DoC veröffentlich und kann nach bestimmten Kriterien durchsucht werden.

Unternehmen, die sich dem Safe Harbor anschließen, sind vor der Sperrung des Datenverkehrs sicher. Andererseits wissen europäische Unternehmen, die personenbezogene Daten an in den USA tätige Firmen übermitteln, dass sie keine zusätzlichen Garantien verlangen müssen. Schließlich können die Unionsbürger sicher sein, dass ihre Daten datenschutzgerecht verarbeitet werden.

Nicht in den Zuständigkeitsbereich der FTC fallen die Unternehmensbereiche Finanzinstitute, Luftverkehrsunternehmen, Telekommunikationsunternehmen und Verpackungsdienste.

Im Falle von Verstößen gegen die Prinzipien des Safe Harbor können die Betroffenen Beschwerden und Klagen einreichen und unter Umständen Entschädigung verlangen. Wenn ihnen bei Streitigkeiten nicht vom betroffenen Unternehmen geholfen wird, haben Verbraucher die Möglichkeit, sich an eine Streitschlichtungsstelle zu wenden. Unter anderem stehen folgende Streitschlichtungsstellen zur Verfügung:

▷ BBB Online

▷ TRUSTe

▷ Direct Marketing Association Safe Harbour Program

▷ Entertainment Software Rating Board Privacy Online EU Safe Harbour Program

▷ Judicial Arbitration and Mediation Service (JAMS)

▷ American Arbitration Association

Gleichzeitig haben die Betroffenen auch die Möglichkeit, die Datenschutzbehörde in ihrem Land zu bitten, sich ihres Falls anzunehmen.

Die Safe-Harbor-Vereinbarung sieht zudem die Einrichtung eines Daten-schutzgremiums vor. Dieses besteht aus Vertretern der EU-Datenschutzbe-hörden und befasst sich mit Beschwerden über die Verwendung von Mitarbei-terdaten.

Trotz der stetig wachsenden Zahl an Unternehmen, die sich öffentlich zu den Safe Harbor-Prinzipien verpflichten, hat es immer wieder Kritik am Safe-Har-bor-Programm gegeben. So kam es wiederholt vor, dass Unternehmen zwar dem Programm beigetreten sind, aber nicht über die erforderliche Daten-schutzverpflichtung verfügen oder diese nur mangelhaft ist. Auch ist die vom US-Handelsministerium zu führende Liste nicht immer aktuell und kann Unternehmen enthalten, die entweder nicht mehr Mitglied des Programms sind oder gar nicht mehr existieren.

Um solche Fälle in der Zukunft auszuschließen, arbeiten die zuständigen Behörden in den USA und die EU-Datenschutzbehörden eng zusammen. Sie treffen sich einmal jährlich in der sogenannten Safe-Harbor-Konferenz, um Erfahrungen auszutauschen, anstehende Fragen zu erörtern und nach Lösun-gen zu suchen. Besondere Bedeutung hat dabei auch die Frage, wie die Betrof-fenen, also Organisationen, Verbraucher und Unternehmensmitarbeiter, bes-ser über die sich aus der Vereinbarung ergebenden Rechte unterrichtet wer-den können (Quelle: Bundesbeauftragter für den Datenschutz und die Informationsfreiheit (BfDI).

9.8.2 Sarbanes-Oxley Act

Der Sarbanes-Oxley Act of 2002 (auch *SOX*, *SarbOx* oder *SOA*) ist ein US-Bun-desgesetz, das als Reaktion auf Bilanzskandale von Unternehmen die Verläss-lichkeit der Berichterstattung von Unternehmen, die den öffentlichen Kapital-markt der USA in Anspruch nehmen, verbessern soll. Ziel des Gesetzes ist es, das Vertrauen der Anleger in die Richtigkeit und Verlässlichkeit der veröffent-lichten Finanzdaten von Unternehmen wiederherzustellen. Das Gesetz gilt für US-amerikanische und ausländische Unternehmen, deren Wertpapiere an US-Börsen (National Securities Exchanges) gehandelt werden, deren Wertpapiere mit Eigenkapitalcharakter (Equity Ecurities) in den USA außerbörslich gehan-delt werden, oder deren Wertpapiere in den USA öffentlich angeboten werden (Public Offering) sowie für deren Tochterunternehmen.

Der Geltungsbereich des Sarbanes-Oxley Acts erstreckt sich über amerikani-sche Unternehmen und Prüfungsgesellschaften auch auf ausländische Prü-

fungsgesellschaften und Unternehmen mit einer amerikanischen Börsenno-
tierung.

9.8.3 Inhalte des Sarbanes-Oxley Act

▷ Bestätigung der Ordnungsmäßigkeit der Abschlüsse (ähnlich einer eides-
stattlichen Erklärung) durch den CEO und den CFO.

▷ Rückzahlung erfolgsabhängiger Vergütungen von CEO und CFO im Falle
unrichtiger Abschlüsse, die nachträglich zu Korrekturen führen.

▷ Verbot der Darlehensgewährung an das Management.

▷ Verschärfte Vorschriften zur Unabhängigkeit der Mitglieder des Prüfungs-
ausschusses (*audit committee*) des Verwaltungs- bzw. Aufsichtsrats (*board
of directors*).

▷ Verpflichtung des Audit Committees, Nicht-Prüfungsleistungen des
Abschlussprüfers zu genehmigen.

▷ Verbot der Erbringung prüfungsnaher Dienstleistungen bzw. Nicht-Prüfungsleistungen neben der Abschlussprüfung durch den gewählten
Abschlussprüfer.

▷ Verpflichtung des Abschlussprüfers, den Prüfungsausschuss über kritische Vorgänge und alternative Vorschläge zur Rechnungslegung zu informieren.

▷ Schaffung einer neuen und unabhängigen Aufsichtsbehörde über die
Wirtschaftsprüfer: Public Company Accounting Oversight Board (PCAOB)
mit weitreichenden Überwachungsrechten.

▷ Regelungen zur Unabhängigkeit und verschärften Haftung von Wirtschaftsprüfern (Rotation der Audit-Partner, Interessenkonflikte etc).

▷ Regelungen zur Einrichtung von Hinweisgebersystemen und zum Whistle-
blower-Schutz.

▷ Neuregelung der Verantwortlichkeiten von Managern des börsennotierten
Unternehmens.

▷ Erweiterte finanzielle Offenlegungspflichten (z.B. über das interne Kontrollsystem).

▷ Verschärfung der Strafvorschriften.

9

Für an US-Börsen notierte Unternehmen bedeutet der Sarbanes-Oxley Act einen erheblichen Eingriff in die unternehmerischen Abläufe. Hierbei stehen die Regelungen um die Implementierung und Evaluierung eines internen Kontrollsystems, das vornehmlich die Ordnungsmäßigkeit der Finanzberichterstattung sicherstellen soll, im Mittelpunkt. Nicht zuletzt durch die erhöhten Haftungsanforderungen an das Management bzgl. der Korrektheit der Finanzberichterstattung rückt die Effektivität des IKS in den Fokus des Managements. Ein gut funktionierendes IKS liegt also spätestens seit dem Sarbanes-Oxley Act im fundamentalen Interesse der Unternehmensführung.

9.8.4 Statement of Auditing Standard (SAS)

Viele Unternehmen binden externe Cloud-Dienstleister in die Abwicklung ihrer Geschäftsprozesse ein. Dabei bleibt stets das auslagernde Unternehmen für die Erfüllung regulatorischer Anforderungen verantwortlich. Das Management sowie dessen Abschlussprüfer sind – unabhängig von der vertraglichen Ausgestaltung – dazu verpflichtet, die erbrachte Dienstleistung des jeweiligen Anbieters zu beurteilen.

SAS 70 Reports sind ein US-Standard. Ein solcher Report bescheinigt, dass ein Unternehmen über ein funktionierendes Kontrollsystem verfügt. Die Ausstellung erfolgt durch einen Wirtschaftsprüfer.

Den SAS 70-Bericht gibt es in zwei Ausprägungen:

Typ I ist eine Bescheinigung über die Angemessenheit (Design Effectiveness) der Kontrollen. Der Auftraggeber kann dadurch nachvollziehen, wie das interne Kontrollsystem des Dienstleisters aufgebaut ist. Darin sind eine Beschreibung der Anwendungssysteme, Serviceleistungen, Produkte und anderer Vertragsbestandteile enthalten.

Durch **Typ II** wird zusätzlich zum Typ I eine Bescheinigung über die Wirksamkeit (Operating Effectiveness) der Kontrollen über einen bestimmten Zeitraum des Geschäftsjahres hinweg erbracht, wie sie zum Beispiel durch SOX-Anforderungen im Regelfall erforderlich ist.

SOX-pflichtige Unternehmen können ihren eigenen Prüfungsaufwand durch SAS 70 Reports reduzieren, denn der Nachweis der Angemessenheit und Wirksamkeit der angewendeten Kontrollen erfolgt durch den Dienstleister. Auch die Kosten für Prüfungen beim Dienstleister hinsichtlich der SOX-Anforderungen entfallen.

Aus Sicht der Dienstleister war das erforderliche Bewusstsein für SAS 70-Projekte anfangs nicht auf der richtigen Managementebene angesiedelt. Es kam zu hektischen Reaktionen aufgrund der engen zeitlichen Vorgaben. Falls Ziele nicht ausreichend oder nicht schnell genug erreicht wurden, folgte die Drohung mit Kündigung oder mit dem Verzicht auf Vertragsverlängerung. Wenn die notwendige Einhaltung nicht nachgewiesen werden konnte, mussten die Abschlussprüfer der SOX-pflichtigen Kunden meist mit der internen Revision Ersatzprüfungen vornehmen. Diese Prüfungen erforderten einen hohen Zusatzaufwand bei den Dienstleistern.

Die Bemühungen, die SOX-Anforderungen zu erfüllen, hatten für die Dienstleister aber auch Vorteile. Aufgeschobene Zentralisierungsmaßnahmen und Vereinheitlichungen im Bereich der Dienstleistungsprozesse und der Informationstechnologie wurden durchgeführt. Prozesse wurden optimiert und die Transparenz verbessert.

9

Letztendlich ist eine Prüfung im Sinne des SAS 70 ein gutes Mittel, die Corporate Governance zu unterstützen. Ein nachweislich funktionierendes Kontrollsystem ist für einen professionellen Dienstleister selbstverständlich.

Die aktuellen Trends sind:

▷ Rechnungslegungssysteme und -vorschriften sowie die Vernetzung von IT-Systemen werden zunehmend komplexer. Gleichzeitig wird eine Fokussierung auf die Verlässlichkeit der Informationen aus den Systemen gewünscht.

▷ Neue Regularien wie Sarbanes-Oxley Act, J-SOX, 4. und 8. EU-Richtlinie oder das Bilanzrechtsmodernisierungsgesetz (BilMoG) heben die Bedeutung funktionsfähiger Überwachungs- und Steuerungssysteme hervor. Eine unabhängige Beurteilung der Wirksamkeit dieser Prozesse und Systeme ist gefordert.

▷ Dokumentation und Implementierung effizienter Kontrollen werden für externe Finanzberichterstattung und zur Vorbereitung von Management-Entscheidungen eingesetzt.

Wichtig ist, dass für die Erfüllung der regulatorischen Anforderungen stets das auslagernde Unternehmen verantwortlich bleibt. Denn durch die vom Logistikdienstleister übernommenen Prozesse werden Transaktionen und Informationen generiert, die für die Finanzberichterstattung des Kunden relevant sind. Hierzu gehören beispielsweise Bewertung, Umsatzrealisierung, Abrechnungsverfahren.

9.8.5 Patriot Act und Privacy Act

Der Electronic Communications Privacy Act beinhaltet einen Abschnitt über gespeicherte Kommunikationsdaten. Es ist verboten, auf die zwischenzeitlich in den Kommunikationsgeräten gespeicherten Daten ohne Befugnisse mit voller Absicht zuzugreifen. Der Begriff »Gerät« ist sehr breit gefasst; aus heutiger Sicht werden sämtliche Kommunikationskomponenten wie Router, Schalter, Multiplexer oder Nebenstellenanlagen mit darunter gefasst. Auch Speichermedien, die Cloud-Provider sogar als Service anbieten, fallen darunter. Es ist weiterhin verboten, die Zugriffsrechte und Regeln zu ändern oder den Zugriff von berechtigten Benutzern zu verzögern oder zu verhindern. Die Strafen können sehr hart ausfallen, wenn die Tat aus folgenden Gründen geschieht:

- Erzielung von geschäftlichen Vorteilen
- Zerstörung und Vernichtung von Daten
- Erzielung von persönlichen Vorteilen
- Vorbereitung von Verbrechen

Der Patriot Act hat mit gesetzlich erlaubten Abhörmaßnahmen zu tun. Cloud-Service-Provider sind verpflichtet, in ihren Kommunikationsnetzen sogenannte Intercept Access Points (IAP) vorzukonfigurieren. Fehlende Regeltreue wird bestraft. Strafverfolgungsbehörden dürfen kommunikationsbezogene Daten wie z.B. aus Telefongesprächen, E-Mails oder Faxnachrichten abhören, weiterleiten und verarbeiten. In den meisten Staaten muss diese Maßnahme gerichtlich angeordnet werden. Aus technischer Sicht gibt es dafür schon Standards:

- CALEA (Communications Assistance for Law Enforcement Act) in den Vereinigten Staaten und
- ETSI (European Communications Standard Institute) in der European Community.

IAPs können auch für andere Monitoring-Zwecke benutzt werden.

9.8.6 Verbesserungsschritte

Es gibt vier Schritte, die Unternehmen und Cloud-Service-Provider durchlaufen sollen, damit sie die hohen Anforderungen der Regeltreue erfüllen können.

Schritt 1: Begutachtung der existierenden Systeme. Kunden und Cloud-Service-Provider sollen die Fähigkeiten und Möglichkeiten von existierenden Lösungen einschätzen. Für einen Best Practice-Vergleich kann das Committee of Sponsoring Organizations of the Treadway Commission (COSO) Basisdaten liefern. Diese Vergleiche helfen vor allem, eine SOX-Compliance zu erzielen. SOX ist für die Regelung über die Handhabung von finanziellen Daten in einem Unternehmen. Auch für das Berichtswesen gibt es konkrete Hinweise.

Schritt 2: Neue strategische Richtlinien. Dieser Schritt beinhaltet die Verbesserung von bereits eingesetzten internen Regeln und Kontrollen. Kosten können reduziert werden. Für die Planung der Verbesserung in internen Kontrollen müssen alle Mitarbeiter eingebunden werden. Wenn alles in Richtung der Regeltreue geschieht, kann man auf eine frühe Regeltreue hoffen.

Schritt 3: Einsatz der besten Technologie. Wenn Werkzeuge vorhanden und erprobt sind, müssen sie eingesetzt werden. Sie sind sehr bekannt für Dokument Management. In einem Cloud-Computing-Verhältnis sind Dokumente sehr wichtig. Die Abspeicherung, Indexierung und das Wiederfinden sind die Erfolgsfaktoren. Auch E-Discovery spielt eine wichtige Rolle, wenn es um juristische Fragen geht.

E-Discovery (auch Electronic-Discovery), die Erkennung auf elektronischem Wege, beschreibt jeden Prozess, in dem elektronische Daten aufgespürt, gefunden, gesichert und durchsucht werden, etwa in Hinblick auf die Nutzung als Beweismittel in einem Zivil- oder Strafverfahren. E-Discovery kann offline auf einem bestimmten Computer oder im Netzwerk erfolgen

Enterprise Search Engines kombiniert mit Enterprise Content Management sind die Schlüsselfaktoren.

Schritt 4: Aus- und Weiterbildung. Mitarbeiter von Kunden und Cloud-Service-Providern müssen aus- und weitergebildet werden. Sie müssen wissen, wie mit Dokumenten umzugehen ist, wann sie vernichtet werden dürfen und wie sie vorzugsweise gespeichert werden sollen. Wenn alles ordnungsgemäß

9

gehandelt wird, können Firmen sehr viel Zeit und Geld sparen, falls Compliance-Fälle vor Gericht gehen sollten.

9.9 Zusammenfassung

Regeltreue ist ein dynamisches und komplexes Gebiet. Wenn Unternehmen und deren Cloud-Service-Provider in mehreren Ländern und Kontinenten tätig sind, kann die Komplexität der Einhaltung der Regeltreue beide Parteien überfordern. Juristische Abteilungen müssen gut ausgebildet sein und stets auf dem Laufenden bleiben. Brillante technische und wirtschaftliche Lösungen können an einfachen Formalitäten scheitern. Sogar Verzögerungen bei Genehmigungen können zu wirtschaftlichen Verlusten führen.

9

10 Vertragswesen und Partnermanagement

Die Inanspruchnahme von Cloud-Services basiert auf dem Vertrauen der Parteien. Man kann nicht alles bis ins Detail schriftlich festlegen. Man muss soweit wie nötig gehen. Die Zusammenarbeit oder Collaboration bildet den Mittelpunkt. Messbare Indikatoren, wo der Zugriff von beiden Seiten möglich ist, helfen bei der Objektivierung der Verhältnisse. SLAs und Compliance-Bestätigungen sowie Einwilligung zu Audits sind konkrete und nachvollziehbare Grundlagen.

Ein Mengengerüst für das Kunde-Provider-Verhältnis existiert noch kaum. Die Anzahl der Benutzer je Kunde kann sehr hoch sein, somit auch z.B. für einen SaaS-Anbieter. Man kann heute davon ausgehen, dass die Anzahl der Cloud-Provider je Kunde im Rahmen bleibt. Dadurch werden verschiedene Fälle sichtbar:

▷ CRM für SaaS-Provider gegenüber Benutzern

▷ PRM für Kunden und Cloud-Provider

▷ Projektmanagement und

▷ Collaboration-Software für alle.

10.1 Organisatorische Annäherung beider Parteien

Die Basis ist das gegenseitige Vertrauen zwischen den Vertragspartnern. Deswegen ist Partnerschaftmanagement sehr wichtig. Die geschäftlichen Beziehungen müssen stets gepflegt werden. Eine technisch und technologisch korrekte Entscheidung für Cloud-Services reicht nicht. Die interne Unterstützung von vielen Seiten ist sehr wichtig. Folgende Maßnahmen sind relevant und empfehlenswert:

▷ Die Verteilung der Rollen intern und Entscheidung darüber, ob Vermittler, wie Cloud-Procurer und Cloud-Broker erforderlich sind.

▷ Die Unterstützung des Top-Managements muss gesichert werden. Die Aufmerksamkeit muss mit priorisierten Projekten vergleichbar sein.

▷ Die Business Units (Geschäftsbereiche) müssen die Cloud-Alternative unterstützen; die Argumentation dafür geht in Richtung Flexibilität und schneller Marktzugang.

▷ Die Inanspruchnahme von Cloud-Services muss im vollen Einklang mit der mittel- und langfristigen IT-Strategie stehen. Viele IT-Mitarbeiter müssen umdenken und sich wahrscheinlich umschulen lassen. Eine Cloud-Entscheidung öffnet neue Möglichkeiten für neue Rollen.

▷ Unternehmen müssen auch die Konsequenzen bestehender Dienstleistungsverträge prüfen, ob sie keine Konflikte auslösen. Auch steuerliche Fragen müssen untersucht werden sowie Änderungen in Bezug auf die Regeltreue.

10.2 Return on Investment and Total Cost of Ownership

Es gibt zahlreiche Vorteile, wenn Cloud-Computing-Services in Anspruch genommen werden. Je einfacher die Services und je kleiner das Unternehmen, desto offensichtlicher sind die Vorteile. Die neuesten Erhebungen zeigen, dass bei den Treibern der Marktzugang die führende Rolle übernommen hat. Potenzielle Kostenersparnisse bleiben an zweiter Stelle.

Der Übergang von der traditionellen IT-Umgebung zum Cloud-Computing kann von der Kostenseite her wie folgt erklärt werden: In der traditionellen Umgebung sind für neue Entwicklungen die Investitionskosten – Kauf oder Miete von Hard- und Software – hoch und die Betriebskosten über Jahre hinweg konstant und werden durch Lizenzgebühren dominiert.

Beim Cloud-Computing sind die Anfangskosten niedrig (z.B. Konfigurierung und Aktivierung von Cloud-Ressourcen, Integrationsaufwand, Anpassung aller Ressourcen in einem Hybrid-Modell und Training) und die Betriebskosten zwar nutzungsabhängig, aber höher. Die ROI-Berechnung für eine kurze Vertragsdauer garantiert interessante Ergebnisse, aber diese Zahlen sind irreführend. Es wird empfohlen, den ROI für 3 bis 5 Jahre zu berechnen. Dann erhält man wenigstens realistische Werte.

In der ROI-Gleichung erscheinen dann auch interessante und unerwartete Kostenkomponenten, die für die Betriebskosten aufaddiert werden müssen. Beispiele sind:

▷ Bandbreitenerweiterung

▷ Einsatz von besseren Monitoring-Werkzeugen

▷ Garantie für die Interoperabilität von Anwendungen und Datenbasen, die zu Integrations- und Anpassungskosten führen

▷ Management von mehreren Cloud-Service-Providern

▷ Quantifizierung der Sicherheit- und Zuverlässigkeitsrisiken

▷ Alternativwege für Business Continuity

▷ Schutz von Daten und persönlichen Informationen

Viele IT-Organisationen legen nicht mehr so viel Gewicht auf das ROI. Sie bevorzugen eine vereinfachte, serviceorientierte IT-Landschaft, wo die Cloud-Services von neuen Anwendungen in Anspruch genommen werden. Die Durchsetzung dieser Strategie dauert allerdings einige Jahre.

Die SaaS-Anwendungen sind nicht mehr nur auf CRM, HR und Collaboration beschränkt. Populäre Anwendungen schließen ein:

▷ Web Presence

▷ E-Mail

▷ Service-Desk

▷ Buchhaltung und

▷ Backup

Viele Kunden arbeiten mit mehreren Cloud-Providern, manchmal werden sie gegenseitig als Backup benutzt. Bei vielen Cloud-Anwendungen braucht man eine Cloud-Strategie, die für das ganze Life-Cycle verantwortlich ist. Im Gegensatz zu Outsourcing-Verträgen ist der Integrationsgrad bei Cloud-Lösungen höher. Dadurch werden die Probleme beim Austausch von Cloud-Providern oder bei Rückführung in die eigene IT-Umgebung komplexer. Portabilität von Daten gewinnt immer mehr an Bedeutung. Einige Kunden wenden sich bereits an einen Cloud-Data-Broker, der für die gemeinsame Nutzung von Daten und persönlichen Informationen unter mehreren Cloud-Providern verantwortlich ist.

Total Cost of Ownership (TCO) ist ein wichtiger Indikator für die Realität des Cloud-Computings. Zu Beginn sind die Investitionen sehr niedrig, die Cloud-Anwendung läuft innerhalb weniger Stunden. Aber für jeden Benutzer muss der Kunde zahlen, Extrafeatures kosten Geld, und auch für gespeicherte Daten muss man Gebühren zahlen. Bei TCO müssen auch die Migrationskosten beachtet werden, insbesondere Kosten um Datenbestände (z.B. Extraktion, Validierung, Reparatur und Transportkosten). Auch die Zeit der Lernphase der Benutzer muss integriert werden. Das Gesamtbild wird dann durch zusätzliche Sicherheitsausgaben und Backup-Ausgaben ergänzt.

10

10.3 CRM, PRM und Collaboration

Entfernung und Zeitverlust aller Art verlangsamt die Entscheidungsfindung, wodurch geschäftliche Erfolge gefährdet sind. Im Verhältnis Kunde zu Cloud-Service-Provider ist ein kontinuierlicher Informationsaustausch Voraussetzung für den Erfolg. Werkzeuge für das Collaboration sind verfügbar. Auch der Arbeitsstil ändert sich laufend. Weltweit operierende Teams arbeiten praktisch ohne jegliche geografische oder zeitliche Grenzen.

Vereinheitlichte Kommunikation (Unified Communication) in Sprache, Daten, Video ermöglicht, dass Arbeitsnehmer effizienter zusammenarbeiten können. Wichtige Informationen erreichen sie jederzeit an jedem Ort. Collaboration bietet neue Möglichkeiten wie man mit den Partnern zusammen arbeitet, das reicht von Vertragsentwürfen bis Überwachung der SLAs.

Es wird empfohlen, alle Möglichkeiten von Web 2.0 und Wikis in die Zusammenarbeit der Parteien einzubringen. Die Tiefe der Collaboration ist unterschiedlich. Die folgenden vier Fälle sind typisch:

Gemeinsame Benutzung der Infrastruktur: Durch den gemeinsamen Gebrauch können die Parteien besser und einfacher miteinander kommunizieren. Sie können auch Intranets, Extranets oder Virtual Private Networks zusammen benutzen. Dies ist die Basis für die Zusammenarbeit.

Nutzung von Daten: In diesem Fall arbeiten die Vertragspartner gegenseitig mit ihren Daten und Dateien, z.B. Benutzerdaten in CRM-Systemen oder die Verwendung von Benutzerdaten in Rechnungen.

Austausch von Informationen und Content: In diesem Fall können die Partner ihre Inhalte (Content) gegenseitig verwenden. Meistens bedienen sie sich dann gegenseitig mit Produktbeschreibungen, Entwicklungsrichtlinien und Betriebsdokumentationen.

Zugriff zu Anwendungen: In diesem Fall sind die Vertragspartner berechtigt, Anwendungen gegenseitig zu benutzen. Die Anwendungen können selbst entwickelt, es können Standardanwendungen oder auch Mietanwendungen sein. Der gemeinsame Zugriff kann zu Ersparnissen beim Kauf oder bei Lizenzgebühren führen.

10.4 Benchmarking und Best Practices

Benchmarking ist der Vergleich der Performance des eigenen Unternehmens mit dem Branchendurchschnitt oder mit Best Practices. Das Hauptziel ist in jedem Fall die Verbesserung der Prozesse, der Produkte und des Wissenstands der Mitarbeiter.

Benchmarking kann beim Cloud-Computing für beide Vertragspartner benutzt werden. Man kann Benchmarks für jede Evolutionsphase des Cloud-Computing einsetzen:

▷ Konsolidierung und Virtualisierung von Ressourcen (Auftraggeber: Kunde für den Eigenbetrieb)

▷ Implementierung von Private Clouds (Auftraggeber: Kunde für den Eigenbetrieb)

▷ Implementierung von Community Clouds (Auftraggeber: Community)

▷ Implementierung von Public Clouds (Auftraggeber: Cloud-Service-Provider)

In den ersten drei Fällen kann man weitere Kriterien für den Vergleich mit dem Branchendurchschnitt oder Best Practices wie folgt definieren:

▷ Gleiche Prozesse, gleiche Branche

▷ Gleiche Prozesse, unterschiedliche Branchen

▷ Unterschiedliche Prozesse, gleiche Branche

▷ Unterschiedliche Prozesse, unterschiedliche Branchen

10

Im vierten Fall ist der Auftraggeber der Cloud-Service-Provider. Es kann keine unterschiedliche Industrie definiert werden, höchstens die Industriebranchen der potenziellen Cloud-Kunden.

Vor dem Beginn wird man die KPIs festlegen müssen. Für die bessere Objektivität ist die Einschaltung einer Beraterfirma sehr vorteilhaft. Qualität vor Quantität – weniger, aber aussagefähige KPIs erleichtern den Benchmarking-Prozess und ermöglichen eine klare Präsentation der Ergebnisse. Bildhafte Darstellungen werden immer bevorzugt. Abbildung 10.1 zeigt ein mögliches Ergebnis mit KPIs. Die Abweichungen zwischen Eigenbetrieb und Industrie-Durchschnitt sind klar erkennbar.

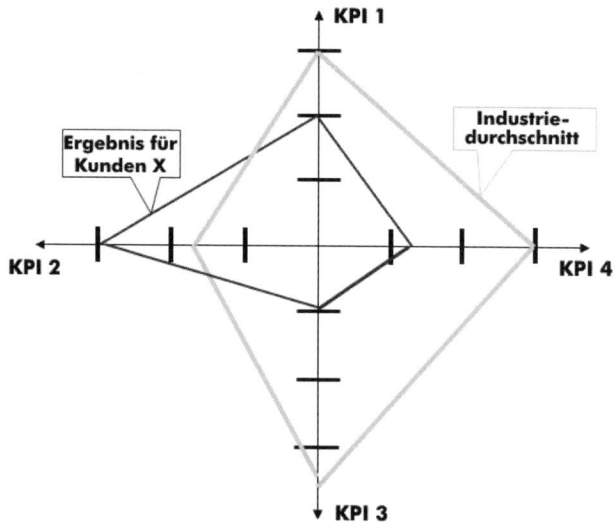

Abbildung 10.1: Typisches Ergebnis von Benchmarks

Die Güte von Private Clouds wird mit dem Brachendurchschnitt verglichen. Verbesserungswege können sofort abgelesen werden.

Der Benchmarking-Prozess besteht aus mehreren Phasen (Abbildung 10.2):

Datenerfassung: Das Team sammelt handfeste Daten über KPIs, über die Konfiguration von Ressourcen und über den Betrieb. Dabei spielen folgende Quellen eine wichtige Rolle:

▷ ausgefüllte Fragebögen

▷ Interviews am Standort

▷ Output von Messwerkzeugen

▷ Beobachtung des Betriebs

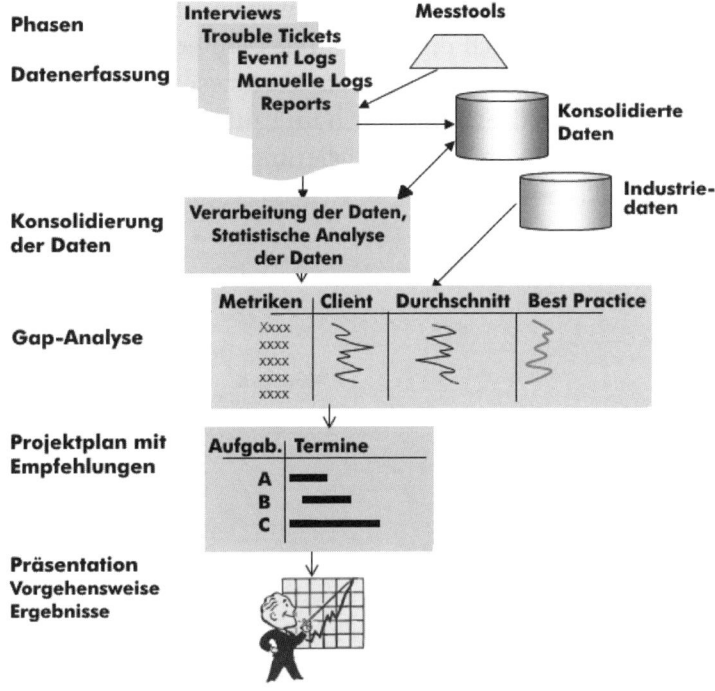

Abbildung 10.2: Phasen von Benchmarking

Datenverarbeitung: Die erfassten Daten werden konsolidiert, formatiert, sortiert, geordnet und in der temporären Benchmarking-Datenbank abgelegt. Auch analytische Verarbeitungsschritte können hier vorgenommen werden. Statusberichte können sowohl verteilt als auch visualisiert werden.

Gap-Analyse: Die Vergleichswerte werden aus der Benchmarking-Datenbank geholt. Die gewählten KPIs werden einzeln verglichen. Der Branchendurchschnitt und die Best Practice bilden die Grundlage des Vergleiches. Abbildung 10.1 kann hier wieder benutzt werden.

Empfehlungen: Die Abweichungen verdeutlichen, wie man vorgehen soll. Es entsteht ein Maßnahmenkatalog; die Prioritäten und Gewichte müssen durch den Auftraggeber definiert werden. Hier kann eine Projektmanagement-Software eingesetzt werden. Dadurch werden Abläufe und Kosten identifiziert.

Präsentation: Die Ergebnisse werden IT, CIO, CTO und CFO persönlich vorgetragen. Die Gap-Tabelle, Empfehlungen und Maßnahmen sind die wichtigsten Punkte bei der Abschlussveranstaltung.

Benchmarks sollen periodisch wiederholt werden. Durch Verbesserungen und Innovationen ändert sich die Position des Unternehmens im Vergleich zum Branchendurchschnitt und zu Best Practices. Aber auch der Durchschnitt und die Best Practices ändern sich im Laufe der Zeit dank neuer Technologie, Automatisierung und Standardisierung. Abbildung 10.3 veranschaulicht diese Dynamik.

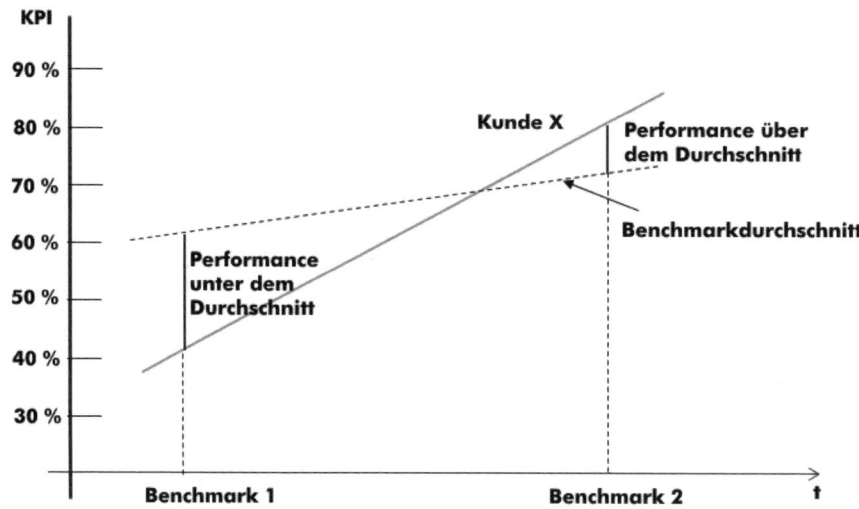

Abbildung 10.3: Dynamische Änderungen zwischen zwei Benchmarks

Die Vorteile von Benchmarking für Cloud-Lösungen können wie folgt zusammengefasst werden:

▶ Realistische Positionierung des IT-Eigenbetriebs

▶ Realistische Positionierung von Private und Community Clouds

▶ Realistische Positionierung von Public Clouds, die bei Vertragsverhandlungen (z.B. SLAs) sehr viel hilft

▶ Erkennung von klaren Alternativen für Verbesserungen der Private Clouds oder für das Angebot (Public Clouds)

▶ Erleichterung der Rechtfertigung von Investitionen

▷ Objektivierung der Entscheidung in Bezug auf Cloud-Service-Provider

Es gibt allerdings Hindernisse, die das Benchmarking-Vorhaben verlangsamen können:

▷ Die Wahl der maßgebenden KPIs ist nicht trivial, falls der Branchendurchschnitt sie nicht klar empfiehlt.

▷ Die Erfassung von KPIs für einen repräsentativen Zeitraum ist zeitaufwendig, insbesondere wenn auch subjektive Faktoren aus den Interviews einfließen sollen.

▷ Die Vergleiche zwischen unterschiedlichen Branchen können verzerrt sein.

▷ Es ist nicht leicht, realistische Kennzahlen von Mitbewerbern zu erhalten.

10

Für beide Vertragspartner ist es günstig, wenn die in den SLAs gemeinsam vereinbarten KPIs sichtbar sind. Eine einfache grafische Darstellung in Form von Dashboards sagt vielleicht mehr aus als detaillierte Berichte. Scorecards beurteilen die Performance im Vergleich mit vereinbarten Werten. Diese Werte können den Industriedurchschnitt oder Best Practice repräsentieren. Wenn Abweichungen sichtbar sind, sind auch die Richtungen für die Verbesserungen klar.

10.5 Audits, Standards und Zertifizierung der Anbieter

Die wichtigsten Standards für die Zusammenarbeit zwischen Kunden und Cloud-Service-Providern auf dem Gebiet der Audits werden hier zusammengefasst.

10.5.1 Standard ISO/IEC 20000

Das Ziel der Norm ISO/IEC 20000 ist die Bereitstellung eines gemeinsamen Referenzstandards für alle Unternehmen, welche IT-Services für interne oder externe Kunden erbringen. Ein weiteres Ziel besteht in der Förderung einer gemeinsamen Terminologie, womit ein wesentlicher Beitrag in der Kommunikation zwischen Service-Provider, Lieferanten und Kunden geleistet wird.

Mit dem Standard wird auch der integrierte Prozessansatz aus dem Service Management Framework von ITIL übernommen. Diese Prozesse sind in einem Prozessmodell positioniert. Sie sind Teil des Qualitätsmanagementsystems und ein wichtiges Hilfsmittel in der Kommunikation mit den Kunden (Anwendern) sowie innerhalb der IT. Das Prozessmodell verdeutlicht, welche Prozesse die Leistungserbringung steuern, unterstützen und kontinuierlich verbessern.

ISO/IEC 20000 ist mit der IT Infrastructure Library (ITIL®) abgestimmt. ITIL ist eine Sammlung von Best Practices, nach denen sich ein Service-Provider ausrichten kann, um qualitativ hochwertige Services erbringen zu können. ISO/IEC 20000 stellt das Qualitätsmaß dar, welches es zu erreichen gilt. ITIL unterstützt also den Service-Provider auf diesem Weg.

Der Standard ISO/IEC 20000 besteht aus zwei Teilen:

ISO/IEC 20000 Teil 1: Specification for Service Management.

Durch diese formale Spezifikation werden die Anforderungen an eine Organisation und das Management-System definiert, um »Managed Services« mit einer akzeptablen Qualität für die Kunden zu erfüllen. Dabei ist es unerheblich, ob es sich um interne oder externe Kunden handelt.

ISO/IEC 20000 Teil 2: Code of Practice for Service Management.

Dieser Teil stellt Verhaltensregeln (Code of Practice) dar und beschreibt die besten Erfahrungen, die mit Service-Management-Prozessen innerhalb des Umfangs von ISO/IEC20000-1 gemacht wurden. Diese Verhaltensregeln sind im Besonderen für Organisationen nützlich, die sich für einen Audit und ein Zertifikat entsprechend ISO/IEC20000-1 vorbereiten wollen oder die grundsätzliche Serviceverbesserungen planen.

Abbildung 10.4 zeigt die ITIL-Architektur.

Die IT Infrastructure Library (ITIL) ist der einzige öffentlich verfügbare Leitfaden für die IT-Dienstbereitstellung. Die Library wurde von der Central Computer & Telecommunications Agency (CCTA) in Großbritannien entwickelt, um Organisationen bei der Verbesserung ihrer Informationstechnologie zu helfen. Die in ITIL definierten Module werden einzeln oder zusammen als Leitfaden für die IT-Dienstbereitstellung eingesetzt.

Die Geschäftsprozesse des Unternehmens sind in hohem Maße abhängig von der Verfügbarkeit der Informationssysteme. IT-Prozesse sind somit ein wichtiger Produktionsfaktor. Sie tragen in erheblicher Weise zum Wertschöpfungsprozess eines Unternehmens bei. Die IT-Prozesse haben die Aufgabe, die Geschäftsziele optimal zu unterstützen. Ein Ausfall der IT führt inzwischen zu einer massiven Beeinträchtigung der Geschäftsprozesse und gefährdet somit die gesetzten Geschäftsziele.

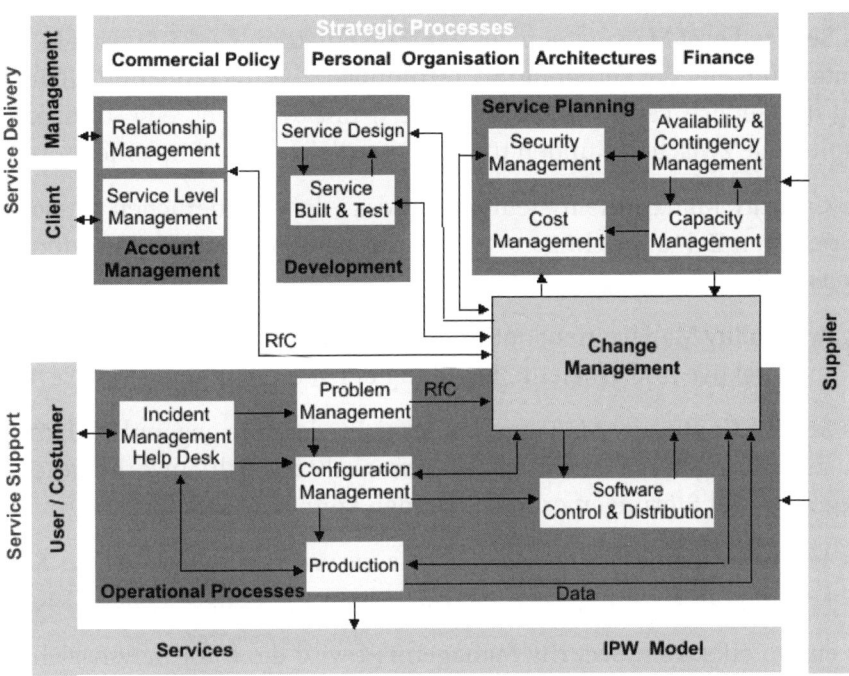

Abbildung 10.4: Systematisierte Betrachtung nach ITIL

10.5.2 ITIL

Mit **ITIL (IT Infrastructure Library)** existiert ein De-facto-Standard, der die IT-Service-Prozesse anhand von Best Practices umfassend beschreibt, um einen nahezu störungsfreien Betrieb der IT-Infrastruktur zu gewährleisten. ITIL stellt ein generisches und skalierbares Konzept für verteilte oder zentrale IT-Systeme dar. Basierend auf ITIL spezifiziert die Norm **BS 15000 (Specification for IT Service Management)** Service-Management-Prozesse und bildet gleichzeitig eine Grundlage für die Durchführung von Assessments von IT-Service-Prozessen. Die Norm BS 15000 wird durch den Code of Practice for IT Service Management (DISC PD 0005:1998) zusätzlich ergänzt.

Die IT-Dienstleister und IT-Betreiber können mithilfe eines ITIL/BS-15000 Assessments die Leistungsfähigkeit ihrer IT-Prozesse in ausgewählten Prozessbereichen ermitteln und generelle Schwachstellen von IT-Prozessen innerhalb ihrer Organisation aufdecken, aktive Unterstützung der Führungsverantwortlichen für operationale Verbesserungsmaßnahmen der IT-Infrastruktur erhalten und ihre IT-Infrastruktur transparenter gestalten.

Das **Service Level Management** als zentrale Funktion des IT-Service-Managements beinhaltet die Verhandlung, Definition, Überwachung und Überarbeitung der Service Level Agreements (SLA) mit dem Ziel, eine transparente Schnittstelle zwischen Kunden und IT-Dienstleistern zu implementieren.

Das **Capacity Management** stellt sicher, dass die erforderlichen Ressourcen zur richtigen Zeit am richtigen Ort entsprechend der Kundenanforderungen bereitstehen.

10

Das **Availability Management** optimiert die Verfügbarkeit der IT-Infrastruktur für eine effektive und effiziente Erfüllung der vereinbarten Service Level.

Das **Service Continuity Management** erreicht, dass die gegenüber dem Kunden zu erbringenden Serviceleistungen auch im Fall unvorhergesehener Ereignisse und Störungen erbracht werden können (Ausfallplanung).

Das **Financial Management** ermöglicht eine verursachungsgerechte Kosten- und Leistungsabrechnung sowie die Fakturierung der angefallenen IT-Kosten.

Mit einem effektiven **Security Management** wird die Informationssicherheit innerhalb des gesamten Dienstleistungsportfolios sichergestellt.

Das **Service Reporting** hat zum Ziel, rechtzeitig präzise und aussagefähige Berichte zur Entscheidungsgrundlage zu erstellen.

Durch das **Release Management** werden Änderungen am Hard- und/oder Softwarebestand geplant und gesteuert.

Aufgabe des **Incident Managements** ist die schnellstmögliche Beseitigung und Wiederherstellung der IT-Services aufgrund von aufgetretenen Störungen im standardmäßigen Betrieb.

Das **Problem Management** löst schnell und wirksam Probleme und minimiert proaktiv Störungen in den Services.

Das **Configuration Management** erfasst und verwaltet den aktuellen Bestand von IT-Ressourcen und stellt somit die zentrale Informationsquelle für IT-Services dar.

Das **Change Management** stellt alle durchzuführenden und durchgeführten Änderungen an Infrastrukturkomponenten, Software oder IT-Services transparent dar und verfolgt diese.

Mit dem **Business Relationship Management** werden erfolgreiche Kundenbeziehungen basierend auf einem guten Verständnis der Kundenanforderungen aufgebaut bzw. erhalten.

Das **Supplier Management** ermöglicht eine nahtlose Schnittstelle für die qualitative Bereitstellung von/durch Lieferanten.

Jedoch muss ITIL auch wirksam eingeführt werden. Man kann feststellen, auf welchem Reifegrad sich ein Dienstleister oder Betreiber befindet. Dies geschieht auf der Basis eines definierten Reifegradmodells (ISO TR 15504-2 »SPICE«).

ITIL V3 spiegelt die Erfahrungen wider, die mit den vorhergehenden Versionen gewonnen wurden, und legt gleichzeitig einen Schwerpunkt darauf, gezielt das Kerngeschäft von Unternehmen zu unterstützen und dafür zu sorgen, dass durch die gestrafften Abläufe in der IT-Organisation langfristig Wettbewerbsvorteile für das gesamte Unternehmen erzielt werden können. Im Vergleich zu ITIL V2 – das auf insgesamt neun Büchern fußte – ist ITIL V3 deutlich fokussierter. Es besteht aus fünf Core-Publikationen, die gemeinsam den Service-Lebenszyklus – abbilden.

Dadurch geht ITIL V3 nun auch deutlicher mit ISO 20000 konform – zu erkennen an der Ausrichtung aller IT-Service-Prozesse am »Deming-Kreislauf«. Dieser kann als Kern des Qualitätsmanagements betrachtet werden: Er zielt mit den Phasen »Plan-Do-Check-Act« auf die kontinuierliche Verbesserung von Produkten und Dienstleistungen ab.

10.5.3 Control Objectives for Information and Related Technology (COBIT)

COBIT ist ein internationales Modell zur Überwachung der gesamten IT-Prozesse.

Das COBIT-Framework besteht aus gängigen, generell akzeptierten Praktiken (Best Practices), welche sicherstellen, dass die IT(-Prozesse) die Geschäftsziele abdeckt, dass die Ressourcen verantwortungsvoll eingesetzt und die Risiken angemessen überwacht werden – was mit dem Begriff »IT Governance« bezeichnet wird.

COBIT unterstützt die IT Governance durch die Bereitstellung einer umfassenden Beschreibung der Kontrollziele für IT-Prozesse und bietet die Möglichkeit, den Reifegrad dieser Prozesse zu messen. COBIT-Prozesse werden wie folgt aufgeteilt:

Planning and Organization (PO)	Acquisition and Implementation (AI)
– PO1 Define the strategic IT plan	– AI1 Identify automated solutions
– PO2 Define the information architecture	– AI2 Acquire and maintain application software
– PO3 Determine the technological direction	– AI3 Acquire and maintain technology infrastructure
– PO4 Define the IT organization and relationships	– AI4 Develop and maintain IT procedures
– PO5 Manage the IT investment	– AI5 Install and accredit systems
– PO6 Communicate management aims and directions	– AI6 Manage changes
– PO7 Manage human resources	
– PO8 Assess risks	
– PO10 Manage projects	
– PO11 Manage quality	
Delivery and Support (DS)	**Monitoring (M)**
– DS1 Define and manage service levels	– M1 Monitor the processes
– DS2 Manage third-party services	– M2 Assess internal control adequacy
– DS3 Manage performance and capacity	– M3 Obtain independent assurance
– DS4 Ensure continuous service	– M4 Provide for independent audit
– DS5 Ensure system security	
– DS6 Identify and allocate costs	
– DS7 Educate and train users	
– DS8 Assist and advice customers	
– DS9 Manage the configuration	
– DS10 Manage problems and incidents	
– DS11 Manage data	
– DS12 Manage facilities	
– DS13 Manage operations	

Als Bindeglied zwischen IT und dem Prüfungswesen/Auditierung verbindet und vereinheitlicht COBIT Standards von 18 unterschiedlichen Quellen aus aller Welt zu einer wesentlichen Informationsquelle für das Management, für Endbenutzer und IT-Revisoren.

Während die Stärke von ITIL bzw. dem BS 15000 (ISO 20000) in der Definition von Best Practice IT-Service-Management-Prozessen liegt, ist deren Kontrolle (Messung) in der Dokumentation nur rudimentär beschrieben. Hier liefert COBIT eine sinnvolle Ergänzung zu ITIL und BS 15000/ISO 20000, indem die Kontrollziele des IT-Service-Managements auf Basis der COBIT-Empfehlungen definiert werden können.

Bei näherer Betrachtung von COBIT lässt sich feststellen, dass es Schnittstellen zu den IT-Service-Management-Prozessen von ITIL bzw. BS 15000/ISO 20000 gibt. Die Stärken von ITIL bzw. BS 15000/ISO 20000 liegen in den dokumentierten Best Practices für die IT-Prozesse (Prozessabläufe, Schnittstellen etc.). Die notwendigen Kontrollen dieser Prozesse sind dagegen nur rudimentär vorhanden, zum Teil nicht durchgängig und konzentrieren sich häufig auf die Prozess-Performance (KPI). Die Überwachung des Prozess-Outputs wird häufig in der Betrachtung vernachlässigt. Anders verhält es sich dagegen bei COBIT. Hier sind Prozesse beschrieben, aber es fehlt an einer detaillierten Prozessbeschreibung. Die Kontrollziele sind dafür gegenüber ITIL, BS 15000/ISO 20000 besser herausgearbeitet und dokumentiert.

Abbildung 10.5 stellt die einzelnen Domäne und ihre Zusammenhänge vor.

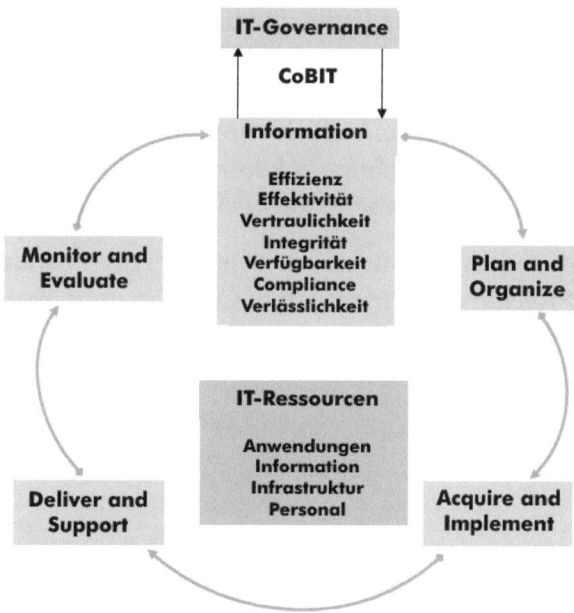

Abbildung 10.5: COBIT-Prozesse in den vier Domänen

Daher bietet sich eine Kombination beider Ansätze an:

▶ Auf Basis von ITIL bzw. BS 15000/ISO 20000 die Prozesse entwickeln bzw. zu optimieren sowie mithilfe von COBIT die notwendigen Kontrollen/Messbarkeit sicherstellen.

▶ Die Arbeitsgruppe CloudAudit kann mit einer Schnittstelle bei der Automatisierung helfen. Diese Schnittstelle ermöglicht für Cloud-Service-Provider die Automatisierung der Audit-, Assertion-, Assessment- und Assurance-Prozesse und deren Iaa-, Paa- und Saa-Services. Auch autorisierte Kunden haben Zugriff zu dieser Automatisierungsmöglichkeit.

10.6 Zusammenfassung

Vertrauen ist gut, Kontrolle ist besser. Kunden und Cloud-Service-Provider arbeiten eng zusammen, weil davon beide profitieren können. Organisatorisch müssen sie sich annähern. Das kann unmittelbar oder mittelbar durch Makler (Broker) geschehen. Vor der Unterzeichnung müssen beide Parteien viele Einzelheiten prüfen, beispielsweise wie existierende Verträge aussehen, welche Audits bei den Cloud-Service-Providern durchgeführt wurden, die Startbereitschaft auf beiden Seiten oder das Wissensniveau der Mitarbeiter. Der Kunde muss unbedingt die Unterstützung von der Geschäftsleitung einholen. Dafür verlangt man ROI- und TCO-Berechnungen mit knallharten Zahlen. Diese beiden Kennzahlen werden immer wieder benutzt, aber Berater sehen schon eine mögliche Auflockerung, wenn es sich um langfristige Geschäftsvorteile handelt. Benchmarks können das Sicherheitsgefühl auf beiden Seiten erhöhen, da positioniert, objektiviert und verglichen wird.

Die Partnerschaft zwischen Kunden und Cloud-Service-Providern wird durch CRM-, PRM-, Projektmanagement- und Collaborations-Tools vertieft und gepflegt.

11 Nutzungsabhängige Verrechnung mit Cloud-Leistungen

Gerade die nutzungsabhängige Abrechnung ist eine der interessantesten Aspekte für die Inanspruchnahme von Cloud-Leistungen. Deswegen werden in diesem Kapitel Verrechnungs- und Preismodelle etwas ausführlicher erörtert.

11.1 Modell der nutzungsabhängigen Verrechnung

Abbildung 11.1 zeigt die einzelnen Instanzen. Der Kunde kann sowohl Private Clouds als auch Public Clouds in Anspruch nehmen. Der Kunde ist verantwortlich dafür, gegenüber seinen Benutzern die Serviceleistungen bereitzustellen und nutzungsabhängig abzurechnen. Die Buchhaltung erhält die hausinternen und externen Rechnungen und verteilt sie je nach internen Regeln an die Geschäftseinheiten (auch Business Units oder Line of Business genannt).

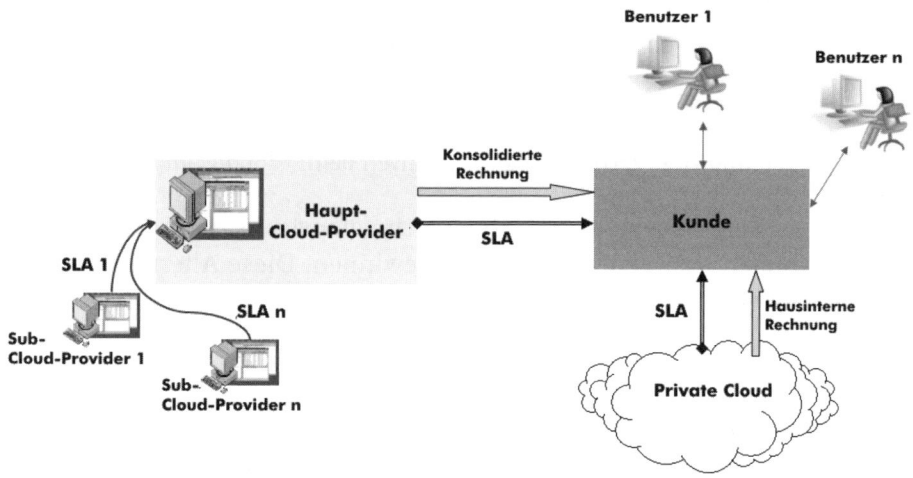

Abbildung 11.1: Organisation der Verrechnung

11

Der Cloud-Service-Provider hat wahrscheinlich mehrere SLAs mit den Kunden und mit Subunternehmen. In den meisten Fällen ist der leitende Cloud-Provider – der Hauptunternehmer – der Konsolidator (auch Aggregator genannt), der die Rechnungen gegenüber Kunden erstellt. Es ist leicht möglich, dass der Cloud-Service-Provider einen externen Konsolidator für diese Funktion beauftragt. Aber die Verantwortung für die Richtigkeit der Rechnung und zeitrichtige Verteilung der Rechnungen bleibt beim Cloud-Service-Provider.

11.2 Verrechnungsziele bei Cloud-Services

Es gibt mehrere Möglichkeiten, Cloud-Services abzurechnen. Die Kurzbeschreibung gibt Kunden und Providern eine Auswahlmöglichkeit. Abbildung 11.2 gibt einen Überblick; auch die Evolutionsschritte werden auf der Zeitachse angedeutet.

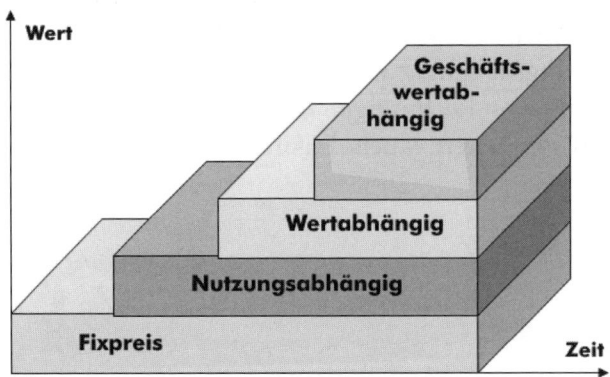

Abbildung 11.2: Verrechnungsalternativen beim Cloud-Computing

▷ Festpreis: Sehr beliebt für einfache Internetdienste. Es ist immer noch gut, neue Kunden und neue Benutzer zu gewinnen. Diese Alternative ist vielleicht geeignet für ganz einfache Cloud-Dienste für kleine und neue Kunden.

▷ Nutzungsabhängige Verrechnung: Fair für beide Seiten. Wenn mehr Ressourcen vom Cloud-Provider installiert werden müssen, wird die aktuelle Benutzung durch den Kunden und seine Benutzer in Rechnung gestellt. Dieses Modell garantiert (bei richtigen Preisen), dass die Cloud-Service-Provider mit Gewinn arbeiten und somit im Geschäft bleiben können. In diesem Fall sind Erfassungs- und Monitoring-Werkzeuge, Verarbeitungssoftware und ein anspruchsvolleres Rechnungswesen erforderlich.

▶ Wertabhängige Verrechnung: Cloud-Service-Provider können immer wieder neue zusätzliche Dienste anbieten. Wenn die Infrastruktur der Public Cloud-Provider steht, nehmen die neuen, zusätzlichen Dienste nicht sehr viele Ressourcen in Anspruch. Die nutzungsabhängige Verrechnung wäre dagegen aufwendig. In einer gegenseitigen Vereinbarung kann der Wert der Dienste geschätzt und der nutzungsabhängigen Rechnung zuaddiert werden.

▶ Geschäftswertabhängige Verrechnung: Noch eine Stufe höher kann der Cloud-Service-Provider und Kunde die Abhängigkeit der Kompensation vom geschäftlichen Erfolg überlegen. Das erfordert aber die Individualisierung der Dienste – für den Kunden ergäben sich Wettbewerbsvorteile. Dieses Modell kann bei einer engen Partnerschaft gut funktionieren. Grundlage wäre die nutzungsabhängige Verrechnung ohne Gewinn und eine zusätzliche Gewinnbeteiligung des Cloud-Service-Providers.

11.3 Datenquellen und Metriken

Im Internet gibt es mehrere und unterschiedliche Informationstypen, z.B. Sprache, Daten, Multimedia, Geschäftsprozesse u. a. Die erforderlichen Nutzungsdaten sind damit auch vielfältiger und dynamischer. Je nach Anwendung sind sie unterschiedlich und können sich sogar innerhalb einer Anwendung ändern, und zwar dann, wenn sich die Marktsituation ändert. Aber wichtiger ist, dass auch nachgelagerte Verfahren (z.B. Realtime Rating) im Internet in Echtzeit betrieben werden. Die Folge ist, dass auch die Informationserfassung über die kundenspezifische Auslastung der Ressourcen in Echtzeit erfolgen muss.

Im Bereich der IP-Abrechnungssysteme konnte sich bislang noch kein Industriestandard herauskristallisieren, obwohl einige Anbieter dies hofften. Rechnungssteller, Banken, IP-Dienstleister und Technologiefirmen müssen mit mehreren und unterschiedlichen De-facto-Standards arbeiten. Beispiele sind: Open Financial eXchange (OFX), Integrion Gold, Interactive eXchange (IFX). IFX kann auch als kombinierte Lösung von OFX und Gold betrachtet werden.

OFX formatiert die Transaktionen und Rechnungsdaten in Standardized Generalized Markup Language (SGML). IFX implementiert sämtliche Spezifikationen in eXtensible Markup Language (XML). XML definiert kundenspezifische Markup-Sprachen für mehrere Dokumentklassen wie Rechnungen, Bestellscheine oder Produktkataloge. Die Lösung ist machbar, da XML in SGML implementiert wurde.

Der gemeinsame Nenner von künftigen Accounting-Standards wird sehr wahrscheinlich XML sein.

Der Markt bewegt sich in Richtung eines höherwertigen Servicemodells (Premium Service). Deswegen spielen Kundenbetreuung und das Eintreiben von Rechnungen bei der Unterstützung der Verbreitung von IP-basierten Dienstleistungen eine Schlüsselrolle. In der Phase der Innovationen im Front-Office-Bereich muss die Qualität der Back-Office-Tätigkeiten ebenfalls steigen. Gerade diese Anpassungsfähigkeiten werden erfolgreiche Dienstleister und Unternehmen von anderen Anbietern unterscheiden. Bei IP-Dienstleistungen spielt der eigentliche Zugriff auf Basisdienste (Internet-Access) keine bedeutende Rolle mehr. Er wird als Standardgeschäft betrachtet und bietet immer weniger Gewinnmöglichkeiten. Dienstleister konzentrieren sich daher auf Mehrwertdienste mit speziellen Eigenschaften. Mehrwertdienste sichern das Überleben am Markt. Eine Möglichkeit besteht z.B. darin, hochwertige und hochprofitable Dienste zu entwickeln und anzubieten, bei denen die Nutzung genau gemessen werden kann.

Beim Betreiben von IP-basierten Diensten ist es erforderlich, dass der Betreiber die Nutzung von Diensten messen und entsprechende Rechnungen ausstellen kann. Bei der Bereitstellung von Diensten wird es immer wahrscheinlicher, dass mehrere Dienstleister am Prozess teilhaben. Diese Tatsache erfordert das Generieren von Data Records, die dann bei der gegenseitigen Abrechnung mit Dienstleistungen als Abrechnungsgrundlage dienen. Auch die Rechnung für den Kunden wird auf dieser Grundlage ausgestellt.

Die Notwendigkeit der verursachungsgerechten Verrechnung bezieht sich insbesondere auf neue IP-Dienste wie z.B. IP-Telefonie, Content-Management, Application-Hosting und Cloud-Computing. Die Konsequenz für Dienstleister ist die, dass sie eine Menge an Daten aus unterschiedlichen Quellen erfassen und verarbeiten müssen. Diese Daten schließen ein:

▷ Protokollierung von Sessions

▷ Nutzung der Bandbreite

▷ Daten aus Directories und

▷ Information über Programmläufe aus verschiedenen Quellen.

Am Anfang werden wahrscheinlich nur einzelne IP-Dienste für spezielle Plattformen angeboten und vermarktet. Trotzdem müssen Cloud-Service-Provider auf eine Globalisierung und Erweiterung der Dienstangebote vorbereitet sein. Diese Anforderung bedeutet, dass nach einer einzigen Stelle zum Austausch von Call Detail Records (CDR) gesucht werden muss (Clearinghouse-Stelle).

11.3.1 CRDs und IPDRs

Im Bereich der Sprachkommunikation gibt es eine standardisierte Methode, wie man die internen Aktivitäten von Vermittlungsrechnern protokollieren kann. Jeder Vermittlungsrechner generiert unabhängig von seiner Größe und Leistungsfähigkeit Logs, sogenannte Call Detail Records (CDR).

11

Die IPDR-Initiative hat einen großen Fortschritt erzielt, indem standardisierte Dateiformate für IP-basierende Dienste festgelegt werden konnten. Diese Standardisierungsgruppe hat schon mehrere Themen einschließlich Terminologie, Syntax und Übertragungsprozeduren aufgegriffen. Mitglieder der Gruppe arbeiten an Prototypen und an Versuchen, damit sie Dienstleistern die Ergebnisse zeigen können.

Es gibt noch keine Standards für die verursachungsgerechte Abrechnung mit IP-Diensten. In der Sprachregelung erhält man eine Log-Datei mit den Data Records. Das Abrechnungssystem reformatiert diese Daten, die dann anschließend für die Abrechnung bereitstehen.

Tabelle 11.1 fasst einige Datenfelder zusammen, die für die verursachungsgerechte Abrechnung von IP-Diensten benutzt werden könnten.

Datenfeld	Beschreibung
Call ID	Identifizierung des Anrufs
Call Initiation Date Time	Zeitmarke des Session-Beginns
Start Date Time	Zeitmarke, wann die Session verbunden worden ist
Duration	Dauer der Session

Tabelle 11.1: Typische Felder in einem IP-Sprachanruf

Datenfeld	Beschreibung
Direction	Richtung der Session
From IP address	IP-Adresse des Anrufers
To IP address	IP-Adresse des Angerufenen
Incoming Circuit ID	Telefonnummer des Anrufers
Dialed Number	Telefonnummer des Angerufenen
Packets sent	Gesamtanzahl der gesendeten Pakete
Packets received	Gesamtanzahl der empfangenen Pakete
Packets in error	Gesamtanzahl der fehlerhaften Pakete (verspätet, unvollständig, abgeändert und damit unbrauchbar)
Bytes sent	Gesamtanzahl der gesendeten Bytes
Bytes received	Gesamtanzahl der empfangenen Bytes
Average Delay	Durchschnittliche Verzögerung von allen Paketen, die mit der Session verbunden sind
Delay variation	Höchste Übertragungsverzögerung
Media Type	Identifizierung der Dienstleistung

Tabelle 11.1: Typische Felder in einem IP-Sprachanruf (Forts.)

Wo liegen eigentlich die Probleme bei der Verrechnung von IP-Dienstleistungen? Warum geht es nicht so einfach wie bei CDRs?

Zunächst sind Sprachanrufe leitungsvermittelt, IP ist dagegen verbindungslos und paketvermittelt. Dadurch ist es viel schwieriger, den Verkehr festzuhalten und zuzuordnen. Dienstanbieter für Sprache müssen eigentlich nur eine Art Verkehrstyp betrachten, ISPs dagegen wollen unterschiedliche Preise für unterschiedliche Dienstleistungen realisieren. Derzeit gibt es noch keine IP CDRs. Das bedeutet, dass Verrechnungspakete nie sicher sein können, ob die angeforderte Abrechnungsinformation aus Routern und Vermittlungsrechnern immer im identischen Format zur Verfügung gestellt wird. Dieses Problem ist sehr kritisch, da Internetdaten von vielen und unterschiedlichen Dienstleistern übertragen und behandelt werden. Ohne Standardisierung der Verkehrstypen können ISPs keine Abrechnungsinformationen untereinander austauschen oder IP-Leistungen den Mitbewerbern in Rechnung stellen. Sie können lediglich feste Beträge für Netzeingänge berechnen.

Um Netze der nächsten Generation und IP-Netze mit Mehrfachdiensten einführen zu können, müssen mehrere Voraussetzungen erfüllt werden. Diese Voraussetzungen sind IP-Sicherheit, Dienstequalität, Bandbreitenerhöhung und verursachungsgerechte Verrechnung. Neben dem technologischen Fortschritt sind robuste und kosteneffektive Support-Tools für den geschäftlichen Erfolg von IP-basierenden Dienstleistungen erforderlich.

Ohne derartige Support-Tools kann der Anbieter von IP-Dienstleistungen

▷ die in Anspruch genommenen Dienstleistungen (Benutzung von Anwendungen, Benutzung von Ressourcen und Inhalt) nicht in Rechnung stellen,

▷ Betrugsfälle nicht schnell genug identifizieren und bekämpfen,

▷ die Nutzung von Dienstleistungen nicht autorisieren und nicht authentifizieren,

▷ Dienstleistungen für Sprache, Video und SLA-gesteuerte Daten nicht bereitstellen,

▷ komplizierte Darlehensstrukturen wie Vorschusszahlung und Einzugsverfahren nicht unterstützen,

▷ keinen Gewinn erzielen.

IP-Dienste sollen verursachungsgerecht abgerechnet werde. Nur auf diese Weise kann man Gewinn erzielen und Dienste managen. Um diese Dienste auf den Markt zu bringen, brauchen Dienstanbieter kundenspezifische Anwendungen für die Bereitstellung der Dienste, Datenerfassung, Rechnungswesen, Berichtswesen und Netzwerkmanagement.

Ohne Standards für IP-Verrechnungssätze müssen die Anbieter von Element Managementsystemen und Support Systems eigenständige Schnittstellen entwickeln, damit Daten über die Nutzung von Ressourcen erfasst werden können. Diese Tendenz der unterschiedlichen Entwicklung von Auslastungs- und Abrechnungsparametern ist aus mehreren Gründen sehr gefährlich, insbesondere wenn man die große Zahl an Anbietern von IP-basierten Dienstleistungen betrachtet.

Inkonsistente Metriken: Netzelemente und Mediationssysteme erfassen inkonsistente Nutzungsparameter für Anwendungen und Dienstleistungen. Zum Beispiel kann beim VoIP ein Gateway oder Gatekeeper nur Basisdaten

11

11

wie die Dauer und die beiden Telefonnummern erfassen, ein anderes Gateway oder ein Gatekeeper kann zusätzlich noch Daten wie Zeitpunkt, benutzte Codecs und Dienstqualität sowie Detaildaten über die Dienstleistung (zum Beispiel Drop-Raten, Verzögerungen und Varianz der Verzögerungen) sammeln und verarbeiten. Auch dann, wenn zwei Netzelemente die gleichen Parameter erfassen und verarbeiten, kann niemand garantieren, dass die Daten identisch interpretiert werden. Wenn man beispielsweise über übertragene Datenmengen redet, stellt sich die Frage, ob Retransmission, Protokoll-Overhead und anderer Overhead eingeschlossen sind oder nicht.

Fehlen eines standardisierten Zugriffs: Datenstrukturen, die auch die erforderlichen Metriken über Ressourcennutzung beinhalten, sind für jedes Netzelement und für jeden Dienst unterschiedlich. Deswegen müssen als Folge spezielle Filter für jeden Typ und für jedes Netzelement geschrieben werden, damit die Nutzungsparameter interpretiert werden können. Darüber hinaus müssen spezielle Schnittstellen gebaut werden, da die unterschiedlichen Netzelemente auch unterschiedliche Zugriffsprotokolle und unterschiedliche Sicherheitsmaßnahmen unterstützen. Netzelemente können Nutzungsinformationen in Echtzeit- oder im Batchmodus erfassen. Alle diese Faktoren beeinflussen die Synchronisation zwischen Support-Systemen und Mediationssystemen einerseits und der aktuellen Nutzung andererseits. Es hat Einfluss darauf, wie lange erfasste Daten zwischengespeichert werden können und müssen, bevor sie für weitere Verarbeitungsschritte weitergeleitet werden.

Inkonsistente Bereitstellung: Jeder Dienstanbieter definiert die Dienstleistungen unterschiedlich, und dementsprechend gibt es unterschiedliche Bereitstellungs- und Installationsmaßnahmen. Zum Beispiel gibt es große Unterschiede bei Service Level Agreements oder Quality of Service-Vereinbarungen, da einige Anbieter die Verfügbarkeit, Mean Time To Repair, Drop-Raten, Durchsatz oder Netzverzögerung garantieren, andere aber nicht. Unabhängig davon, wie die SLAs definiert worden sind, müssen die Netzelemente und Managementsysteme in der Lage sein, Dienstleistungen bereitzustellen, Daten zu erfassen und Daten einheitlich zu interpretieren, sonst ist der Dienstanbieter in seiner Entscheidungsfreiheit stark eingegrenzt. Er kann Geräte nur von einigen wenigen Herstellern beziehen, er kann aber nicht die Netzelemente miteinander kombinieren und nach Preis, Leistung und Performance auswählen.

Die heutige Landschaft ohne Standards erfordert, dass jedes Support-System teure Schnittstellen zu allen möglichen Netzelementen bauen muss, und hinzu kommt, dass unterschiedliche Metriken interpretiert werden müssen.

Schnittstellen zu schließen, anstatt sie zu öffnen, ist aber nicht die richtige Antwort. Die IP-Industrie benötigt eine standardisierte Definition für alle IP-basierten Dienstleistungen sowie für ihre Nutzungsparameter, die als Referenzmodell für Accounting und Business-Support-Systeme, für die Bereitstellung von Diensten, für das Berichtswesen und für die Erfassung von Nutzungsdaten betrachtet werden können. Diese Standardisierung würde

▷ den Bedarf für die Entwicklung von teuren Schnittstellen zu jedem Netzelement oder Mediationssystem oder zwischen unterschiedlichen Support Systems eliminieren,

▷ standardisierte Nutzungsmetriken für Hersteller bereitstellen, wodurch sie Daten erfassen und exportieren können,

▷ die exakte Interpretation von Metriken ermöglichen,

▷ die Dauer der Zwischenspeicherung der erfassten Informationen bestimmen,

▷ den Bereitstellungsprozess von Diensten erleichtern,

▷ eindeutige Präsentation der Accounting-Daten an der Tarifierungsschnittstelle für Abrechnungssysteme ermöglichen.

Es ist sehr schwierig, die Nutzungsmetriken für IP-Dienste zu charakterisieren. E-Mail ist einer der einfachsten IP-Dienste. Auch in diesem Fall kommen einige sinnvolle Kostenkomponenten in Frage wie z.B. Umfang, Zeitpunkt, Ausführungsoptionen, Speicherbedarf für Nachrichten in der Warteschlange und POP3-Abfragen. Online-Echtzeitdienste wie z.B. Sprache und Video erhöhen die Schwierigkeit erheblich, indem sie komplexere Metriken erfordern, damit die Dienstleistungen und deren Qualität besser beurteilt werden können.

Das Ziel der IPDR-Initiative (IP Detail Record) ist, die wesentlichen Elemente des Datenaustauschs zwischen Netzelementen und Operations-Support-Systemen zu definieren. Diese Initiative wird die Basis für offene, hochkarätige IP-Support-Systeme schaffen, mit denen IP-Netze der nächsten Generation ökonomisch und effizient betrieben werden können. Zu den speziellen Zielen gehört Folgendes:

11

▷ Definition eines offenen Satzformats (IPDR) zum Austausch von Informationen zwischen Netzelementen, Netzmanagementsystemen, Mediationssystemen, Operations-Support-Systemen, Abrechnungssystemen, Business-Support-Systemen oder anderen Systemen, die für einen Dienstanbieter auf dem IP-Gebiet erforderlich sind.

▷ Definition von maßgebenden Parametern für alle IP-Transaktionen

▷ Bereitstellung von Erweiterungsmöglichkeiten, damit Netzelemente und Support-Systeme optionale Nutzungsmetriken für spezielle Dienstleistungen miteinander austauschen können.

▷ Bereitstellung eines Repository für die definierten IDPR-Formate

Die IPDR-Initiative hat ihre Arbeit aufgenommen. Zuerst werden Prototypen für IPDR-Formate für gewöhnliche Dienstleistungen entwickelt, und dann wird repräsentiert, wie sie durch moderne Verfahren wie z.B. XML eingebettet werden können. Nach dieser ersten Phase werden die empfohlenen IPDR-Formate mit dem Ziel veröffentlicht, dass die Industrie eine Einigung über IP-Dienstedefinitionen, Kernmetriken für die Nutzung und optionale Metriken erzielen kann. Die IPDR-Formate werden in einem Repository veröffentlicht und gepflegt. Gegebenenfalls werden Änderungen in diesem Repository gemacht.

11.3.2 Informationsquellen für IP-Accounting

Da keine standardisierte IP CDRs vorliegen, versucht jeder Hersteller und Anbieter, Daten aus unterschiedlichen Quellen, RMON-Probes, Radius Servern, Log-Dateien von Webservern und aus Routern zu sammeln.

Wichtige Informationsquellen sind:

▷ Anwendungsserver

▷ Security Server, wie Radius und Tacacs

▷ Firewalls und Authentifizierungslogs

▷ Transaktion Management Software

▷ ISP Session Logs, einschließlich LDAP- und DHCP-Tabellen

▷ Router wie z.B. die Cisco-Familie mit NetFlow

▷ RMON-Software

▷ Netzmanagementsoftware mit SNMP-Unterstützung

▷ Gatekeeper

Tabelle 11.2 zeigt typische Sätze von NetFlow, Radius, RSVP und OpenView, die für Abrechnungszwecke benutzt werden können.

Source and destination IP address	Initiating and terminating IP addresses
Destination port	Terminating IP port (in some cases representing the application used)
Protocol	TCP or UDP
Sent and received bytes/packets	Number of bytes
Start/End timestamps	Time that the flow began and ended

Tabelle 11.2: Typische Nutzungsansätze

11

NetFlow Accounting Record: Router sind Netzgeräte zur Übertragung von IP-Paketen in ISP-Netzen. Router von Cisco haben die Eigenschaft, Nutzungssätze für jede Verbindung, für jede Richtung in zusammengefasster Form zu generieren. Diese Sätze von NetFlow bilden die Basisinformation für die Verrechnung. Einige nützliche Parameter von NetFlow-Sätzen sind:

NetFlow-Verrechnungssatz

Radius (Remote Authentication Dial-in User Service): Wenn der Benutzer einen entfernten Zugriffsserver aufruft, wird eine dynamische IP-Adresse als Teil der Login-Prozedur auf unsichtbare Weise zugeordnet. Diese IP-Adresse ist gültig, bis sich der Benutzer abmeldet. Dann wird diese Adresse neu verteilt. RADIUS-Server authentifizieren diesen entfernten Login-Zugriff. Außerdem registrieren sie Anfragen für Authentifikation und die Ergebnisse dieser Anfragen sowie Login- und Logout-Ereignisse. Mediationssysteme können die RADIUS-Sätze nutzen, um Netztransaktionen mit Benutzern zu korrelieren. Einige Beispiele werden unten gezeigt.

RADIUS-Nutzungssätze und Referenzdaten

IP address	Dynamic IP address that was given to the user at login time
User name	Name of user
Start (login), End (logout)	Times of login and logout

Resource Reservation Protocol (RSVP): Ein RSVP Policy Manager wie Class-Data ist für die Quality of Service (QoS) verantwortlich. Durch die Korrelation dieser Daten mit NetFlow-Sätzen ist es möglich, die eingesetzte Verbindung und die dazu bereitgestellte QoS zu bestimmen.

RSVP-Nutzungssätze und Referenzdaten

Source and destination IP address	Initiating and terminating IP addresses
Start and end	Timestamps of the QoS session
Requested QoS	Level of QoS

Network-Management-Informationsquellen: IP-Network-Management-Systeme wie HP OpenView können auch die Netzadresse (IP-Ebene) mit dem Standort des Gerätes und mit der Benutzergruppe in Einklang bringen. Wenn man die Datenbasis des Netzmanagementsystems anspricht, kann man IP-Adressen und geografische Standorte für Verrechnungszwecke miteinander in Zusammenhang bringen. Die folgenden Informationen können ausgelesen werden:

OpenView-Referenzdaten

IP group	Groups of IP addresses and network masks
Real-world entity	Name
Geography	Location associated with entity

Routing-Tabellen: Router benutzen dynamische IP-Routing-Schemata, damit die Last zwischen mehreren Übertragungswegen verteilt werden kann. Auch Redundanz und Fehlerfreiheit wird dadurch erzielt. In einigen Fällen ist es nötig, die folgenden Informationen aus Routing-Tabellen zu sammeln, um die Wege der Transaktionen finden zu können. Dadurch können Verrechnungsfunktionen unterstützt werden.

Referenzdaten für Routingtabellen

IP group	Groups of IP addresses and network masks
Path (IP)	Identifier of the path to be taken by IP packets destined to IP group

Die Generierung von exakten Abrechnungssätzen über Netzauslastung, die dann von integrierten Accounting-Anwendungen verursachungsgerecht übernommen werden, ist aus folgenden Gründen nicht einfach:

▷ Es gibt normalerweise keine zentrale Stelle, aus der Basisdaten über Netztransaktionen gesammelt werden können. Daten existieren in mehreren Netzgeräten und Anwendungsservern wie Routern, IP-Switches, Firewalls, Mail-Servern, Webservern, VoIP-Gateways und QoS-Überwachungsanwendungen. Um die Sache noch komplexer zu machen, muss man berücksichtigen, dass Nutzungsmetriken auch durch das passive Monitoring von Paketflüssen gewonnen werden können. Das Monitoring kann an verschiedenen Standorten durchgeführt werden, wodurch die Rekonstruktion von Ereignissen und Auslastung möglich wird.

▷ Jede Informationsquelle hat ein eigenes Logformat, CDR-Format und ein Zugriffsprotokoll.

11

▷ Die Sätze, die für jede Transaktion geschrieben werden, sind für die Abrechnung nicht ausreichend. Die fehlenden Informationen müssten in den meisten Fällen in Echtzeit aus unterschiedlichen Quellen besorgt und korreliert werden. Das ist wegen des dynamischen Charakters der IP-Dienste erforderlich. IP-Adressen werden z.B. oft dynamisch zugeordnet (bei Remote Access Geräten, bei DHCP oder in lokalen Netzen des Unternehmens), und Netzwege können je nach Last und Verfügbarkeit unterschiedlich sein.

▷ In einer typischen Betriebsumgebung von IP-Netzen werden Millionen von Transaktionslogs stündlich von Netzelementen generiert. Die Übertragung dieser Logs zu einem zentralen Host für weitere Verarbeitung kann die Netz-Performance herabsetzen und u.U. auch zum Verlust von Sätzen führen. In einer großen Umgebung ist es unbedingt erforderlich, die Accounting-Sätze dezentral zu erfassen, zu filtern, zu konsolidieren sowie zu komprimieren und erst danach zu übertragen. Insbesondere ist dies in Fällen wichtig, wo die Übertragung auf teuren WAN-Strecken erfolgen muss.

▷ Dieselben Ereignisse können durch mehrere Netzelemente generiert werden. Zum Beispiel wird eine Web-Transaktion durch einen Web-Proxy und auch durch den Router festgehalten. Duplizierte IPDRs müssen entdeckt und konsolidiert werden.

11.3.3 Serviceklassen

Grundsätzlich können drei Klassen unterschieden werden:

▶ Best Effort (Bronze)

▶ Silber

▶ Gold

Die gegenseitig vereinbarten Key Performance Indicators (KPI) müssen für jede Klasse quantifiziert werden. Empfohlene KPIs sind für:

▶ Computing

▶ Speicher

▶ Anwendungen

▶ Netze

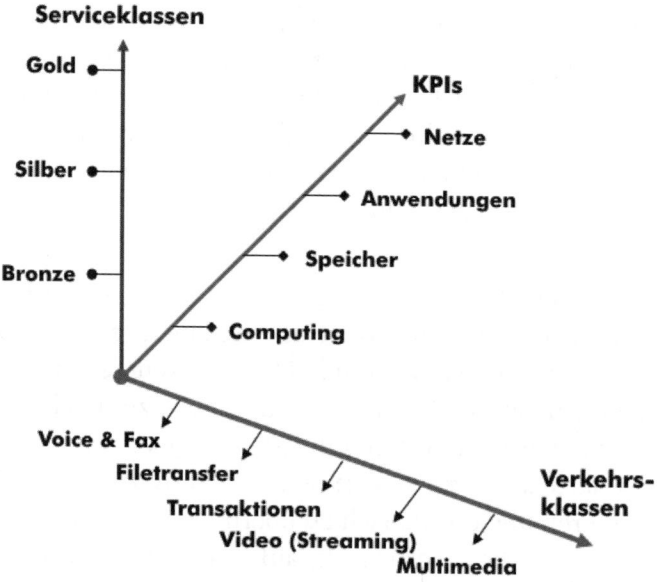

Abbildung 11.3: Dreidimensionales Mapping

Die wichtigsten KPIs können auch mit den bekannten Verkehrsklassen korreliert werden. Sie sind:

▶ Voice und Fax

▶ Transaktionen

▶ File Transfer

▶ Video

▶ Multimedia

Dadurch entsteht ein dreidimensionales Mapping (Abbildung 11.3)

11.3.4 Quality of Service

Es gibt immer wieder Abweichungen zwischen der angebotenen, erwarteten und gemessenen Servicequalität. Auch die Benutzererfahrung – eine subjektive Sache – zählt. Die bestimmenden KPIs sind weitgehend bekannt. Wie sie aber garantiert werden können, hängt von der Ressourcenkonfiguration des Cloud-Service-Providers sowie von der Auslastung der Ressourcen ab. Hilfreich ist die folgende Unterteilung:

▶ Absolute QoS: Verzögerung, Jitter, Paketverlust, Bitrate, Burst Bitrate, Antwortzeit. Sie sind messbar.

▶ Relative QoS: Serviceklassen wie Gold, Silber und Bronze. Sie sind interpretierbar und verständlich.

▶ Empfundene (Perceived) QoS: Erfahrungen, Empfindungen mit der Qualität. Sie sind verständlich.

▶ Vergleichbare QoS: CD-Qualität, VHS-Qualität. Sie sind verständlich.

11.3.5 Rolle der Mediation

Mediation bezieht sich auf Systeme und Anwendungen, die Daten aus Netzelementen sammeln und an Back-Office- und Front-Office-Anwendungen wie Rechnungswesen, Kundenbetreuung, Aufdecken von Betrugsfällen und Decision Support Systeme (DSS) weiterleiten. Zusätzlich zur Datenerfassung und zum Routing können Mediationssysteme auch andere Funktionen wie Verifizierung von Lastdaten, Rekonstruktion von Netzereignissen, Filterung und Konversion von Formaten ausüben.

Fortschrittliche Mediationssysteme sollen also folgende Merkmale besitzen:

▶ Rekonstruktion von Ereignissen durch die Korrelation von Call Data Records (CDR) und Teil-CDRs und von anderen Nutzungsdaten

11

▷ Umwandlung von unterschiedlichen Datenformaten in solche Datenformate, die für die Weiterverarbeitung der Rohdaten erforderlich sind

▷ Verifizierung von Daten, damit Datenduplikate identifiziert werden können

▷ Unterstützung bei der Eintreibung von Zahlungen.

Die Daten stammen aus unterschiedlichen Quellen von unterschiedlichen Service-Providern; Mediationssysteme müssen die Rekonstruktion von Netzereignissen auch in diesen Fällen unterstützen, da sie auch für die gegenseitige Abrechnung herangezogen werden können.

Geschäftliche Anforderungen an Mediationssysteme sind die folgenden:

▷ Routing-abhängig vom Anruf, z.B. ausgehende Anrufe, Dienste mit Premium-Tarif

▷ Entfernen von Informationen, die mit dem Rechnungswesen nichts zu tun haben

▷ Parallelbetrieb eines alten und neuen Abrechnungssystems

▷ Übernahme der Last durch ein neues Abrechnungssystem

▷ Unterstützung beim Eintreiben von fälligen Zahlungen

▷ Isolierung von Netzänderungen von nachgelagerten Verfahren

▷ Aufaddieren der Anrufdauer

▷ Ergänzung der Sätze durch Vorwahlnummer

▷ Zusammenlegung von Feldern

▷ Unterstützung von Kurzwahl

▷ Entfernung von irrelevanten Daten (z.B. Kennziffern für die Portabilität von Rufnummern)

▷ Identifizierung von duplizierten Sätzen

▷ Verarbeitung von Anrufen, die mithilfe von Operators durchgeführt waren

▷ Archivierung von Netzdaten

Das Management von Fehlern als Teil der Mediation ist sehr wichtig. Viele Service-Provider bestätigen, dass sie signifikante Geschäftsverluste haben, die auf fehlerhafte CDRs zurückzuführen sind. Solche Sätze können weder verarbeitet noch verrechnet werden.

Das Internet Protocol (IP) ermöglicht Cloud-Service-Providern und Unternehmen, Dienstleistungen für die Netzebene des OSI-Modells der Kommunikation bereitzustellen. Das große Potenzial IP-basierter Dienstleistungen zeigt sich in Form einer Reihe von neuen Dienstleistungen, die durch Service-Provider, Internet Service Provider (ISP), Application Service Provider (ASP) und durch Unternehmen definiert und bereitgestellt werden. Bei diesen Dienstleistungen ist es absolut erforderlich, die Bereitstellung zu automatisieren, Netzkosten zu erfassen und abzurechnen sowie entsprechende Einkünfte zu realisieren. Das geschieht durch Abrechnung der Dienstleistungsnutzung mit den Kunden. Um die genannten Geschäftsziele realisieren zu können, hängt der IP-Betrieb von Hardware- und Softwarelösungen ab, die speziell zur Unterstützung der Echtzeitbereitstellung der Dienste und der Abrechnungsprozesse bei IP-Infrastrukturen entwickelt worden sind.

11

Die IP-Mediationssoftware bringt Nutzungs- und Auslastungsdaten aus dem Netz zusammen, die in unterschiedlichen Netzkomponenten wie Router, Probes, Servers usw. erfasst worden sind. Diese Software ist auch für die Unterstützung der Tarifierung (Rating oder Einstufung) und Verrechnung mit IP-Dienstleistungen verantwortlich. Mithilfe der speziellen Entwicklungen für Mediationssysteme können Service-Provider, ISPs, ASPs und Unternehmen die CDR-Daten zwischen heterogenen Hardware- und Softwareelementen, die zur Definition und Einführung von neuen Diensten erforderlich sind, optimal koordinieren.

Abbildung 11.4 zeigt beispielhaft eine IP-Mediation.

Das größte Hindernis ist, dass IP-Protokolle nicht dafür entwickelt worden sind, Informationen über den Netzbetrieb und Service-Performance zu liefern. Die erforderliche Intelligenz wurde in die Endgeräte verlagert. Das Ergebnis ist, dass Nutzungs- und Auslastungsdaten durch unterschiedliche Netz- und Serviceelemente gesammelt und in Log-Dateien abgespeichert werden. Eine Mediationslösung besteht darin, diese Daten in Hinblick auf Auslastungsinformationen zu lesen und zu analysieren und dann in Richtung Business Support Systems (BSS) weiterzuleiten. Beispiel: Wenn der Benutzer sich in ein IP-Netz einwählt, erfasst der Zugriffsserver die Benutzeridentifizierung und das Passwort. Diese Log-In-Information wird dann durch einen RADIUS-Server authentifiziert, der gleichzeitig das Ereignis registriert. Bei der Verrechnung kann man die Dauer der Netzbenutzung aus den Log-Dateien auslesen. Ähnliche Verfahren gibt es für die Verrechnung mit E-Mail-Diensten oder für den Besuch von Webseiten.

11

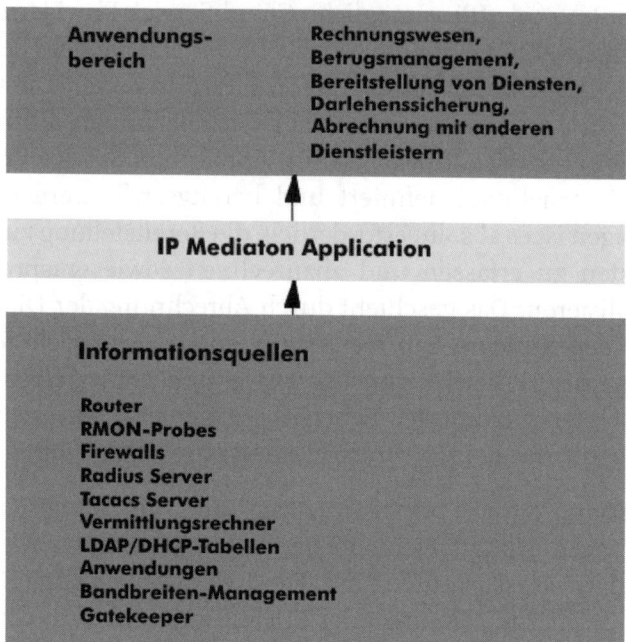

Abbildung 11.4: Beispiel für IP-Mediation

Die neue Generation von Mediationssystemen wird eine große Anzahl (> 100) von unterschiedlichen Netzelementen verstehen müssen. Service-Provider sehen diese Tendenz bereits mit komplexen Netzelementen wie Gateways, Router, Switches, Log-Dateien, Zähler, Datenbanken und komplizierten IP-Datenflüssen. Mediationssysteme müssen aus all diesen Elementen Daten erfassen können. Die erfassten Daten müssen gefiltert und miteinander korreliert werden, wobei die Menge nicht unterschätzt werden darf. Alle diese Tätigkeiten müssen in Echtzeit ausgeführt werden.

In dieser neuen Welt der Mediation sind Performance, Flexibilität und Fehlertoleranz die kritischen Erfolgsfaktoren für die Anbieter von Mediationslösungen.

11.4 Unterschiede bei der Verrechnung

Cloud-Dienste werden unterschiedlich verrechnet. Dementsprechend sind die Mediationsfunktionen unterschiedlich.

11.4.1 IaaS und PaaS

Die realen Preise werden in der Regel durch eine Kombination von mehreren Preiskomponenten zusammengestellt. Beispiele sind (Bitkom2009):

▷ Virtuelle Infrastruktur- oder Plattforminstanzen und Rechenzeit

▷ Art des Betriebssystems

▷ Speicherplatz und Datentransport von und zum virtuellen Speicher

▷ Datenverkehr von und zum Internet

▷ Nutzung spezieller Software

▷ Nutzung spezieller Schnittstellen

Speicherplatz und Rechenzeit sind leicht verständliche Begriffe für Kunden und ihre Benutzer. Der Speicherplatz bildet dabei die Basis und wird üblicherweise nach genutztem Volumen und Dauer verrechnet. Es werden auch Datentransportkosten für das bewegte Datenvolumen in Rechnung gestellt, wobei auch nach abgehendem und ankommendem Datenverkehr unterschieden wird. Virtuelle Instanzen werden meistens nach Zeit abgerechnet. Oft werden die CPU-Leistung und der Hauptspeicher miteinander gekoppelt und als eine unveränderbare Einheit abgerechnet.

11.4.2 SaaS

Anwendungen sind sehr vielfältig. Deswegen werden sehr unterschiedliche Modelle entwickelt. Man entdeckt viele Ähnlichkeiten mit der Softwaremiete. Um besser einstufen zu können, helfen die Entwicklungsstufen. Microsoft hat vier Stufen der SaaS-Reife definiert:

Stufe 1: Ad hoc: Jeder Benutzer hat eine eigene maßgeschneiderte Version einer Hosted-Anwendung. Die Anwendung läuft als eigene Instanz am Server. Das Portieren von existierenden traditionellen Anwendungen zu dieser Stufe verlangt etwas Programmierung. Betriebskosten können durch Konsolidierung von Server-Hardware etwas reduziert werden.

Stufe 2: Konfigurierbarkeit: Konfigurationsmetadaten garantieren eine höhere Programmflexibilität. Mehrere Benutzer können unterschiedliche Instanzen derselben Anwendung gleichzeitig benutzen. Optionen der Konfiguration können mehrere Benutzerwünsche befriedigen. Der Basiskode kann durch den Cloud-Provider leichter aktualisiert werden.

Stufe 3: Multi-Tenant-Effizienz: Eine einzige Programminstanz kann gleichzeitig mehrere Benutzer bedienen. Server können viel effizienter ausgelastet werden, ohne dabei die Servicegüte für die Benutzer zu gefährden. Die Skalierbarkeit bleibt aber immer noch etwas beschränkt.

Stufe 4: Skalierbarkeit: Skalierbarkeit ist garantiert durch eine mehrschichtige Architektur. Mehrere identische Instanzen können gleichzeitig auf einer Serverfarm laufen; Lastausgleich und Lastverteilung sind optimal. Ressourcen können je nach Bedarf zu- oder abgeschaltet werden. Die Anwendungssoftware bleibt dabei unverändert.

Entsprechend können dann die Preise für Services festgelegt werden.

Cloud-Service-Provider stellen Angebote zusammen, die durch den Kunden verglichen werden können. Es ist zu empfehlen, Angebote je nach Anwendungsklasse wie z.B. CRM, ERP, Collaboration, E-Mail Management usw. zu vergleichen.

Das Entwickeln der richtigen Preisstruktur ist ein umfangreicher und oft dynamischer Prozess. Letztlich bestimmen die jeweiligen Kundenanforderungen und -eigenschaften das geeignete Abrechnungsmodell wesentlich mit. Erfolgreiche Preisstrategien basieren auf personalisierten Preisbildungsverfahren und optimieren dabei den wahrgenommenen Wert für den Kunden.

Produktdifferenzierung und Preisdiskriminierung digitaler Güter stehen in einem direkten Zusammenhang und nehmen innerhalb der Produkt- und Preispolitik eine wesentliche Rolle ein. Besonders die Personalisierung, mit der Produkte speziell an Kundenbedürfnisse angepasst werden, bildet eine wichtige Voraussetzung für vielfältige Modifikationsmöglichkeiten der Konditionen. Hierdurch kann ein gleichwertiges Produkt an unterschiedliche Kundenbedürfnisse angepasst werden.

Strategien der Produktdifferenzierung versuchen, bestehende Produkte zu differenzieren, die sich in einer gleichen Produktgruppe befinden. In der Regel findet dies durch unterschiedliche Funktionalität statt. Dies wird »horizontale« Differenzierung genannt und umfasst alle Unterschiede, die auf äußere Erscheinungen oder ergänzende Dienstleistungen basieren. Darüber hinaus kann die wahrgenommene Qualität eines Produktes, die »vertikale« Differenzierung, entscheidenden Einfluss auf den Absatz haben. In diesem

Fall bevorzugen Konsumenten bestimmte Produkte aus einer gleichwertigen Angebotspalette. Aufgrund der Veränderbarkeit digitaler Güter ist Produktdifferenzierung durch Weiterentwicklung einfach zu realisieren. Neue Funktionalitäten und Objekte einer Produktklasse können ohne Medienbruch erstellt werden. Eine Produktdifferenzierung ist ein wirksames Instrument zur Verringerung der Austauschbarkeit von Produkten und stellt die Grundlage dar, den Preis über dem Wettbewerbspreis anzusetzen.

Unter Personalisierung wird die Anpassung der Produkteigenschaften an die besonderen Vorlieben eines Konsumenten verstanden. Dies kann z.B. die individuelle Konfiguration eines Softwaremenüs nach Kundenwünschen sein. Diese Einstellungen und Filter werden auf Seiten des Anbieters vorgenommen. Die Vorteile der Personalisierung im SaaS-Geschäftsmodell liegen in der Erzeugung von Wettbewerbsvorteilen durch die Befriedigung individueller Kundenbedürfnisse. Durch die Personalisierung wird der Kunde stärker an das Produkt gebunden. Hierbei ist zu beachten, dass individuell eingerichtete digitale Güter einen geringen Nutzen für Dritte generieren. Folglich verringert sich das Risiko der Fremdnutzung drastisch (z.B. durch unerlaubte Weitergabe der Zugangsdaten). Auch Ressourcen, z.B. Rechenkapazität auf einem Server, können durch Personalisierung erheblich reduziert werden, da nur ausgewählte Module eines Produktportfolios in den Arbeitsspeicher geladen werden müssen.

Im Gegensatz zur Personalisierung werden vom Anbieter bei der Variantenbildung durch selektives Hinzufügen von Leistungen Produktvarianten erzeugt. Der Kunde kann aus einem Portfolio von Varianten ein Produkt auswählen. Soll ein Produkt für viele Kunden lizenziert werden, erfordert dies ggf. ein aufwendiges Variantenmanagement. Andererseits ist die Variantenbildung eine ausgezeichnete Strategie, um sich von Wettbewerbern zu unterscheiden und somit Wettbewerbsvorteile zu erzielen.

Für die Variantenbildung gibt es eine Vielzahl von Ansätzen, mit denen Attribute hinzugefügt, weggelassen oder deren Ausprägung verändert wird.

Anbieter können mehrere Teilleistungen in einem Produktpaket bzw. Leistungsbündel anbieten. Varianten von einem Leistungsbündel werden z.B. durch Nutzungsbeschränkung (Zugriffszeit, Häufigkeit, Rechte) von Funktionsmodulen und Daten oder der zeitlichen Verzögerung von Informationen geschaffen. Darüber hinaus können Varianten durch Hinzufügen oder Weglassen von Marken, vertrauensbildenden Maßnahmen (z.B. Expertenbewer-

11

tung) sowie das Angebot von Hilfestellung und Service erzielt werden. Die Leistungsbündelung kann somit als Untergruppe der Variantenbildung angesehen werden. Bei digitalen Gütern ist die Leistungsbündelung von Varianten profitabler als der Verkauf von einzelnen Varianten, da die Grenzkosten gering und die Nachfragestruktur oft weitgehend homogen ist. Bei heterogener Nachfrage sollte eine »gemischte Leistungsbündelung« in Betracht gezogen werden. Hierbei wird die Zusammenstellung der Teilleistungen durch Produktbaukästen so gestaltet werden, dass eine Variantenbildung möglich ist. Diese Möglichkeiten der Variantenbildung sieht das SaaS-Modell vor. Mit der Variantenbildung und ihrer Gruppierung zu Leistungsbündeln kann das Angebot zu einer Produktlinie erweitert werden, die aus Variationen eines einzigen Produktes besteht.

Die Preisdiskriminierung impliziert das Ziel, das gleiche Produkt zu verschiedenen Preisen anzubieten. Die Preisbildung richtet sich nicht nach den Grenzkosten, sondern nach dem Kundennutzen, d.h. der Zahlungsbereitschaft der jeweiligen Nachfrager. Das Ziel der Preisdiskriminierung ist es, bei jedem Nachfrager den maximalen Verkaufspreis zu erzielen. Um Kunden und Benutzer nicht zu überfordern, werden immer häufiger Werkzeuge zur Schätzung der Kosten durch die Cloud-Service-Provider offengelegt. Kostentransparenz ist überall wichtig.

11.5 Der Verrechnungsprozess

Dieser Prozess ist leicht verständlich. Leistungen werden erfasst, konsolidiert und die Ergebnisse werden Kunden auf Papier oder in elektronischer Form präsentiert. Man unterscheidet Statements mit der Auflistung der Leistungen und deren Preis. Die Rechnungen sehen genauso aus, aber sie beinhalten auch eine Zahlungsaufforderung. Reklamationen von Statements werden zum Beginn des Prozesses zurückgeführt. Nach der Zahlung werden die eingegangenen Beträge verbucht und mit den Rechnungsbeträgen verglichen. Abbildung 11.5 veranschaulicht diesen Prozess.

11.5.1 Erstellung der Rechnung

Diese Phase umfasst vier Schritte: Datenerfassung, Mediation, Rating und Entwurf der Rechnungen.

▶ Erfassung von Daten

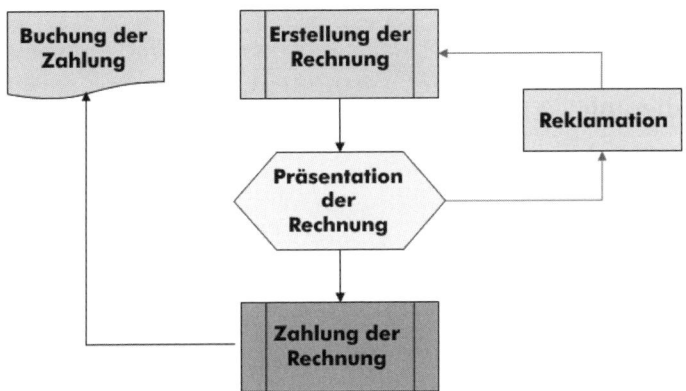

Abbildung 11.5: Der Verrechnungsprozess

Das Erfassen ist der aufwendigste Teil. Cloud-Service-Provider mit einer guten und modernen Infrastruktur haben mehrere Möglichkeiten, Nutzungsdaten zu sammeln. Beispiele sind:

▷ CDRs und IPDRs

▷ Computer

▷ Speicherkomponenten

▷ Anwendungen

▷ Netzkomponenten wie Router, Switches, Adware

▷ Sensoren und spezielle Hardware- und Softwareagenten

Bis auf wenige Ausnahmen werden die Rohdaten gesammelt, zwischengespeichert und periodisch verarbeitet. Eine Mapping-Tabelle wird empfohlen. Sie definiert, welche Indikatoren für welche Kunden aus welcher Datenquelle gesammelt werden sollen.

▷ Mediation

In der Vergangenheit bedeuteten Mediationsgeräte eine automatische Umsetzung der Rohdaten auf Speichermedien, die dann periodisch weitergeleitet und verarbeitet wurden. Heute handelt es sich um hochintelligente Lösungen, die auch in komplexen Netzumgebungen funktionieren können. Sie führen u.a. folgende Funktionen aus:

▷ Validierung

▷ Korrektur

▷ Filterung

▷ Konsolidierung

▷ Datenreparatur

▷ Replikation

▷ Routing

▷ Präsentation

▷ Verteilung

Sie sind auch mit anderen Anwendungen verbunden und bilden damit eine zentrale Datenanlaufstelle der Cloud-Provider. Die Anwendungen sind Kundenbetreuung, Decision Support, Fraud Management, Business Analytics.

▷ Rating

In diesem Schritt werden die Verrechnungssätze über Ereignisse, Dauer, Auslastung und in Anspruch genommenen Dienste mit Geldeinheiten (Preisen) ergänzt und weitergeleitet. Echtzeit-Rating gewinnt bei Cloud-Service-Providern an Bedeutung, vor allem bei Micropayments, Content-Verteilung und bei vorbezahlten Diensten.

▷ Entwurf der Rechnung

Hier wird entschieden, wie die Rechnung auf Papier oder elektronisch aussehen soll. Eine Individualisierung ist nur in seltenen Fällen möglich. Die Formate sind wichtig, wenn die Rechnungen elektronisch ausgetauscht werden. Die Regeltreue ist wichtig, da die Rechnung auf mehrere Jahre hinweg als rechtliche Grundlage gilt.

11.5.2 Präsentation der Rechnung

Es handelt sich um einen weiteren Konsolidierungsschritt. Die vorbereiteten und mit Preisen ergänzten Abrechnungssätze werden nach Kunde sortiert und entweder für Papier oder für elektronische Weiterleitung vorbereitet. XML und Adobe-Formate sind im Einsatz. Auch Print Streams können benutzt werden.

Über die Existenz der vorbereiteten Rechnung wird der Kunde benachrichtigt. Dazu stehen viele Möglichkeiten der modernen Telekommunikation zur Verfügung. Danach kann der Prozess unterschiedlich weitergehen. Beispiele hierfür sind:

▷ Zusammenfassung der Zwischensummen und des Gesamtbetrags

▷ Zusammenstellung einer detaillierten Rechnung

In beiden Fällen können mehrere Kommunikationswege wie Post, E-Mail-Anlage, USB-Stick, CD, EDI oder EDIfact benutzt werden. Auch Werbung kann diskret in dieser Phase integriert werden. Falls es noch offene Rechnungen gibt, können sie als Zahlungserinnerung eingeschlossen werden.

Kunden können schon in dieser Phase Reklamationen einreichen. Wenn sie berechtigt sind, werden sie berücksichtigt und die Rechnungen dementsprechend korrigiert.

Anschließend werden die Rechnungen mit Zahlungsaufforderung verteilt.

11.5.3 Zahlung der Rechnung

Der Kunde soll mehrere Optionen erhalten, wie die Rechnung bezahlt wird. Dazu gehören Abbuchung, Verrechnungsscheck, Überweisung oder eine Online-Zahlung über das Internet, um nur einige zu nennen.

11.6 Zusammenfassung

Die nutzungsabhängige Verrechnung mit Cloud-Leistungen gibt eine ausgezeichnete Basis für die Zusammenarbeit zwischen den Vertragspartnern. Die Technologie für die Erfassung, Konsolidierung und Verarbeitung der Verrechnungssätze aus unterschiedlichen Quellen steht zur Verfügung. Fortgeschrittene Mediationsprodukte garantieren die Automatisierbarkeit des Verrechnungsprozesses. Modelle und die Preisgestaltung sind unterschiedlich für IaaS, PaaS und SaaS. Bei einer Partnerschaft zwischen Kunden und Cloud-Service-Providern können vereinfachte Verrechnungsvereinbarungen getroffen werden. Aber diese Individualisierung funktioniert nur in Einzelfällen, sonst müssen Cloud-Service-Provider mit standardisierten Preismodellen operieren.

12 Zusammenfassung und Ausblick

Da viele Unternehmen sich mit Plänen auf die Rückkehr des Wachstums vorbereiten, konzentrieren sich die Prognosen für die kommenden Jahre auf Innovation und auf die Erweiterung der Fähigkeiten der IT.

Cloud-Computing bietet ein innovatives Geschäftsmodell an. Die technologischen Voraussetzungen wie portable Rechenleistung, optimierte Ressourcenauslastung und flächendeckende Bandbreite sind erfüllt. Es wird eine höhere Kostenflexibilität erwartet, wo Investitions- und Betriebskosten gegeneinander ausgetauscht werden können. Die nutzungsabhängige Verrechnung bietet Fairness und Präzision für Kunden und deren Benutzer. Anwendungen, Plattformen und Infrastrukturkomponenten werden von Cloud-Service-Providern bereitgestellt. Sie stehen im Wettbewerb mit traditionellen IT-Leistungsangeboten. IT-as-a-Service wird in nicht allzu ferner Zukunft zur Realität. Neue Geschäftsprozesse werden dadurch schneller implementiert und der Marktzugang wird beschleunigt.

Bis 2012 würden laut Gartner Group 20% der Unternehmen keine eigene IT mehr benötigen. Der Grund dafür liegt in mehreren Trends wie der Virtualisierung und dem Cloud-Computing. Hardware wird nach wie vor benötigt, doch durch die Verlagerung an Dritte ändern sich unter anderem die Anforderungen an die IT-Mitarbeiter im Unternehmen.

Die Möglichkeiten durch Cloud-Computing werden die bestehenden IT-Organisationen umgestalten, die Wichtigkeit einiger Rollen wird niedriger, aber es werden auch neue Rollen definiert. Sie verlangen dann Aus- und Umbildung der IT-Mitarbeiter. Dieser Prozess ist unaufhaltsam. Auch wenn nicht alle Anwendungen durch Private Clouds unterstützt werden können, werden sie sicherlich Cloud-gerecht entwickelt oder umgeschrieben. Die SOA-Denkweise hilft dabei gewaltig. Auch durch die Nutzung von Privat Clouds können viele Vorteile erzielt werden.

Die Sicherheit, der Schutz von personenbezogenen Daten, Compliance und die Einhaltung von SLAs sind die größten Sorgen von Unternehmen, wenn sie über die Inanspruchnahme von Cloud-Diensten entscheiden müssen.

Cloud-Computing ist bzw. wird der dominierende und globale Trend in der Unternehmens-IT. Das liegt zum einen daran, dass die Cloud-Lösungen besser, schneller und preiswerter sind. Besonders mittelgroße Unternehmen merken schnell die Einspareffekte, wenn sie Cloud-Computing nutzen.

Bei der Auswahl von Cloud-Computing-Lösungen (Pay-as-you-go-Modelle) sind nachfolgende Punkte besonders zu berücksichtigen:

▶ Datensicherheit (wie sind die Daten in einer Umgebung von Dritten vor unlauterem Zugriff abgesichert?)

▶ Compliance und Governance

▶ Integration der Cloud-Computing-Lösungen in bestehende IT-Landschaften beim Kunden (Migrationskosten und -dauer)

▶ Bestehende Einkaufsprozesse beim Bezug von Cloud-Lösungen

▶ Verfügbarkeit von Business-SLAs (Service Level Agreements)

▶ Total Cost of Ownership (TCO)-Betrachtung (Zweijahreszeitraum; Fünfjahreszeitraum)

Eine neutrale Beratung kann hier helfen, die verschiedenen Aspekte und Faktoren adäquat zu gewichten, um eine wirtschaftlich realistische und technisch umsetzbare Lösung zu konzipieren.

Jedes Unternehmen muss eine Strategie für Cloud-Services haben. Die Strategie baut auf die konkreten Anforderungen an

▶ Geschwindigkeit

▶ Sicherheit

▶ Skalierbarkeit und Verfügbarkeit von Ressourcen.

Wenn man auf eine große Anzahl von unterschiedlichen IT-Werkzeugen (Anwendungen, Adware, Entwicklungskits usw.) ohne Beschränkungen zugreifen möchte, geht man in Richtung Public Clouds. Ein Grenzfall liegt bei Open Source: Hier hofft man auf wenige vertragliche Beschränkungen.

Wenn man ernsthafte Sicherheitsbedenken hat, nutzt man Privat Clouds mit abgegrenzten Möglichkeiten. Wenn man ein Anwendungsportfolio mit sehr hohen Transaktionsraten und wenig Sicherheitsrisiken hat oder wo der Wert der Daten niedrig ist, kann man ohne Bedenken in Richtung Public Clouds gehen.

Allerdings darf man die Risiken auch nicht vernachlässigen (Kapitel 5 und 9). Noch kann man nicht vorhersagen, ab wann eine Cloud-Infrastruktur mehrheitlich zur Kern-IT wird – die Prognosen gehen von etwa 2014 aus. Aber es ist jedoch eindeutig, dass Cloud-Computing (IT or Anything as a Service) von der überwiegenden Anzahl der Unternehmen als Teil der Mainstream-IT eingeschätzt wird. Es ist daher an der Zeit, dass sich Anwender, die noch über keine Cloud-Expertise verfügen, entsprechend informieren.

Die drei Ebenen der Services vom Cloud-Computing bleiben im Prinzip, aber werden verfeinert und differenziert. Zwei Zwischenebenen erscheinen, wie in Abbildung 12.1 gezeigt wird. Die ebenenübergreifenden Services wie Monitoring und Security bleiben ebenso unverändert. Das Bild ist nur ein Beispiel, die Anzahl der möglichen Cloud-Services der Zukunft ist beinahe unendlich.

12

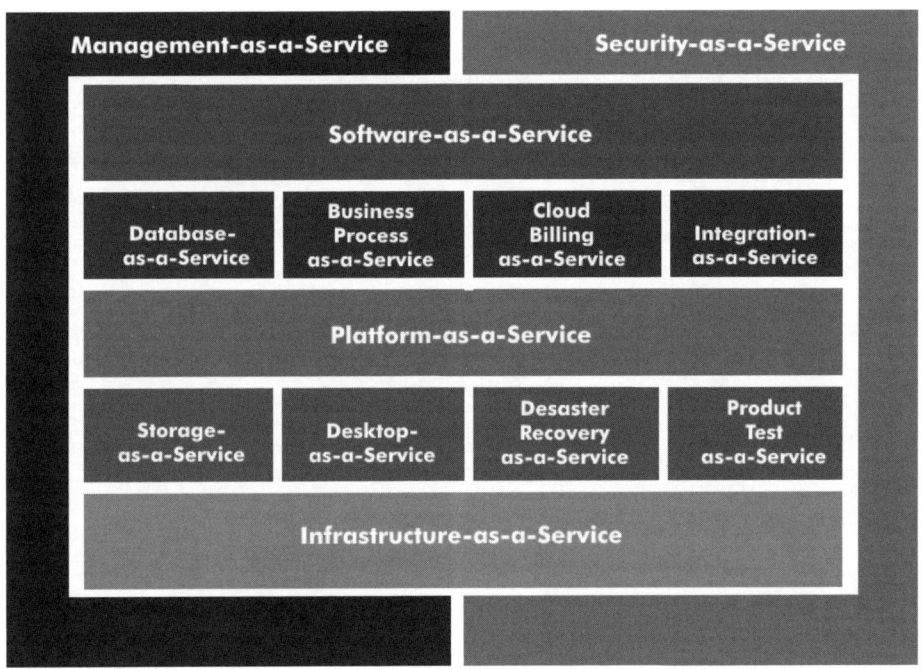

Abbildung 12.1: Künftige Aufteilung von Cloud-Services

13 Abkürzungen

AP	Access Point
API	Application Programming Interface
ARM	Application Response Measurement
ASP	Application Service Provider
BaaS	Business-as-a-Service
BSI	Bundesamt für Sicherheit in der Informationstechnik
CALEA	Communications Assistance for Law Enforcement Act
CDMI	Cloud Data Management Interface (SNIA)
CDR	Call Detail Record
CEO	Chief Executive Officer
CERT	Computer Emergency Response Team
CFO	Chief Financial Officer
CMIP	Common Management Information Protocol
COA	Collaboration Oriented Architecture
COBIT	Control Objectives for Information and Related Technology
COF	Collaboration Oriented Framework
COSO	Committee of Sponsoring Organizations of the Treadway Commission
COTS	Component off the shelf
CSA	Cloud Security Alliance
DaaS	Desktop-as-a-Service
DDoS	Distributed Denial of Service (Internet)
DMTF	Distributed Management Task Force
DNS	Domain Name System
DoS	Denial of Service

13

13

DSCP	Differential Service Code Point
ERP	Enterprise Resource Planning
ETSI	European Communications Standard Institute
FIM	Federated Identity Management
FTC	Federal Trade Commission
FTP	File Transfer Protocol
HR	Human Resources
HTTP	Hypertext Transfer Protocol
IaaS	Infrastructure-as-a-Service
IAP	Intercept Access Point
IDS	Intrusion Detection System
IETF	Internet Engineering Task Force
IM	Instant Messaging
IPDR	IP Detail Record
IPS	Intrusion Prevention Systeme
ISMS	Information Security Management System
ITIL	IT Infrastructure Library
JAMS	Judicial Arbitration and Mediation Services, Inc. (J•A•M•S).
KPI	Key Performance Indicator
LAN	Local Area Network
MaaS	Montoring-as-a-Service
MIB	Management Information Base
MPLS	Multi-Protocol Label Switching (Routing)
MSP	Managed Services Provider
NAS	Network Attached Storage
NOC	Network Operations Center
OASIS	Organization for the Advancement of Structured Information Standards
OCCI	Open Cloud Computing Interface
OVF	Open Virtualization Format (DMTF)

PaaS	Platform-as-a-Service
PDA	Personal Digital Assistant
PKI	Public-Key-Infrastruktur
PoP	Point of Presence
POP3	Post Office Protocol (Internet)
QoE	Quality of Experience
QoS	Quality of Service
RDP	Remote Desktop Protocol (Microsoft)
RFC	Request For Comments
RFI	Request For Information
RFP	Request For Proposal
RMON	Remote Monitoring
ROI	Return On Investment
RPC	Remote Procedure Call (OSI)
SaaS	Software-as-a-Service
SecaaS	Security-as-a-Service
SAS	Statement of Auditing Standard
SDK	Software Development Kit
SLA	Service Level Agreement
SLM	Service Level Management
SMTP	Simple Mail Transfer Protocol
SNIA	Storage Networking Industry Association
SNMP	Simple Network Management Protocol
SOA	Service Oriented Architecture
SOAP	Simple Object Access Protocol
SOC	Security Operations Center
SS7	Signalling System No 7
SSL	Secure Socket Layer
SSO	Single Sign On

13

TCO	Total Cost of Ownership
TLS	Transport Layer Security (encryption)
USB	Universal Serial Bus
VoIP	Voice over IP (IP)
XML	Extensible Markup Language

Für weitere Informationen steht Ihnen unter *http://www.itwissen.info/* ein umfangreiches Online-Lexikon mit Verzeichnissen für Abkürzungen und Übersetzungen zur Verfügung.

13

14 Referenzen

Amazon	*www.amazon.com*
AT&T	*www.at&t.com*
Bitkom	Bundesverband Informationswirtschaft, Telekommunikation und neue Medien e.V. *http://www.bitkom.org/*
Bundesamt für Sicherheit in der Informationstechnik (BSI)	*www.bsi.de*
Citrix	*www.citrix.com*
Computer Associates	*www.ca.com*
EMC	*www.emc.com*
ENISA	European Network and Information Security Agency
Forrester Research, Inc.	*www.forrester.com*
Fraunhofer-Institut für Sichere Informationstechnologie (SIT)	*http://www.sit.fraunhofer.de/*
Google	*www.google.com*
Hewlett Packard	*www.hp.com*
IBM	*www.ibm.com*
McAfee	*www.mcafee.com*
Microsoft	*www.msn.com*
NetApp	*www.nepapp.com*
NetSuite	*www.netsuite.com*
OCC	Open Cloud Consortium
OCCI	OGF Open Cloud Computing Interface
Open Cloud Manifesto	*www.opencloudmanifesto.org*

14

Oracle	www.oracle.com
Paessler AG	www.paessler.com
SaaS-Forum	Grohmann Business Consulting
Salesforce.com	www.salesforce.com
SAP	www.sap.com
Seagate	www.seagate.com
SIEMENS AG	Siemens IT Solutions and Services
SNIA	Storage Networking Industry Association
Symantec	www.symantec.com
Trend Micro	www.trendmicro.com
Verizon	www.verizon.com
Vmware	www.vmware.com

Literaturhinweise

▷ Biddig, Michael: The why and how of private clouds, InformationWeek, June 7, 2010, p. 27

▷ BITKOM: Leitfaden für SaaS-Anbieter, 2009

▷ BITKOM: Security & Bitkom, 2006

▷ BITKOM: Cloud Computing – Evolution in der Technik, Revolution im Business, 2009

▷ Brooks, Jason: A tale of two clouds, eWeek, March 15, 2010

▷ Feldman, Jonathan: Cloud ROI: A grounded view, InformationWeek, June 21, 2010

▷ Frey, Jim: Management of Sensor Networks, Chapter 9 in CRC Handbook of Modern Telecommunications, Taylor and Francis, Boca Raton, USA, 2009

▷ Grohmann, Werner: Von der Software zum Service: Anspruch und Wirklichkeit, Technologie, Nr. 14, WuM 02, 2010; www.strategius.net

▷ Kederer, Andreas: Fünf Dinge, die Sie über Cloud wissen sollen, Computerwoche, 7.5.2010

▶ Kumar, Sushil: Clouds bring agility to the enterprise, Oracle Magazine, p. 21, March/April 2010

▶ Morreale, Patricia, und Terplan, Kornel: CRC Handbook of Modern Tele-communications, Taylor and Francis, Boca Ration, USA, 2009

▶ Reuther, Rene, und Zenker, Thorsten: Security-Risiken beim Cloud Computing, www.computerwoche.de/1906797

▶ Ruef, Marc: Zehn sicherheitsrelevante Gründe gegen Cloud Computing, 27.11.2009, www.scip.ch

▶ Ruppel, Angelika: Vertraulichkeit, Integrität und Verfügbarkeit beim Cloud Computing, Fraunhofer SIT, 8.2.2010

▶ Shipley, Greg: Cloud Computing Risks, InformationWeek, April 12, 2010, p. 2ß

▶ Störtkuhl, Thomas, und Wagner, Hans: Sicherheit und Cloud Computing, www.secaronag.de

▶ Terplan, Kornel: Cloud Computing – Myth or Reality, CeCMG Conference, Darmstadt, 18.3.2010

14

Index

Nicholas Carr

The
BIG SWITCH
Der große Wandel

**Die Vernetzung der Welt
von Edison bis Google**

»Hochinteressant. Carr belegt mit einer umfassenden historischen Analogie, dass Computer-Versor-
gungsunternehmen die firmeneigenen IT-Abteilungen ersetzen werden so wie die Stromversorger die
firmeneigenen Generatoren verdrängt haben ... The
Big Switch ist eine beeindruckende Diskussion der
positiven und negativen Aspekte des kommenden
World-Wide-Computer-Zeitalters.«
Thomas P. Hughes, Autor von *Human-Built World*
und *American Genesis*

Sein letztes Buch erschütterte die Hightech-Industrie
bis in ihre Grundfesten. Jetzt ist Nicholas Carr wieder
da. *The Big Switch* gibt einen umfassenden und oft
provokanten Blick auf eine neue Computer-Revoluti-
on, die Wirtschaft, Gesellschaft und Kultur grundlegend verändern wird.

Carr zieht eine Analogie zu der Revolution, die sich
vor knapp hundert Jahren bei der Elektrizität vollzog,
als Unternehmen aufhörten, mit Dampfmaschinen
und Dynamos ihre eigene Energie zu erzeugen und
sich stattdessen dem neu errichteten Stromnetz
anschlossen. Diese Entwicklung setzte eine Kettenreaktion wirtschaftlicher und sozialer Transformationen
in Gang, durch die unsere moderne Welt entstanden
ist. Heute befinden wir uns mitten in einer ähnli-
chen Revolution. Diesmal ist es Rechenleistung, die
zu einem Versorgungsgut wird.

Carr stellt die Prognose auf, dass große Serverfarmen
die heute gängigen PCs ablösen werden, so dass so
gut wie keine Information und Rechenleistung mehr
offline verfügbar sein wird. Dies wird dazu führen,
dass neue Wettbewerber, wie etwa Google oder
Salesforce.com, alteingesessene Platzhirsche wie
Microsoft oder Dell bedrohen werden. Aber die Auswirkungen werden sehr viel weiter reichen. Billige
Rechenleistung wird die Gesellschaft letztlich so
grundlegend ändern wie die billig gewordene Elektrizität vor hundert Jahren.

Der Wandel hat aber bereits heute große Umwälzun-
gen in der Computerindustrie zur Folge. Vom Soft-
ware- zum Zeitungsgeschäft, von der Schaffung von
Arbeitsplätzen bis zur Bildung von Communities, liefert *The Big Switch* einen panoramaartigen Überblick
über eine neue Welt, die durch den »World Wide
Computer« entsteht.

Nicholas Carr ist ideal dafür geeignet, diesen historischen Wandel zu erläutern. Er schreibt in einem
klaren, engagierten Stil und webt die Entwicklungs-
stränge von Geschichte, Wirtschaft und Technologie
zusammen, um zu beschreiben, wie und warum sich
Computer ändern und was das alles für uns bedeutet.

Probekapitel und Infos erhalten Sie
unter: **www.mitp.de**

ISBN 978-3-8266-5508-1

Thomas Wuttke
Peggy Gartner

Das PMP®-Examen
Die gezielte
Prüfungsvorbereitung

5. Auflage

Sie möchten Ihren Kenntnisstand im Bereich Projektmanagement durch ein Zertifikat nachweisen und Project Management Professional (PMP®) werden? Sie wollen die PMP-Prüfung bestehen und fragen sich, wie man sich am besten darauf vorbereitet? Dann liegen Sie mit diesem Buch genau richtig. Hier erfahren Sie, was Sie mindestens wissen sollten und worauf es bei der Prüfung ankommt.

Dies ist kein Lehrbuch über Projektmanagement! Dieses Buch bereitet auf eine Prüfung vor und soll Ihnen Hinweise geben, wie Sie sie am besten bestehen. Es vermittelt kein vertiefendes praxisorientiertes Projektmanagement-Know-how. Vielmehr dient es denjenigen Lesern als gezielte Vorbereitungshilfe, die sich auf den Weg machen, PMP zu werden. Die Autoren vermitteln Ihnen in diesem Buch Wissen, versuchen aber nicht, die Anwendung des Wissens zu diskutieren, also die Frage zu erörtern, wie Sie das Wissen in der Praxis einsetzen oder in Ihren Projektalltag transferieren können. Vielmehr finden Sie eine übersichtliche Darstellung der prüfungsrelevanten Inhalte; Sie erhalten Hinweise, wie Sie sich gezielt vorbereiten, Schwachstellen erkennen können, sowie wertvolle und wichtige Tipps, die den Ablauf des Examens selbst betreffen.

Thomas Wuttke, Dipl.Inform.(FH), PMP, PMI-RMP, CSM verantwortete für mehr als 15 Jahre kommerzielle und öffentliche Projekte, Großprojekte und Programme und sammelte umfangreiche Erfahrung im Umfeld von Software-, Systemintegrations- und Organisationsänderungsvorhaben.

Probekapitel und Infos erhalten Sie unter:
www.mitp.de/9060

Er gehörte zu den allerersten PMPs in Deutschland und ist seit 1997 intensiv in der Verbandsarbeit des PMI® engagiert: Mitbegründer und langjähriger Präsident des PMI Chapter Münchens, Vorstand im PMI Chapter Frankfurt, Director am Certification Board Center Board of Directors am PMI HQ in Philadelphia sowie Projektleiter und Teammember in vielen virtuellen PMI-Projekten.

Peggy Gartner ist PMP, studierte Betriebswirtschaft und Informationswissenschaft und verfügt über einen Master in Total Quality Management. Sie ist in Deutschland ein PMP der ersten Stunde und engagiert sich seit vielen Jahren in der Verbandsarbeit des PMI®.

Der berufliche Lebensweg führte sie über die Software-Entwicklung zur Verantwortlichen für Qualitätsmanagement eines mittelständischen IT-Unternehmens. Dabei lernte sie die realen Herausforderungen des Projektgeschäfts kennen und koordinierte als Stabsstelle im Unternehmen die operativen Projekteinheiten. Sie verantwortete eigene Projekte und entwickelte standardisierte Verfahren und Mechanismen, die unternehmensweit angewendet wurden.

Mit fundierter Methodenkompetenz, aber ohne Patentrezepte, berät Peggy Gartner jetzt seit mehr als 10 Jahren Unternehmen bei der Einführung und Optimierung ihrer Projektmanagement- und Organisationsprozesse.

ISBN 978-3-8266-9060-0

Kevin Mitnick
William Simon

DIE KUNST DER TÄUSCHUNG

Risikofaktor Mensch

Vorwort von Steve Wozniak

Kevin Mitnick, einst der meistgesuchte Verbrecher der USA, saß fünf Jahre im Gefängnis, weil er in zahlreiche Netzwerke großer Firmen eingebrochen war. Dabei bediente er sich häufig nicht nur seiner umfassenden technischen Hacker-Kenntnisse, sondern überlistete praktisch jedes Sicherheitssystem, indem er sich Passwörter erschlich, in Mülltonnen nach sicherheitsrelevanten Informationen suchte und falsche Identitäten vorgaukelte.

Mitnick führt den Leser in die Denk- und Handlungsweise von Hackern ein, beschreibt konkrete Betrugsszenarien und zeigt eindrucksvoll die folgenschweren Konsequenzen, die sich aus diesen Einbrüchen ergeben. Dabei nimmt Mitnick sowohl die Perspektive des Angreifers als auch des Opfers ein und erklärt damit sehr eindrucksvoll, wieso jeder Angriff so erfolgreich war – und wie man sich effektiv davor schützen kann.

Der legendäre Hacker Kevin Mitnick enthüllt in diesem Buch, wie die größte Schwachstelle in jedem IT-Sicherheitssystem für Angriffe genutzt werden kann – der Mensch.

Probekapitel und Infos erhalten
Sie unter: **www.mitp.de**

ISBN 3-8266-1569-7

Kevin Mitnick

Die Kunst
des Einbruchs

Kevin Mitnick, einst der meistgesuchte Verbrecher der USA, saß fünf Jahre im Gefängnis, weil er in zahlreiche Netzwerke großer Firmen eingebrochen war. Heute ist er rehabilitiert, gilt aber nach wie vor weltweit als Prototyp des Hackers. Seit längerer Zeit hat Mitnick in der Hackerszene nach authentischen und spannenden Geschichten gesucht, die auch für Sicherheitsverantwortliche in Firmen hochinteressante Erkenntnisse abwerfen. Die hier vorliegende Sammlung von Geschichten ist das Ergebnis dieser Suche.

„Tauchen Sie aus der Sicherheit und Geborgenheit Ihres Lesesessels ein in die feindselige Welt der Computerkriminalität. Mitnick präsentiert zehn packende Kapitel, jedes das Ergebnis eines Interviews mit einem echten Hacker, der von einem echten Angriff erzählt. Pflichtlektüre für jeden, der sich für Computersicherheit interessiert."

Tom Parker, Computer-Sicherheitsanalytiker und Gründer der Global InterSec LLC

Probekapitel und Infos erhalten
Sie unter: **www.mitp.de**

ISBN 978-3-8266-1746-1